Erfolgreich an der Börse

Das Buch

Die Welt der Börse erscheint vielen als undurchschaubar. Doch auch sie folgt bestimmten Regeln, die durchaus erlernbar sind. Werner Kurzawa bringt mit diesem praxisnahen Buch den Börseneinsteigern das »Einmaleins des Spekulierens« bei. Er zeigt, wie man durch systematische und kritisch geprüfte Aktivitäten an der Börse sein Vermögen Schritt für Schritt vermehren kann.

Pressestimmen zur Originalausgabe:
»Eine erfreulich verständlich geschriebene Einführung in die Börsianer-Szene.« *Brigitte*

»Lesenswerter Ratgeber für Einsteiger und Fortgeschrittene.« *Börsenberater*

Der Autor

Dr. Werner Kurzawa ist Chefredakteur des *Geldanlage-Beraters.* Er hat zahlreiche Bücher und Beiträge für Rundfunk und Fernsehen rund um das Thema Geldanlage, Banken und Börse veröffentlicht.

Erfolgreich an der Börse

Gewinnstrategien für Aktien-Einsteiger

NAUMANN & GÖBEL

Sonderausgabe für Naumann & Göbel Verlagsgesellschaft mbH
in der VEMAG Verlags- und Medien AG, Köln

Autor: Werner Kurzawa
Titelbilder: ZEFA, Düsseldorf (1), BAVARIA, Düsseldorf (1)

Die Ratschläge in diesem Buch sind von Autor und Verlag sorgfältig erwogen und geprüft; dennoch kann eine Garantie nicht übernommen werden. Eine Haftung des Autors bzw. des Verlags und seiner Beauftragten für Personen-, Sach- und Vermögensschäden ist ausgeschlossen.

Gesamtherstellung: Naumann & Göbel Verlagsgesellschaft mbH, Köln
ISBN 3-625-10465-2

Für
Wanja & Johannes
immer und ewig

Inhalt

Anhang:

Vorwort: Zur Kunst des Spekulierens

Die Kunst, in einem überschaubaren Zeitraum aus einer einzigen Mark zwei oder gar ein Vielfaches machen zu können, bleibt für die meisten Menschen ein weit in der Ferne liegender, kaum realisierbarer Traum. Für andere dagegen hat sie mit einem heillosen Unterfangen zu tun, das mit dem hocherhobenen Zeigefinger der Moralisten gar nicht genug kritisiert werden kann und als Wurzel allen Übels in der Welt dringend verdammt, ja ausgerottet gehört.

Wo Geld und Kapital über Menschen herrschen, statt daß Menschen Geld und Kapital beherrschen und zum Wohl und Nutzen nicht nur der eigenen Interessen einsetzen, da verdient in der Tat auch das rücksichtslose Streben nach Reichtum uneingeschränkte Kritik.

Zum Glück jedoch hängt das menschliche Glück nicht allein davon ab, ob jemand reich oder arm, vermögend oder unvermögend, mit größerem oder kleinerem Einkommen im Leben bedacht worden ist. Wenn Gesundheit, Zufriedenheit, eine menschenfreundliche Umwelt und ein hinlänglicher regelmäßiger Verdienst aus eigener Arbeit wesentlich sind für das, was wir Glück nennen, dann hat der Besitz an Gütern und Geld mit diesem Zustand in der Tat wenig gemein. Zu Recht heißt es daher im Volksmund, daß Geld allein nicht glücklich macht, aber – und wir alle kennen diesen ebenso gewichtigen Nachsatz – doch auch beruhigt.

Die Märchen unserer Kindertage sind voll von solchen auf ein Streben nach Reichtum und Sorglosigkeit ausgerichteten Anspielungen. Nicht von ungefähr scheinen auf dieser Ebene viele Wünsche und Träume der Menschen zusammenzukommen. Wer über genügend Geld verfügt, kann sich, ob man dies gutheißen mag oder nicht, ein Stück Freiheit wirklich erkaufen – die Freiheit, seinen eigenen Bedürfnissen unbeschwert von materiellen Erwägungen nachzugehen, die Freiheit, anderen ohne größere Selbstbeschränkungen helfen zu können, die Freiheit, zu reisen, zu genießen, auszuruhn, ja überhaupt ein wenig unabhängiger zu sein von den Zwängen und Forderungen des normalen Lebensalltags. Allzuleicht verlieren jene, die den Wunsch der Menschen nach Geld und Besitz nur als profane Lebenseinstellung verachten, diesen Zusammenhang aus den Augen. Das Streben nach Reichtum bleibt – auch wenn es in manchen Fällen in der heutigen Gesellschaft durchaus auch perverse Züge annehmen kann – ein grundsätzlich legitimes Verlangen.
Doch was in der Welt unserer Kindergeschichten das Schicksal, die gute Fee oder einem aus heiterem Himmel plötzlich zugewachsene Wundergaben an Gold und Geld herbeizuzaubern vermochten, das scheint in der modernen industriellen Gesellschaft ein »Goldesel« anderer Art leisten zu können: die Börse. Die Börse ist heute der Ort, an dem das Glück par excellence versucht werden kann. Und sie birgt bei Beachtung gewisser, gar nicht so schwer erlernbarer Regeln allen Unkenrufen zum Trotz auf einen mittleren bis längeren Anlagezeitraum sehr viel mehr Chancen als Risiken – auch und gerade nach den seit dem Oktober-Crash 1987 immer wieder aufgetretenen größeren oder kleineren Kursturbulenzen. Das hat die Kurzentwicklung an den internationalen Börsen gerade 1986 und 1987 eindrucksvoll bestätigt. Die Kunst des Spekulierens ist denn auch niemandem in die Wiege gelegt worden. Meister fallen eben im wirklichen Leben nur selten vom Himmel. Sie hat auch wenig mit irgendwelchen übersinnlichen Fähigkeiten zu tun, selbst wenn dies

manche rhetorisch glänzend begabten Börsen-Gurus – oder solche, die sich dafür halten – aus wohlverstandenem Eigeninteresse gerne behaupten. Vielmehr besteht diese Kunst darin: durch systematisch geplante, kritisch geprüfte Aktivitäten an der Börse Schritt für Schritt sein Vermögen zu mehren, ohne dabei die damit immer verbundenen Risiken je aus dem Auge zu verlieren. Mühelos allerdings werden sich auch hier nicht tausend Mark in Millionen verwandeln. Dahinter steckt Arbeit, vor allem Gedankenarbeit, eine solide, im Laufe der Zeit durch die eigene Praxis gewonnene und immer wieder neu überprüfte Erfahrung, doch zu guter Letzt sicher auch ein klein wenig Glück. Hier setzt das vorliegende *Börsen-Einmaleins für Einsteiger* an. Es will Lesern, die noch nichts oder nur wenig mit der Spekulation an der Börse zu tun gehabt haben, den Weg dahin ebnen. Dies geschieht ganz bewußt nicht im trockenen Ton jener vielzähligen theoretisierenden Schriften, deren Verfasser auf diese Weise lediglich verdecken, wie wenig sie selbst mit der Praxis der Spekulation an der Börse je wirklich zu tun gehabt haben – sondern direkt, konkret, mit Schritt für Schritt nachvollziehbaren Darstellungen und Erläuterungen, praktischen Beispielen und kleinen Geschichten aus dem Alltag der Spekulation, anschaulichen Illustrationen, Tabellen, Schaubildern und Charts. Hinzu kommen Hinweise und Ratschläge auf eine Fülle von gut bewährten, manchmal selbst fortgeschrittenen Börsianern bislang unbekannt gebliebenen Tricks, Taktiken und Strategien, wie man seinem Glück an der Börse (selbst bei fallenden Kursen) durch systematische Operationen gezielt nachhelfen kann. Möge der Leser dieser ganz an den praktischen Interessen des Einsteigers orientierten Darstellung von den langjährigen, keineswegs immer ungetrübt gewesenen Erfahrungen des Verfassers durch seinen eigenen Börsenerfolg profitieren.

Göttingen Dr. Werner Kurzawa

1 Die Chance, an der Börse ein Vermögen zu machen

Die meisten von uns dürften ähnliche Erfahrungen gemacht haben: Wer darauf hofft, allein durch eigene, abhängige Arbeit ein größeres Vermögen erwirtschaften zu können, muß in der Regel schon einen sehr langen Atem mitbringen, damit ihm dies – womöglich erst am Ende eines mühevollen, entbehrungsreichen Lebens – wirklich gelingt. Häufig sind es erst die eigenen Kinder oder Kindeskinder, die mit Hilfe von ererbten Gütern und Geldern in die Lage versetzt werden, nicht für den täglichen Konsum benötigte Mittel zielstrebig als Vermögen zu mehren. Aus einer Million zwei Millionen zu machen erscheint von daher als keine sehr große Kunst. Doch der Weg bis zur verflixten ersten Million hat es in sich – den meisten bleibt er unter normalen Bedingungen zeitlebens versperrt.
Da hilft einem manchmal nur noch Phantasie: Reich zu werden über Nacht ohne besonderen persönlichen Einsatz, ohne Risiko, ohne Nervenanstrengung – wer hätte davon nicht schon einmal im Leben geträumt? Die ersten Geschichten unserer Kindertage haben bereits mit solchen scheinbar ganz aufs Materielle gerichteten Wünschen und Motiven zu tun. Wo das Gute über das Böse siegt und der gute Mensch für sein Handeln belohnt wird, da besteht dieser Lohn am Ende nicht selten aus Goldklumpen, Dukaten und prachtvollen Gaben – ganz zu schweigen von den übermenschlichen Fähigkeiten, die dem Gerechten zeitlebens zuwachsen mögen. Und gerecht sein wollen wir ja, vor allem wenn einem der Lohn dafür nicht erst im Jenseits, sondern bereits im wirklichen Leben beschert werden könnte.

Reich werden über Nacht

Doch wir wissen: Auch in Wirklichkeit gibt es gelegentlich ähnlich glückliche Konstellationen, bei denen wir in den meisten Fällen allerdings kaum sagen würden, daß sie uns aufgrund besonderer persönlicher Verdienste zukommen. Da gewinnt einer sechs Millionen im Lotto, da erbt jemand plötzlich ein ganzes Vermögen von einem verstorbenen, unbekannten Verwandten, da setzt irgendwer im Roulette mehrfach hintereinander auf die richtige Zahl oder – was durchaus im Rahmen des Möglichen bleibt – verfünffacht, verzehnfacht sein Kapital innerhalb kürzester Zeit durch Spekulation an der Börse.
Alles das kommt im wirklichen Leben gelegentlich vor, die Regel, selbst im Börsenalltag, ist das jedoch nicht.
Hier wächst das Kapital, wenn es denn optimal angelegt ist, im Durchschnitt der Jahre um das Doppelte oder Dreifache des Wachstums anderer, konservativer Anlageformen. Und die Chancen auf eine Vervielfachung der eingesetzten Beträge innerhalb einer überschaubaren Zeit sind nirgends größer und realistischer als an der Börse. Man muß allerdings wissen, daß sie in aller Regel mit nicht minder hohem Risiko erkauft werden. Wer davon absieht, macht seine Rechnung ohne den Wirt und dürfte sehr bald teuer für diese Sorglosigkeit zahlen.
Eine Langzeitstudie über einen Zeitraum von über 20 Jahren hat kürzlich belegt, daß die mit deutschen Aktien erzielbar gewesenen durchschnittlichen Ergebnisse pro Jahr um das Vielfache besser lagen als die mit anderen herkömmlichen Anlageinstrumenten. Kernpunkt war die Berechnung der »realen Rendite«, eine Kennzahl, die das Anlageergebnis nach Abzug von Inflation und persönlichen Steuern ausdrückt. Während ein Anleger mit Festgeld, Renten und Immobilien im Durchschnitt der Jahre nicht mehr als 1 % realer Rendite erwirtschaften konnte, brachte er es mit deutschen Aktien immerhin auf mehr als 3 %. Dies hat auch damit zu tun, daß die Erträge aus Aktien nur zum

Abb. 1.1: Aktien und Aktienoptionsscheine als Outperformer*)

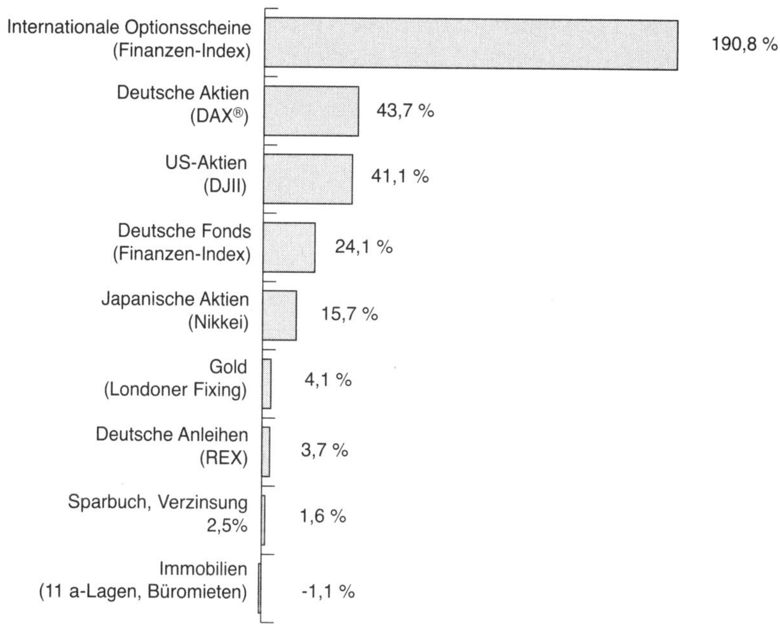

*) Wertentwicklung 2. Januar bis 20. August 1997

geringen Teil aus steuerpflichtigen Dividendeneinnahmen, der überwiegende Teil aber aus steuerfreien Kursgewinnen bestehen. Je höher der persönliche Steuersatz des Anlegers, desto besser schneiden Aktien dann im Vergleich zu anderen Anlagealternativen ab.

Dabei tut ein Börsianer gut daran, sich nicht auf sein Glück zu verlassen; es ist in diesem Geschäft ein kaum kalkulierbarer Partner. Zwar wird die Entwicklung eines Kurses wie die Börsenentwicklung insgesamt immer wieder stark von irrationalen, manchmal völlig zufällig erscheinenden Umständen beeinflußt, die selbst der gewiefteste Spekulant kaum vorwegnehmen kann:

Psychologie, sagen denn auch manche alterfahrenen Spekulanten, sei an der Börse mindestens kurzfristig alles. Auf mittlere bis längere Sicht spielen solche Faktoren aber eher eine untergeordnete Rolle: Da sind es allein Daten und Fakten, die zählen und die sich durch eine noch so schön daherkommende Zukunftsvision nicht vom Tisch wischen lassen.
Wer daher langfristig an der Börse erfolgreich sein will, setzt statt auf bloße Zufälligkeiten eher auf Klugheit, Wissen und immer wieder kritisch geprüfte Erfahrung. Vor allem wird er sich bemühen, aus den eigenen Fehlern und denen anderer praktische Schlüsse zu ziehen für sein zukünftiges Handeln. Insofern beruht der Erfolg an der Börse sehr viel mehr auf Vernunft, Verstand und der Fähigkeit des Börsianers, seine eigenen Entscheidungen immer wieder kritisch unter die Lupe zu nehmen, als auf irgendwelchen wie auch immer gearteten Zufallsmomenten. Dies aber besagt, daß jedermann im Prinzip lernen kann, wie man an der Börse auf die Dauer gewinnt.
Wer denken kann, dürfte es dabei gelegentlich sogar mit jenen wirklichen oder vermeintlichen Gurus am hohen Himmel des Börsenparketts aufnehmen können, die allzugerne ihre eigene Kunst als Geheimwissenschaft preisen – um auf diese Weise über den Verkauf teurer, nichtsdestoweniger häufig mittelmäßiger Ratschläge und Konzepte trefflich beim allzu vertrauensseligen Privatanleger abzukassieren. Die Chance, einen dieser edlen und meistens nicht weniger eitlen Ritter der Zunft durch eigene, vernünftige Überlegungen vom hohen Roß schlagen zu können, ist nirgends so groß wie auf dem Feld der Börsenspekulation. Der »richtige Riecher«, den man in diesem Geschäft gelegentlich braucht, ist kein Privileg und keine besondere Begabung irgendwelcher auserkorener Meister, sondern ein Resultat klugen Verhaltens, zu dem auch der Normalanleger durchaus befähigt sein kann.

Chancen und Risiken der Börsenspekulation

Wer mit dem Gedanken spielt, einen Teil seines Geldes statt aufs Sparkonto lieber an die Börse zu tragen, sollte sich zunächst darüber Klarheit verschaffen, was er da überhaupt macht; denn Chancen und Risiken liegen auf diesem »Markt der Möglichkeiten« eng beieinander.

Sicher ist Ihnen als Einsteiger bewußt, daß der Einsatz von Geld zum Zweck der Spekulation etwas grundsätzlich anderes ist als die möglichst sichere Anlage dieses Geldes für den Fall solcher Fälle, in denen man einen Notgroschen braucht, seinen Kindern ein Startkapital verschaffen möchte oder sich selbst im Alter ein Polster, um unabhängig zu sein. Als Sparer sind Sie selbst lediglich Kreditgeber einer Bank, die mit ihrem Namen und den dahinterstehenden Sicherheiten sowohl die Rückzahlung der eingezahlten Beträge als auch die Verzinsung Ihres Kapitals garantiert. Die Chancen, auf diese Weise ein Vermögen zu machen, sind vergleichsweise gering – so gering wie andererseits das Risiko, dabei einen größeren Teil seines Vermögens oder gar alles zu verlieren. Häufig decken die am Jahresende verbuchten Zinsgutschriften gerade das ab, was Sie an Wertverlust aufgrund der zwischenzeitlich eingetretenen Preissteigerungen hinnehmen müssen. Hält dann – oberhalb der derzeit steuerfrei vereinnahmten Zinsen von 6100 Mark für Ledige und 12 200 Mark für Verheiratete – auch noch das Finanzamt die Hand auf, um an den gerade freudig eingesammelten Geldern teilhaben zu können, schreibt man als Anleger womöglich real schon tiefrote Zahlen. Betrüblich ist das für jene, die gar keine Gelegenheit haben, sich um alternative Anlagekonzepte außer dem Sparbuch zu kümmern, Grund genug für die anderen, der konservativsten aller Kapitalanlagemöglichkeiten wenigstens teilweise den Rücken zu kehren. Denn am normal verzinslichen Sparbuch gewinnen zuerst und zuletzt jene, die an der Höhe des Minimal-Zinssatzes seit Jahr und Tag kräftig sparen und damit gerade den weniger

Abb. 1.2: Chancen und Risiken der Börsenspekulation

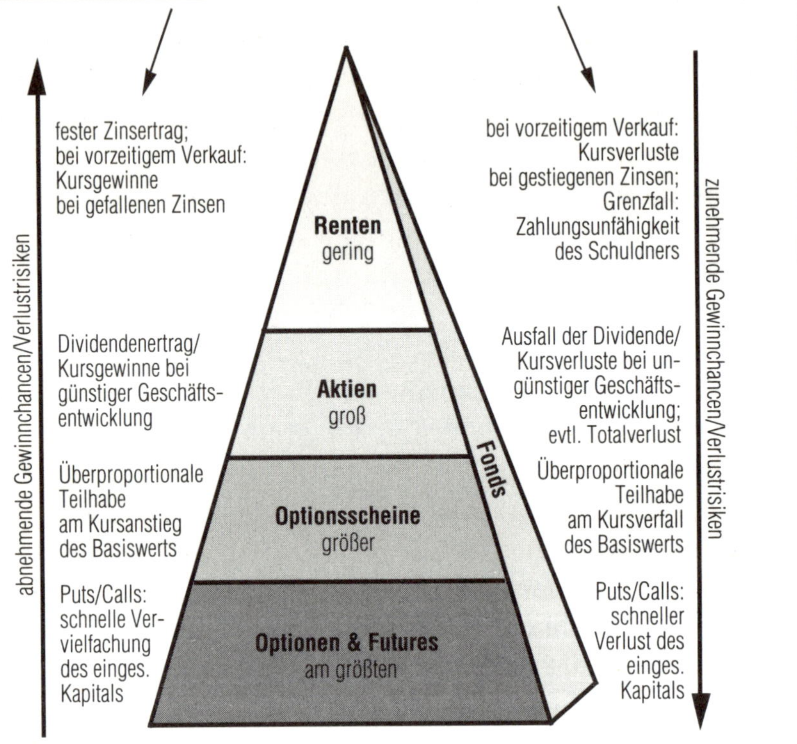

gut Informierten das vorenthalten, was ihnen eigentlich zustünde – die Banken und Sparkassen selbst.

Ein Engagement an der Börse läuft nun allerdings keineswegs zwangsläufig – wie dies gerade in deutschen Landen vielfach angenommen wird – auf ein unbegrenztes Risiko für den Kapitalanleger hinaus. Vielmehr bietet die Börse die besondere und wohl einmalige Gelegenheit, Chancen und Risiken ganz auf die persönlichen Erfordernisse des Anlegers abzustimmen und sich je nach den eigenen Wünschen für risikoreichere oder risikoärmere Spekulationsformen zu entscheiden.

Die abgebildete Anlagepyramide zeigt, daß dabei ein Engage-

ment in inländischen festverzinslichen Wertpapieren (Anleihen, Pfandbriefen, Kommunal- und Industrieobligationen) unter kurzfristigen Gesichtspunkten am risikoärmsten erscheint, zugleich aber auch als am wenigsten chancenreich, während die Spekulation mit Optionen und Futures mit erheblichen Risiken bis hin zum Totalverlust des Einsatzes verbunden, andererseits aber auch entsprechend chancenreich ist.
Der Einsteiger ins Börsengeschäft wird sich klugerweise am Anfang auf Möglichkeiten mit mittlerem Kursrisiko konzentrieren: in erster Linie auf die Spekulation mit Aktien. Schon bald kann er sich dann aber auch mit einem Teil seines zur Verfügung stehenden Anlagekapitals auf die in den letzten Jahren immer wieder heiß diskutierte Spekulation mit Optionsscheinen konzentrieren, die sich in bestimmten Phasen als die eigentlichen »Renner« an der Börse erweisen.
Denn die Tatsachen sprechen eine eindeutige Sprache. Wer sich zu Beginn des weltweiten Börsenaufschwungs Anfang der achtziger Jahre mit Aktien oder Optionsscheinen eingedeckt hatte und seine Papiere bis zum Mai 1986 oder August 1987 behielt, der konnte aus seinem Kapital an den deutschen Börsen nach Steuern fast unbesehen im Durchschnitt das Doppelte, bei deutschen Optionsscheinen gar mehr als das Dreifache machen. Eine ähnliche Entwicklung vollzog sich nach dem Oktober-Crash 1987 ab Frühjahr 1988 bis zum Jahr 1990. Auch andere Börsen, von Mailand über Madrid bis Tokio und New York, legten in diesem Zeitraum so mächtig zu, daß es eigentlich schon kaum noch mit rechten Dingen zugehen kann, wenn jemand behauptet, sich in diesem glorreichen Jahrfünft an der Börse keine goldene Nase verdient zu haben. Eine ähnliche Situation ergab sich an den meisten Börsen von 1996 bis Mitte 1997. Gemessen am DAX®, legten deutsche Aktien innerhalb eines Zeitraums von gerade 18 Monaten um 100 % zu! Selbst unmittelbar nach dem »schwarzen Montag« des Jahres 1987 dürfte für die meisten unterm Strich noch ein erheblicher Gewinn übriggeblieben sein – wenn sie

Abb. 1.3: DAX®-Index vs. TuB-Optionsschein-Index 1/1984 – 3/1993

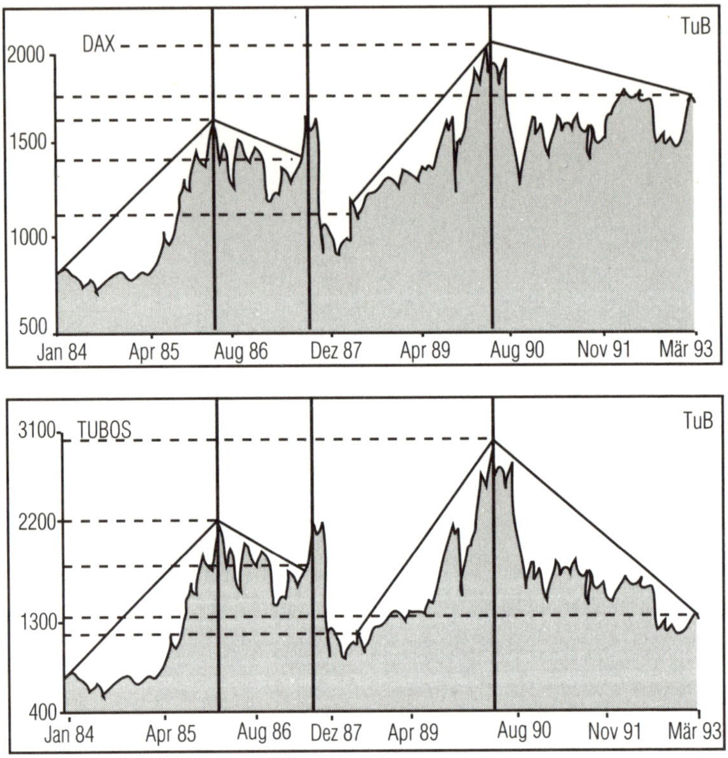

Quelle: Trinkaus & Burkhardt

denn nicht allzuspät auf den fahrenden Börsenzug aufgesprungen sind und umgekehrt diesen rasenden Zug nach oben rechtzeitig wieder verlassen haben. Das richtige »Timing« freilich ist nicht so leicht zu bewerkstelligen, wie dies bei nachträglicher Betrachtung häufig erscheint. Auch der optimistischste Börsianer weiß sehr wohl, daß an der Börse zum Einstieg und zum Ausstieg eben nicht »geklingelt« wird, wie dies manche windigen Vertreter von computerunterstützten Börsenprogrammen gern dem unbedarften Anleger einreden möchten.

Abb 1.4: Deutsche Aktien im Höhenflug

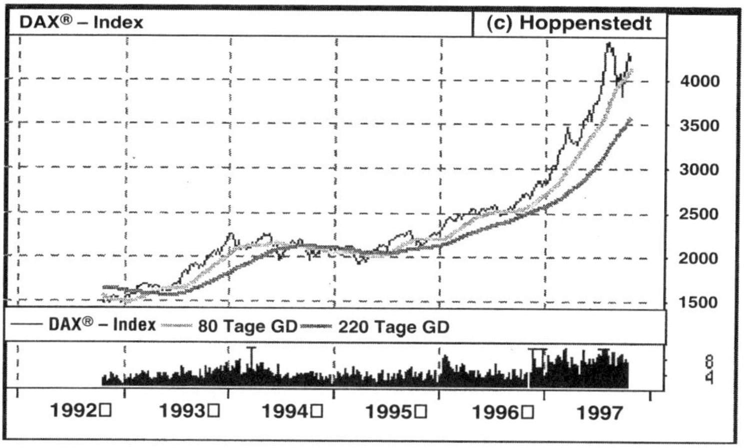

Die Frage, was es denn nun eigentlich mit den Aktien so Besonderes auf sich habe, daß sie einem Anleger tatsächlich zuweilen goldene Berge verheißen, wird sich ein Einsteiger in dieses Geschäft daher zuallererst vorlegen müssen.

Die Aktie: das eigentliche Spekulationsinstrument

Aktien sind die Art Wertpapiere, die man eigentlich meint, wenn im landläufigen Sinne von Börsenspekulationen die Rede ist. Sie werden an den dafür eigens eingerichteten Märkten, eben den Börsen, gehandelt und je nach Angebot und Nachfrage möglicherweise sogar mehrfach im Laufe einer Börsensitzung im Kurs bestimmt. Der Kursmakler ist dabei gehalten, den jeweils zur Notiz kommenden Kurs so festzusetzen, daß immer ein möglichst großer Umsatz (Anzahl der gehandelten Aktien x Kurs bzw. Preis) entsteht.

Da Aktien ihrem Inhalt nach Miteigentumsanteile an einem Unternehmen, eben der Aktiengesellschaft, verbriefen, ist dieser Kurswert im Grunde nichts anderes als der Preis, den die Marktteilnehmer bei Abschluß ihres Geschäfts für einen solchen Anteil bezahlen wollen. Entsprechend verändert sich dieser Preis (Kurs) je nach dem Wert, den das Unternehmen nach Einschätzung der Börsianer zum jeweiligen Zeitpunkt verkörpert. Eine zu erwartende günstige Geschäftsentwicklung des Unternehmens, der Branche oder der Gesamtwirtschaft wirkt sich demgemäß in der Regel als Kursanstieg aus, schlechte Nachrichten dagegen führen zum Nachgeben oder gar starken Verfall der Aktienkurse. Wenn, wie in den Jahren 1983 bis 1986 und 1996 bis 1997 geschehen, die Gewinne der Unternehmen nur noch so sprudeln, kommt die Börse nicht umhin, das gleiche zu tun – sie *haussiert.* Greift dagegen Pessimismus um sich, sind die Ertragsaussichten von vielen Unwägbarkeiten gekennzeichnet, oder gibt die politische Großwetterlage zu plötzlichen Sorgen Anlaß, kann es zu erheblichen Kursturbulenzen bis hin zu kleineren oder größeren Crashs kommen, wie wir sie seit 1987 nun mehrfach hinnehmen mußten.

Neben der Teilhabe an solchen Veränderungen des Kurses kann sich der Aktienbesitzer darüber hinaus je nach wirtschaftlicher Situation des Unternehmens in etwa regelmäßigem, zumeist jährlichem Abstand an der Ausschüttung von Gewinnen erfreuen, der sogenannten Dividende. Über die Höhe dieser Ausschüttung entscheidet er zusammen mit den übrigen Anteilseignern in der Hauptversammlung des Unternehmens, die alljährlich auch über die Entlastung der übrigen Organe der Aktiengesellschaft (Vorstand und Aufsichtsrat) bestimmt. In der Regel aber wird er dieses Stimmrecht, durch das er auf die Geschäftspolitik der Aktiengesellschaft Einfluß nehmen kann, an seine Bank übertragen. Sie muß dann gemäß seiner Weisung für ihn auf der Hauptversammlung agieren.

Gemessen am jeweiligen Kurswert der Aktie, ist die Verzinsung des eingesetzten Kapitals über die erhaltene Dividende allerdings in der Regel bescheiden. So betrug die Dividende einer Bayer-Aktie für das Geschäftsjahr 1992 beispielsweise 11 Mark, woraus sich bei Zugrundelegung eines Kurses von 275 Mark im Mai 1993 eine »Dividendenrendite« von gerade 4 Prozent ergibt. Unter Berücksichtigung einer Steuergutschrift für den Aktionär von 56 Prozent auf den Dividendenbetrag erhöht sich diese Rendite allerdings bereits auf 6,25 Prozent, was in Anbetracht der zusätzlich gegebenen Chancen auf Kursgewinne im allgemeinen als ganz beträchtlich angesehen werden kann.
Dennoch kann man davon ausgehen, daß sich die meisten Kapitalanleger bei der Auswahl ihrer Papiere im allgemeinen nicht so sehr an der Höhe der jeweils zu erwartenden Dividende orientieren als vielmehr an der wirtschaftlichen Gesamtentwicklung des Unternehmens, die bei positiver Einschätzung eine mehr oder weniger starke Kursentwicklung möglich erscheinen läßt. Ein besonderes Bonbon des Finanzrechts besteht nämlich darin, daß Dividendeneinnahmen oberhalb der erwähnten steuerlichen Freigrenzen grundsätzlich das zu versteuernde Einkommen des Anlegers erhöhen, während Kursgewinne aus Aktienverkäufen steuerfrei bleiben – sofern zwischen An- und Verkauf mehr als ein halbes Jahr verstrichen ist (Spekulationsfrist). Umgekehrt gilt aber auch, daß innerhalb der sechsmonatigen Spekulationsfrist realisierte Verluste gegen die aufgelaufenen Spekulationsgewinne verrechnet werden können. Gerade diese gegenüber dem übrigen Wirtschaftsleben wohl einmaligen Vorteile scheinen es auch zu sein, die der Aktienspekulation ihre besondere Attraktivität verleihen: ein Vermögen machen zu können, ohne daran sogleich wieder den Fiskus mitverdienen lassen zu müssen.
Den hohen Gewinnchancen bei der Spekulation mit Aktien steht freilich ein entsprechendes Risiko gegenüber, vor allem dann, wenn der Anleger diese Gelder nicht – wie es die Regel sein

sollte – mittel- bis langfristig zur Verfügung hat und daher in schwierigen Phasen gegebenenfalls genötigt ist zu verkaufen. Das Risiko ist vor dem Hintergrund sich möglicherweise schnell verändernder wirtschaftlicher oder politischer Gegebenheiten sogar weitaus größer als bei Spareinlagen oder inländischen festverzinslichen Wertpapieren. Dennoch ist eine plötzliche Halbierung, gar ein Totalverlust des insgesamt eingesetzten Kapitals bei Beachtung bestimmter Vorsichtsmaßnahmen ebenso unwahrscheinlich wie eine kurzfristige Verdoppelung oder gar Vervielfachung des Vermögens. Keines unserer großen deutschen Unternehmen wie Daimler-Benz, Bayer oder Siemens, auf die sich ein erheblicher Teil der Börsenspekulation hierzulande konzentriert, könnte nach menschlichem Ermessen über Nacht in Konkurs gehen. Ebensowenig allerdings darf man von solchen marktbreiten Standardwerten, den Blue Chips des deutschen Aktienmarkts, überdimensionale Kurssprünge erwarten. Sie werden sich in aller Regel auf die Dauer etwa so entwickeln wie der Aktienmarkt insgesamt, gemessen am jeweiligen Stand der diese Entwicklung widerspiegelnden Börsenbarometer wie dem DAX®- bzw. Deutschen-Aktien-Index oder dem FAZ- bzw. Frankfurter-Allgemeine-Zeitung-Index.

Schnellere Gewinne, aber auch größere Verlustrisiken indessen versprechen Aktien, die als sogenannte Nebenwerte notieren. Im Vergleich zu den Standardwerten des Kurszettels machen sie nur einen Bruchteil des Börsenumsatzes aus. Entsprechend geringer ist auch die Anzahl der tagtäglich in diesen Aktien an der Börse gehandelten Papiere; der Börsianer spricht deshalb von »marktengen« Werten. Häufig sind dies Aktien von kleineren oder noch jungen, gerade erst an der Börse eingeführten Unternehmen, deren Profil und mögliches Wachstumspotential sich manchmal erst im Laufe der Zeit beim Börsenpublikum herausbilden kann. Werden solche Werte dann allerdings erst einmal von den Börsianern »entdeckt«, sind Kurssprünge innerhalb kürzester Zeit schon fast vorprogrammiert.

Goldesel streck dich: mit Selbstvertrauen und Selbstdisziplin zum Erfolg

Trotz solcher ganz erheblichen Chancen, sein Anlagevermögen auf diese Weise mittelfristig überdurchschnittlich vermehren zu können, sollte man gerade als Einsteiger in diesen Markt immer eine gesunde Portion Skepsis bewahren. Statt den vielen guten Ratschlägen anderer allzu blauäugig zu vertrauen, sollte man versuchen, sich Schritt für Schritt ein eigenes Urteilsvermögen zu bilden, um auf dem Hintergrund eigener Lernfähigkeit und dem sich nach und nach einstellenden Gespür für Tendenzen und Trends an der Börse selbständig entscheiden zu können.
Jeder kann an der Börse auf die Dauer erfolgreich sein – keineswegs nur die Profis. Voraussetzung ist, daß man die Regeln, nach denen dieser Markt funktioniert, wirklich zu begreifen versucht. Wer sie lernen will und ein wenig Freude findet an der Beschäftigung mit wirtschaftlichen Sachverhalten, die unsere Welt mehr bewegen, als dies die meisten überhaupt ahnen, wird dann allerdings nach den ersten tastenden Versuchen von der Börse vermutlich so schnell nicht wieder wegkommen können.
Hilfreich für jeden Einsteiger ist dabei, gleich zu Anfang wenigstens drei Grundsätze ohne Wenn und Aber anzuerkennen, die man sich am besten vor jeder Transaktion immer wieder ins Gedächtnis rufen und unter gar keinen Umständen außer acht lassen sollte:

- Lassen Sie sich nie zu einem Börsenengagement überreden, wenn Ihnen die vorgetragenen Gründe nicht auch selbst einigermaßen einsichtig erscheinen. Die schlechtesten Argumente sind immer noch die, die man allein aus der von anderen Börsianern behaupteten Notwendigkeit gewinnt, diesen oder jenen Wert unbedingt haben zu »müssen«. Die schnellen Gespräche mit anderen Börsianern vor dem Monitor heimelig eingerichteter Börsencafés in den Schalterhallen Ihrer Bank verhindern in der Regel nur, zu einer eigenen, fundierten Entscheidung zu kommen.

• Legen Sie die Summen fest, die Sie für die Spekulation an der Börse erübrigen wollen, und lassen Sie sich auch nicht von der angeblich besten aller besten Chancen dazu verleiten, tiefer in die Taschen zu greifen, als es Ihnen bei kritischer Betrachtung Ihrer eigenen Vermögens- und Einkommenslage und eingedenk der schlechtesten aller erwartbaren Kursentwicklungen guttun würde. Nur vorübergehend zur Verfügung stehendes Kapital gehört nicht an die Börse. Wer glaubt, sich über seine Aktivitäten an der Börse ein regelmäßiges Einkommen verschaffen zu können, ist in aller Regel schlecht beraten. Er begibt sich auf diese Weise in Zwänge, die dem mittelfristigen Erfolg seiner Spekulationen fast immer abträglich sind. Alle Überlegungen, Daten und Informationen mögen mit Blick auf eine bestimmte Anlageentscheidung auf mittlere Sicht völlig richtig sein; kurzfristig aber bleibt der Kurs einer Aktie, der Aufwärtstrend einer Börse, die gegebene wirtschaftspolitische Gesamtkonstellation durch plötzlich eintretende, unkalkulierbare Ereignisse im Prinzip immer gefährdet.

• Lassen Sie als Einsteiger lieber viele der kurzfristig gewinnträchtig erscheinenden Chancen aus, und konzentrieren Sie sich mit dem Großteil Ihres zur Verfügung stehenden Kapitals auf eine mittel- bis längerfristige Spekulationsstrategie, bei der Sie auch dann noch ruhig schlafen können, wenn die Kurse kurzfristig einmal eine andere als die erwartete Richtung nehmen.

2 Erste Schritte ...

Am Anfang steht im Börsenleben das Geld. Da es sich nicht nur auf die gute alte Weise Groschen um Groschen vermehren, sondern auf Dauer vervielfachen soll, sind die sich eröffnenden Chancen mit entsprechenden, kritisch zu erwägenden Risiken zu bezahlen. Von nichts kommt nichts, und wer darauf spekuliert, sich ohne jedes Wagnis an der Börse schnell eine goldene Nase verdienen zu können, verspekuliert sich bereits, noch ehe er die erste Mark eingesetzt hat.
Der Einsteiger sollte sich deshalb zunächst genau darüber Rechenschaft ablegen, welche Beträge er überhaupt für den Gang an die Börse erübrigen kann. Denn das ist nicht nur eine Frage des Wollens, sondern vor allem eine des Könnens. Ein »Kassensturz« ganz zu Beginn, ehrlich und kritisch mit Blick auf die Grenzen und Möglichkeiten, die der eigene Geldbeutel eröffnet, ist daher der erste, wichtige Schritt für den kritischen Börsianer.

Kassensturz

Dabei muß man sich keineswegs schon dann von seinen kühnsten Börsianerträumen verabschieden, wenn man erkennt, daß viel mehr als ein paar tausend Mark für die Spekulation eigentlich gar nicht zur Verfügung stehen. Der Gedanke, daß angesichts einer so geringen Kapitalbasis die wirklichen Chancen, über die Börse reich zu werden, doch wohl eher Illusion bleiben müssen, liegt da sehr nahe. Dennoch gibt es nicht wenige, die es

in der Vergangenheit tatsächlich geschafft haben, aus 3000, 5000 oder 10 000 Mark ein Vermögen zu machen.
Wichtig zunächst ist nicht so sehr die absolute Höhe der verfügbaren Summe – obgleich sie natürlich die Geschwindigkeit des Zuges, in den man da einsteigen will, nicht unwesentlich mitbestimmt. Wichtiger ist vielmehr, daß die erübrigten Gelder tatsächlich eine längere Zeit frei zur Verfügung stehen, damit einem nicht bei jeder kleinsten Kursbewegung nach unten die Puste ausgeht. Besser ein kleines, ungebundenes Anfangskapital, das man im Grenzfall auch einmal verlieren kann, ohne in seinen übrigen Lebensverhältnissen gleich unterzugehen, als ein großer Betrag, dessen man sich nur mit halbem Herzen oder gar schlechtem Gewissen bedient. Ein unter diesen Gesichtspunkten ungebundener Börsianer ist erst wirklich frei darin, seine Dispositionen unter keinen anderen als börsenspezifischen Gesichtspunkten treffen zu können. Daß er dies kann, ist die Voraussetzung für jeden dauerhaften spekulativen Erfolg.

Die Auswahl der richtigen Bank

Wer längerfristig an der Börse aktiv werden will, tut gut daran, sich die Bank genau anzusehen, über die er seine Geschäfte abwickeln möchte. In diesem Metier läßt sich nämlich nicht nur im großen gewinnen, das heißt beim Anstieg der Aktienkurse. Auch die Konditionen, die dem Börsianer von seiner Bank eingeräumt werden, der technische Service, der ihm zur Verfügung gestellt wird, und überhaupt die Qualität der Anlageberatung, auf die selbst der erfahrenste Spekulant immer wieder angewiesen ist – all dies sind Faktoren, die auf die Dauer mehr oder weniger stark den Erfolg oder Mißerfolg des eigenen Engagements mitbestimmen.
In der Regel wird es zunächst die eigene »Hausbank« sein, die man sich als Einsteiger ins Börsengeschäft für die Abwicklung

seiner Transaktionen aussuchen dürfte. Doch nicht jedes Institut ist gleichermaßen im Börsengeschäft engagiert. Von Bank zu Bank, von Stadt zu Stadt, ja selbst von Zweigstelle zu Zweigstelle kann das Niveau der Wertpapierabteilung sehr unterschiedlich ausfallen. Wenn man berechtigte Zweifel an der Leistungsfähigkeit der eigenen Bank auf diesem Gebiet hegt, sollte man sich nicht scheuen, seine Börsengeschäfte gleich lieber einem Konkurrenzinstitut anzuvertrauen. Stark im Kommen sind hier die sogenannten Direktbanken, bei denen Sie Ihre Börsengeschäfte in der Regel sehr viel günstiger abwickeln können. Doch auch in diesem Fall muß diese Entscheidung nicht notwendigerweise eine Entscheidung fürs Leben sein, sondern sollte, wenn es allzu viele Anlässe für Unzufriedenheit und berechtigte Kritik gibt, auch gelegentlich zur Disposition gestellt werden. Nur das Beste sollte für einen Börsianer gerade gut genug sein; denn für mangelnde Qualität muß er am Ende ganz allein bezahlen.

Gute Konditionen sind Verhandlungssache

Die Frage nach den Konditionen betrifft im engeren Sinne die einem von der Bank in Rechnung gestellte Höhe der Gebühren für die Führung des Abrechnungs- und des Depotkontos sowie die anfallenden Provisionen, Maklergebühren und möglicherweise zusätzlich Spesen bei der Abwicklung der einzelnen Aufträge; im weiteren Sinne aber auch alle übrigen bei der Durchführung der Börsengeschäfte geltenden Bestimmungen und Usancen des jeweiligen Instituts.
Prinzipiell wäre es möglich, auf die Einrichtung eines eigenen Verrechnungskontos zu verzichten und alle Transaktionen über ein bereits bestehendes Konto, etwa das Gehaltskonto, laufen zu lassen. Um aber jederzeit einen schnellen Überblick über den eigenen Börsenerfolg oder -mißerfolg gewinnen zu können, sollte man dies vermeiden. Man braucht dann nur den Stand des Ver-

rechnungskontos mit dem Tageswert der eigenen Wertpapiere zu vergleichen und ist über die Höhe des Gesamtgewinns oder -verlusts schnell orientiert.
Wenn man zudem im Rahmen der Steuererklärung Dividendengutschriften, Zinseinkünfte und Spekulationsgewinne – soweit sie gewisse Freibeträge übersteigen – als Einkommen ausweisen muß, kann man im allgemeinen sämtliche mit der Erzielung dieser und nur dieser »Einkünfte« angefallenen Kosten (also auch Kontoführungsgebühren, Spesen, eventuelle Überziehungsprovisionen usw.) dagegen aufrechnen. Bei einer Verrechnung über bestehende laufende Konten wäre die Abgrenzung des Anteils der allein durch Börsengeschäfte entstandenen Kosten dagegen zeitaufwendig, ja manchmal – jedenfalls aus Sicht des Finanzamts – kaum zweifelsfrei möglich.
Kann man auf die Dauer mit größeren Summen agieren, sollte man bei seiner Bank eine Verzinsung etwaiger Guthabenbeträge auf dem Verrechnungskonto durchzusetzen versuchen. Es gibt an der Börse auch immer wieder Zeiten, in denen man besser gar nicht oder doch nur mit einem Bruchteil der eigentlich verfügbaren Summen engagiert sein sollte, um sich gegenüber etwaigen Risiken zu schützen oder auf eine größere Transaktion vorzubereiten.
Theoretisch wäre es auch möglich, auf die Einrichtung eines Depotkontos zu verzichten, auf dem der jeweilige Bestand der eigenen Wertpapiere festgehalten wird, und statt dessen die Verwaltung der dann direkt auszuhändigenden Aktien selbst zu übernehmen. Da dies sehr zeitaufwendig und wenig praktisch ist, überläßt man diese Arbeit aber besser der Bank. Sie überwacht dann gegen eine vergleichsweise geringe Jahresgebühr alle im Zusammenhang mit der Teilhaberschaft einem gegenüber den entsprechenden Unternehmen zustehenden Rechte, sorgt für die pünktliche Verrechnung von Dividendengutschriften, unterrichtet den Anleger über anstehende Hauptversammlungen usw.

Abb. 2.1: Wertpapier-Verkaufsabrechnung

BfG·BankAG

Effekten-Abrechnung / Contract note

BfG Bank AG

3400 Göttingen
Stumpfebiel 7-9

Muster

Martin Mustermann
Dollarstr. 13

8888 Börsenstadt

NL-Nr. Branch No.	Zw-Nr.	Depot-Nr. Custody a/c No.	Schlußtag Trade date	Geschäfts-Nr. Trade No.
2601	50	7000000000	14.05.1993	4711

Ihren Auftrag haben wir gemäß unseren Allgemeinen Geschäftsbedingungen wie folgt ausgeführt:
We have effected the following transaction:

Kauf / Purchase

Verw. Art	Stü. Art	Lagerst.	Festlegung bis	Kenn-Nr. Sec. Code-No.
02	00	00		575200

Währ./Curr.	Nennbetrag / Par Value	Wertpapierbezeichnung / Security Description
ST.	200	Bayer AG Aktien

Kurs / Price	./. Bonif./Reallow.
DM 260,--	

	Kurswert / Market Value	DM	52.000,--
%	Zinsen für / Interest for Tage / days		
	(Zinserträge sind einkommensteuerpflichtig)		
	Fremde Spesen / Third Party Fees		
	Währungsgesamtbetrag / Subtotal Curr.		
	Umrechnung zum Devisenkurs / Exchange rate von		
10,000 ‰	Provision / Commission	DM	520,--
0,600 ‰	Maklergebühr / Brokerage	DM	31,20
	MwSt a. Prov. + Spesen / V. A. T. on Comm + Fees		
	Spesen / Fees	DM	2,50

Verr. Konto/Account-No.	zu Ihren Lasten / to your debit	zu Ihren Gunsten / to your credit	Wert / Value
1000000000	DM 52.553,70		17.05.1993

Ausführung an der Börse Frankfurt

4508-1192 21 0

Diese Abrechnung wird von der Bank nicht unterschrieben / This contract note requires no authorized signature
Erläuterungen siehe Rückseite / See overleaf for special remarks

Der entscheidende Faktor bei der Frage nach den besten Bankkonditionen dürfte die Höhe der Kosten sein, die einem im Zuge der Abwicklung von Kauf- und Verkaufsaufträgen jeweils in Rechnung gestellt werden: Neben den vergleichsweise kaum ins Gewicht fallenden Maklergebühren, die beim Kauf und Verkauf von Aktien und Optionsscheinen gegenwärtig gerade bei 0,06 Prozent vom Kurswert, bei festverzinslichen Wertpapieren 0,075 Prozent vom Nominalwert betragen, schlagen hier die von der Bank selbst vereinnahmten Provisionen mächtig ins Gewicht. Im Normalfall liegen sie derzeit bei etwa 1 Prozent vom Kurswert für Aktien und Optionsscheine und bei etwa 0,5 Prozent vom Nennwert bei festverzinslichen Papieren. Wenn man davon ausgeht, daß man in bestimmten Situationen sein gesamtes Depot innerhalb eines überschaubaren Zeitraums mehrfach umschichten oder gar völlig umschlagen wird, könnte man von entsprechend niedriger ausgehandelten Provisionssätzen schon ganz prächtig profitieren. Als Verhandlungsstrategie gegenüber der Bank sollte gelten: Je höher der erteilte Einzelauftrag und die Umschlagshäufigkeit des Depots, desto niedriger müßte auch der Provisionssatz ausfallen. Bei Aufträgen über 100 000 Mark sollte man durchaus eine Halbierung des Provisionssatzes durchsetzen können.

Für Börsianer mit vergleichsweise geringen Dispositionsmöglichkeiten bzw. einem kleinen Depot ist es schließlich wichtig zu klären, ob die Bank bei inländischen oder ausländischen Aufträgen irgendwelche Mindestauftragshöhen verlangt. Da auch ein solches Depot unter dem Aspekt der Risikominimierung mindestens drei bis fünf verschiedene Werte umfassen sollte, hätte hier ein »Mindestschluß« von zum Beispiel 10 000 Mark, wie ihn viele Banken inzwischen etwa für Auslandsaufträge vorsehen, höchst nachteilige Folgen.

Service und Schnelligkeit Ihrer Bank

Schnelligkeit im Börsengeschäft ist keine Hexerei, sondern eine wesentliche Bedingung für die Dauerhaftigkeit des eigenen Erfolgs. Das haben all jene Kleinanleger immer wieder (schmerzlich) erfahren müssen, wenn es im Zuge von Krisensituationen an den internationalen Börsen darum ging, bei Verkaufs-, Kauf- oder Änderungsaufträgen zu einer schnellen Abwicklung zu kommen und möglichst die Nase vorn zu haben.

Neben den Printmedien sind es vor allem die neuen elektronischen Hilfsmittel, die eine nahezu zeitgleiche Information über die an den verschiedensten Börsen zustande kommenden Kurse erlauben. *Reuters, Datastream* oder *Telekurs* sind nur einige von vielen weltweit operierenden Anbietern solcher Informationen, ohne die ein modernes Wertpapiermanagement heute kaum noch auskommen kann.

Ein Börsianer sollte keine Bankverbindung eingehen, bei der er nicht ohne größere Schwierigkeiten jederzeit auf eines dieser »Realtime«-Systeme zurückgreifen kann. Was nützt ihm etwa bei einem Auslandsauftrag die noch so aktuelle Börsenzeitung seines Anlageberaters, die wegen der Zeitverschiebung zwischen Europa, Asien und Amerika zum Beispiel die Schlußkurse aus Tokio, Sydney oder New York immer erst einen Tag später abdrucken kann, wenn er in der Lage sein will, die von ihm in den Markt gegebenen Aufträge den tatsächlich zustande gekommenen Kursentwicklungen schnell anzupassen. Da die Weltbörsen heute zudem in erheblichem Maße voneinander abhängig sind, wäre sogar eine Disposition an den inländischen Märkten ohne Kenntnis der neuesten Entwicklung an den Leitbörsen der Welt wenig tunlich.

Ein Anleger sollte auch darauf achten, daß der Weg zur Börse bei der von ihm favorisierten Bank möglichst kurz ist. Ein Handel über fünf Ecken (von Zweigstelle X über die Hauptzweigstelle Y zur Hauptstelle Z und von dieser über die Nebenbörse U zur Hauptbörse V) scheidet für jedes ernstzunehmende Engagement von vornherein aus. Der eigene Anlageberater sollte zudem in der Lage sein, sich bei größeren Auftragssummen direkt bei einem für ihn zuständigen Händler einen Kurs vom »Parkett« zu besorgen oder gar mit ihm direkt abschließen zu können; wenigstens mit einer der drei deutschen Hauptbörsen Frankfurt am Main, Düsseldorf oder München müßte er unmittelbar in Kontakt treten können.

Als Einsteiger sollte man seine Bank überhaupt einmal danach fragen, wie die Abwicklung eines Auftrags von der Auftragsvergabe bis hin zur Ausführungsbestätigung und der Vorlage der Schlußabrechnung technisch und zeitlich im einzelnen aussieht. Man muß sicher sein können, daß man innerhalb kürzester Frist wissen könnte, ob der eigene Auftrag ausgeführt worden ist oder nicht. Nur dann kann ein Börsianer schnell und erfolgversprechend seine eigenen Dispositionen abändern und auf mögliche zwischenzeitlich eingetretene Entwicklungen gezielt reagieren. An der Börse verhält es sich nämlich in der Regel kaum anders als manchmal im wirklichen Leben: Wer zuerst kommt, mahlt zuerst – während die letzten in aller Regel das Nachsehen haben . . .

Der passende Anlageberater

Welche Wertschätzung der Börsianer heute allenthalben von den Banken erfährt, konnte man bis vor einigen Jahren mancherorts bereits beim Betreten der Schalterhalle erkennen.
Kein anderer Bereich ist bis zum Ende der achtziger Jahre so zielstrebig ausgebaut worden wie die Anlageberatungsabteilungen. In manchen Bankfilialen rückte er denn auch schon rein optisch ganz ins Zentrum der Schalterhallen: Ledersessel, gemütlich gestaltete Sitzgruppen, Getränkeautomaten, gar ein »Börsencafé« im Wiener Kaffeehausstil mit regulärer Bedienung – all dies war Ausdruck des immensen Umsatzwachstums, das die sprudelnden Provisionseinnahmen aus dem Wertpapiergeschäft den Banken beschert hatten.
Inzwischen backen die meisten Institute auch hier kleinere Brötchen, nachdem sie gemerkt haben, daß Otto Normalanleger in Deutschland mit den einen oder anderen zehntausend Mark zur Verfügung gestellten Spekulationskapitals auch ganz erheblichen Beratungsaufwand erfordert und daher eigentlich besser mit »maßgeschneiderten« Anlageprodukten, nicht zuletzt dem allseits so favorisierten Erwerb von Anteilen an Wertpapierfonds, abgespeist werden sollte. Dennoch bleibt die Hoffnung groß, daß die Risikokapitalanlage in den Köpfen des deutschen Anlegers auf lange Sicht an Attraktivität gewinnen und die Provisionseinnahmen der Banken sich wei-

terhin prächtig entwickeln werden. Immerhin ist der deutsche Anleger nach Auskunft der Statistik bislang weit weniger an den Aktienmärkten aktiv als etwa der Durchschnittsamerikaner oder Japaner und hat deshalb – so der Tenor der Bankenvertreter – noch einen erheblichen »Nachholbedarf«.
Doch Vorsicht: Vergessen sollte man bei der Suche nach der »richtigen« Bank all jene allein am Make-up der Anlageabteilungen festzumachenden Äußerlichkeiten. Die vergoldeten Türklinken, der rote Teppich, der kostenlos offerierte Kaffee, ja selbst das neueste computerunterstützte und dem Kunden kostenlos zur Verfügung gestellte Analyseprogramm – all das sind Annehmlichkeiten, die das Geschäft ganz im Sinne der Bank ein wenig lockerer von der Hand gehen lassen, über die eigentliche Güte der Anlageberatung sagen sie jedoch kaum etwas aus. Denn diese Güte steht und fällt noch immer mit der Qualität jener Köpfe, die für die unmittelbare, individuelle Beratung auch und gerade des noch wenig erfahrenen Börsianers zuständig sind: mit der Qualität der persönlichen Anlageberater. In der Regel wird man deren Fähigkeiten und Schwächen natürlich erst im Laufe der Zeit angemessen einschätzen können. Denn das erste Kriterium, an dem sich die Güte eines Anlageberaters letztlich immer bemißt, ist die Höhe des durch ihn innerhalb eines bestimmten Zeitraums tatsächlich (mit)bewirkten Gewinns oder Verlusts.
Dennoch gibt es manche nicht weniger wichtige Kriterien, an denen man seine Entscheidung für den einen oder anderen Berater auch schon in den ersten informierenden Gesprächen ausrichten sollte, weil sie mit dem erwähnten Hauptkriterium in unmittelbarem Zusammenhang stehen.

Vertrauenswürdigkeit und Offenheit sind nötig

Ein guter Berater muß versuchen, das Interesse des Anlegers

bei all seinen Überlegungen und Empfehlungen immer im Auge zu behalten. Dies sollte auch dann der Fall sein, wenn sein unmittelbares Eigeninteresse oder das seiner Bank dem Interesse des Kunden in bestimmten Situationen direkt entgegengesetzt ist. Nur dann verdient er jenes Vertrauen, das notwendig ist für eine auf Dauer erfolgreiche Zusammenarbeit mit dem Kunden. Natürlich wird ein Anlageberater von seiner Bank in erster Linie an der Höhe der Umsätze gemessen, die sich aus dem Kauf und Verkauf der seinen Kunden angedienten Wertpapiere ergeben und an denen diese über die anfallenden Provisionen vorrangig verdient. Manche Bankfilialen scheinen von ihrer Zentralstelle gar Maßzahlen mit entsprechenden Vorgaben über Art und Umfang der zu tätigenden Geschäfte zu bekommen. Wenn es eine Bank etwa übernimmt, ein junges Unternehmen an die Börse zu führen, und infolge eines zu hoch angesetzten Ausgabepreises der neuen Aktien auf einem Teil des Pakets hängenzubleiben droht, veranlaßt sie ihre Mitarbeiter mitunter, unbedingt noch einen Teil des vorhandenen Materials bei irgendwelchen unbedarften Börsianern unterzubringen. Es gibt Berater, die einem vor diesem Hintergrund mit zum Teil fadenscheinigsten Argumenten nahezu alles verkaufen. Die Gefahr, auf solche Empfehlungen hereinzufallen, ist für einen Anfänger im Börsengeschäft nicht unerheblich; und sie scheint manchmal leider um so größer zu sein, je gewichtiger der Name der Bank und die Stellung ihrer zentralen Anlageberatung und Depotverwaltung ausfallen.

Freilich kann ein Anlageberater das Interesse des Anlegers nur so weit verfolgen, wie er es kennt. Es ist daher sinnvoll, ihn über das eigene persönliche Umfeld (Beruf, Familienstand, Einkommen, Vermögen, Schulden) und die genaueren Anlageziele wie über entsprechende plötzliche Veränderungen immer auf dem laufenden zu halten. Nur dann ist er auch in der Lage, das dem Kunden zumutbare Risiko bei der einen oder anderen Anlage-

entscheidung mitzubedenken und ihn gegebenenfalls auch vor größeren Risiken zu bewahren.
Ein Berater, der sich für solche und ähnliche Belange des Kunden nicht interessiert, wird sich sehr schnell als jemand entpuppen, der seine Aufgabe ohne großes Engagement zu erledigen pflegt. Von ihm wird man auch kaum erwarten, daß er einen regelmäßig oder in einer kritischen Börsensituation von sich selbst aus über je aktuelle Entwicklungen informiert. Einem solchen Berater sollte man am besten gleich die rote Karte zeigen.

Suchen Sie sich einen erfahrenen Anlageberater

Vertrauenswürdigkeit und ein offenes Ohr für die Belange des Anlegers helfen allein jedoch wenig, wenn der Berater sein Handwerk, das Börsengeschäft selbst, nicht gründlich beherrscht. Die zu fordernde Kompetenz bezieht sich in erster Linie auf seine Fähigkeit, das Kurspotential einer Aktie wie die Gesamtentwicklung der Börse für einen überschaubaren Zeitraum sachkundig beurteilen oder die Urteile anderer kritisch hinterfragen zu können.
Ein guter Berater darf sich hier nie allein auf die Analysen anderer verlassen. Er muß selbst in der Lage sein, die wichtigsten fundamentalen Daten einer Aktiengesellschaft (Gewinnentwicklung, Zukunftsperspektiven usw.) sowie das gesamtwirtschaftliche Umfeld sachgemäß analysieren und bewerten zu können. Dabei ist es heute notwendiger denn je, auch solche weitgehend psychologischen Faktoren in die Anlageüberlegungen einzubeziehen, die das Auf und Ab der Kurse und des Gesamtmarktes manchmal ganz erheblich beeinflussen können, die Tatsache zum Beispiel, daß Kursentwicklungen zyklische Bewegungen mit mehr oder weniger erkennbaren »Gesetzmäßigkeiten« darstellen. In der Praxis spricht man hier von den sogenannten technischen Faktoren. Ein Anlageberater, der

solche Faktoren anhand von Grafiken und statistischen Daten nicht beurteilen kann, befindet sich nicht auf dem neuesten Stand seines Metiers. Jemand, der sie bei seinen Empfehlungen völlig unberücksichtigt läßt, handelt in der Regel naiv; wenn er eindeutige »Signale« wissentlich ignoriert, sogar verantwortungslos.

Gleichwohl ist wenig wahrscheinlich, daß allein die Verfügbarkeit theoretischen Wissens über den Einfluß solcher und ähnlicher Faktoren auf die Kursentwicklung oder noch so überzeugend anmutende, am grünen Tisch ausgeklügelte Analyseprogramme und Gewinnstrategien für eine solide Beratung ausreichen könnten.

Zuerst und zuletzt sollte ein Einsteiger ins Börsengeschäft allerdings darauf achten, daß sein persönlicher Anlageberater bereits über eine reichhaltige, in der Regel erst im Laufe von vielen Jahren erzielbare praktische Erfahrung verfügt.

Leider wird diesem vielleicht wichtigsten Kriterium für eine gute Anlageberatung von vielen Banken hierzulande noch am allerwenigsten entsprochen, gerade auch wenn es um die Beratung jener finanziell weniger vermögenden Bevölkerungskreise geht, die sie eigentlich am dringendsten nötig haben. Je besser der Berater, desto eher wird er von seiner Bank aus dem nervenaufreibenden Massengeschäft abgezogen und auf die Geschäfte mit Großkunden angesetzt.

Vor allem in einer *Baisse*, dem allgemeinen Niedergang der Kurse, wie sie für die Entwicklung des Aktienmarktes von Zeit zu Zeit immer wieder angesagt ist, muß sich die Erfahrung eines Anlageberaters erst wirklich bewähren. Aktienmärkte sind nun einmal, wie eine alte Börsenweisheit besagt, keine Einbahnstraßen. Wer als Anlageberater oder Anleger nur gelernt hat, in eine Richtung zu denken, wird sich früher oder später verfahren. Da ist es kein Wunder, daß mancher Jüngling auf dem Stuhl des Anlageberaters beim ersten großen Crash der Nachkriegszeit am 19. Oktober 1987 einem Herzinfarkt nahe war

oder sich schnell einige Tage krank meldete, um für die Folgen seiner eigenen Empfehlungen ja nicht haftbar gemacht zu werden.
Einem unerfahrenen Berater muß ein Börsianer daher sicher sehr kritisch gegenüberstehen. Eine grundsätzlich kritische Einstellung sollte er allerdings auch gegenüber den »alten Hasen« des Geschäfts nie ganz ablegen. Als Anleger sollte man daher zwar darauf bedacht sein, seine Entscheidung für oder gegen die eine oder andere Kaufempfehlung seines Beraters unter dem Gesichtspunkt der Gewinnmaximierung zu treffen. Vergessen darf man aber nie, daß es noch wichtiger ist, möglichen Verlusten aus dem Wege zu gehen. Gelingen wird einem dies nur, wenn sowohl man selbst als auch der Anlageberater bereit ist, die eigenen Überlegungen kritisch hinterfragen zu lassen, sich gemachte Fehler einzugestehen und daraus für die Zukunft zu lernen.

Der Börsenzyklus

Gelegentlich gibt es selbst an der Börse Zeiten, da kann man, was die Auswahl erfolgversprechender Aktien angeht, fast blindlings zugreifen. Wenn die Kurse etwa im Zuge einer Rezession allgemein so stark verfallen sind, daß sie kaum noch einen Spielraum nach unten besitzen, ist für den hartgesottenen Börsianer die Zeit gekommen, das inzwischen zu Schleuderpreisen verscherbelte Material einzusammeln und sich seelenruhig zurückzulehnen.
Kaufzeit ist hier also, wenn die Nachrichten von der Wirtschaftsfront gerade am schlimmsten aussehen; schwärzer als schwarz kann es dann gar nicht mehr kommen. Da braucht es dann nach einiger Zeit geruhsamen Wartens nur eines Hoffnungsschimmers am Konjunkturhorizont – schon drehen die

Kurse nach oben, und man kann es sich in den weichen Polstern des dahinfahrenden Gewinnzugs gemütlich machen.
Doch diese sich deutlich als Tief- oder Hochpunkte zu erkennen gebenden Zeiten sind in Wirklichkeit selten. Folgt man den idealtypischen zyklischen Bewegungen von Konjunkturverläufen, denen ähnliche Bewegungen an der Börse entsprechen, müßte der Anleger zudem durchaus schon einmal einige Jahre warten können, ehe die Kurse nach Erreichen des Höhepunkts am Ende einer Börsenhausse und der sich anschließenden Baisse wieder einmal ihren Tiefpunkt erreichen und ein neuer Börsenzyklus beginnt. So lange aber will ein Anleger kaum in Wartestellung verharren. Er muß es allerdings auch nicht; denn selbst eine länger andauernde Abwärtsbewegung vollzieht sich im allgemeinen über einen Zeitraum von mehreren Jahren und bietet in kürzeren oder längeren Phasen allgemeiner Erholung zwischendurch immer wieder Gelegenheit, an der Börse Geld zu verdienen. Scheut ein Anleger zudem nicht vor internationalen Investments zurück, wird er fast zu allen Zeiten Möglichkeiten finden, sein Geld zwischendurch gewinnbringend außerhalb der eigenen Börse anzulegen, da sich Konjunkturverläufe im Weltmaßstab kaum je im Gleichschritt vollziehen. Schließlich mag ein Anleger gerade in Phasen einer weniger gut erscheinenden Konjunktur darauf setzen, daß Ankurbelungsmaßnahmen der Notenbanken häufig über eine Herabsetzung des Zinsniveaus versucht werden könnten, was eine Anlage seines Kapitals in langfristigen festverzinslichen Wertpapieren gerade auch unter spekulativen Gesichtspunkten als höchst interessante Anlageperspektive erscheinen läßt. Nur wenige Anleger sind sich ja darüber im klaren, daß man auch mit festverzinslichen Wertpapieren bei fallenden Zinsen ganz kräftige Kursgewinne einstreichen kann.

Abb. 2.2: Kostolanys Börsenzyklus

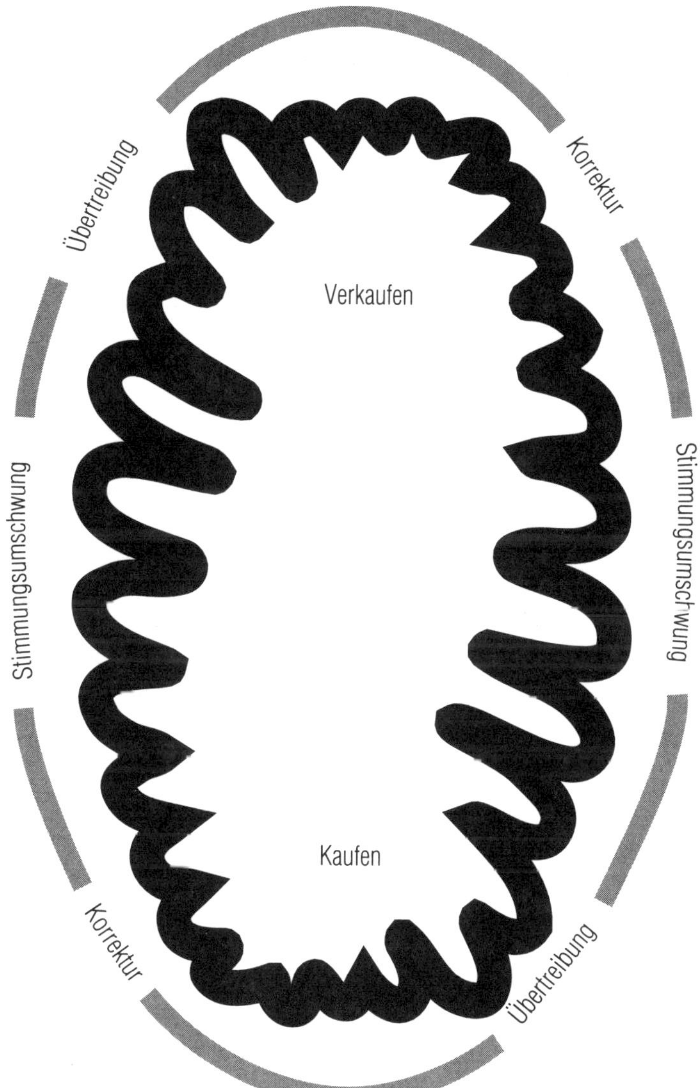

Quelle: André Kostolany, Kostolanys beste Geldgeschichten.

Informationen sind nicht alles, aber ohne sie ist alles nichts

Empfehlenswert ist zunächst die regelmäßige Lektüre einer überregionalen Tageszeitung mit breitem Wirtschafts- und Börsenteil. Wer gut über wirtschaftliche und finanzpolitische Belange informiert werden will, liest zusätzlich eine originäre Wirtschaftszeitung (*Handelsblatt, Blick durch die Wirtschaft*, zweimal wöchentlich auch die hervorragende Schweizer Zeitung *Finanz und Wirtschaft*). Will man auf die Dauer auch stärker an internationalen Börsen agieren, bietet sich eine der renommierten englischsprachigen Zeitungen *Financial Times* oder *Wall Street Journal* als tägliche hervorragende Informationsquelle an.
Nützlich für eine schnelle, tagesaktuelle Orientierung kann auch die eine oder andere Berichterstattung des Rundfunks sein, wie etwa die börsentäglich ausgestrahlte Wirtschaftssendung des Hessischen Rundfunks oder auch die in den Privatsendern des Fernsehens angesiedelten speziellen Börsensendungen, zum Beispiel die *»Telebörse«*. Aktuelle Kurse erhalten Sie auch per Computer über T-Online oder das Internet. Neben aktuellen Börsenkursen der Standardwerte enthalten diese Sendungen immer auch eine Reihe kurzer Hintergrundberichte und Interviews zum deutschen und internationalen Börsengeschehen. Mit erheblicher Skepsis sollte man sich allerdings dabei auf die rhetorisch geschickt verpackten Einschätzungen, Ratschläge und »Gefühle« einzelner moderierender Möchtegern-Gurus »direkt vom Parkett« verlassen, deren Geschwätzigkeit und angeborener Börsenoptimismus fernab jeder seriösen Finanzberichterstattung angesiedelt sein kann.

Wirtschafts- und Börsenzeitschriften: solche und solche

Die turnusmäßig erscheinenden Wirtschaftszeitschriften wie die *Wirtschaftswoche, Capital* oder ähnliche weitverbreitete Printmedien bieten eine weitere Möglichkeit, sich umfassender zu informieren. Ihre Stärke liegt zumeist darin, wirtschaftliche Sachverhalte und Entwicklungen auch in umfangreicheren Artikeln oder gar in Serienfolgen analysieren und mit anschaulichem grafischem und bildlichem Material illustrieren zu können.

Auch wenn all diese Informationsquellen schon einen erheblichen Umfang dessen abdecken, was man als Börsianer an Daten und Analysen für eine fundierte Anlageentscheidung überhaupt sinnvoll verarbeiten kann, spezieller noch auf die Belange des Anlegers geht eine andere Kategorie von Medien ein: die Börsenzeitschriften. Die meisten von ihnen allerdings bestechen weniger durch die Qualität ihrer Analysen als durch die unsägliche Fülle von allenthalben verbreiteten »heißesten Tips«. In seitenfüllenden Anzeigen reden ihre Werbefachleute dann manchmal von »Supergewinnen«, »bombigen Ergebnissen«, die man einzig mit ihren Empfehlungen in der Vergangenheit hatte erzielen können. Denn natürlich wird sich unter der Vielzahl von Tips immer auch der eine oder andere »Renner« befinden – was nun aber häufig weniger mit der Güte des »qualifizierten Stabs« zu tun hat, auf den sich die Herausgeber dieser Zeitschriften gerne berufen, als vielmehr mit Wahrscheinlichkeitsrechnung. Von den eigenen Nieten verabschiedet man sich denn auch im allgemeinen auf die allenthalben geläufige englische Art …

Auch solchen »Ratgebern« gegenüber sollte sich der Börsianer grundsätzlich kritisch verhalten. Er sollte nur die für seine regelmäßige Lektüre aussuchen, die ihm neben einem umfassenden, zuverlässigen Kursteil über inländische und ausländische Börsen auch eine Reihe gut recherchierter Hintergrundberichte, aktueller Interviews und kritischer Kommentare anbieten. Finanzzeitschriften solchen Zuschnitts sind etwa *Das Wertpapier, BÖRSE ONLINE* und das Monatsmagazin *FINANZEN.*

Seien Sie kritisch gegenüber Börsenbriefen

Noch stärker abhängig von der Qualität ihrer Empfehlungen sind die sogenannten Börsenbriefe, wie sie in den letzten Jahren in einer kaum mehr überschaubaren Anzahl auf den Markt gekommen sind. Ihnen geht es in der Regel nicht eigentlich darum, dem Börsianer als Informationsquelle für eine eigenständige Anlageentscheidung zu dienen, sondern ihm diese Entscheidung soweit wie möglich abzunehmen. Darin genau liegt nun aber auch die Schwäche fast aller dieser Briefchen. Um die zum Teil horrenden Summen für ein regelmäßiges Abonnement vor dem Kunden rechtfertigen zu können, müssen sie auf Gedeih und Verderb »erfolgreich« sein. Börsenphasen, in denen ein sachverständiger Berater über Wochen oder gar Monate eher dazu raten müßte, sich aus einem Markt selbst unter Inkaufnahme großer Verluste zurückzuziehen, kann es für diese Briefe an sich gar nicht geben; eine Empfehlung, nichts zu tun, widerspräche dem, was die meisten Kunden von den Herausgebern erwarten. Kritisches wird man von solchen Briefen denn auch nur selten erwarten; es würde ihnen nur ihre eigene Geschäftsgrundlage entziehen. Ausnahmen auf dem zuweilen unappetitlichen Gebiet der Börsenbriefe wie etwa die *Finanzwoche* bestätigen hier im allgemeinen eher die Regel.

Geschönte Direktinformationen

Natürlich kann man sich auch bei der Beschaffung von Informationen über ein Unternehmen, an dessen Aktien man interessiert ist, dieser Gesellschaft selbst bedienen: Jedes Unterneh-

men wird gern bereit sein, einem potentiellen Anleger Geschäftsberichte oder ähnliches zuzusenden. Was die Zukunftsperspektiven angeht, sollte man allerdings solchen Hochglanzprospekten nicht zu sehr vertrauen. Die dort abgedruckten Zahlen aus den Bilanzen geben jedenfalls häufig ein sehr unvollständiges Bild von der wirklichen Situation wieder.
Nicht viel besser fährt man, wenn man sich »Analysen« von Banken besorgt, die eine besonders enge Beziehung zum jeweiligen Unternehmen aufweisen. Als Großaktionäre wie als Gläubiger haben sie ein ganz erhebliches Interesse daran, die Güte eines solchen Unternehmens in bunten Farben zu malen – gleich wie sie sich in Wahrheit darstellen mag.
Hier wie überhaupt muß ein kritischer Börsianer immer auch danach fragen, von wem er die Informationen, die er benötigt, bekommt. Er darf nicht das für objektiv halten, was in der Regel durch die Optik und die Interessen des Informanten immer auch ganz eigennützige subjektive Züge erkennen läßt.

3 Wie man Gewinne vorprogrammiert

Auf den blauen Dunst hin seine Anlageentscheidungen an der Börse zu treffen, dies wäre ebenso falsch wie die Annahme, daß Börsenkurse allein ein Ergebnis rationaler, wohlerwogener Überlegungen seien. Das allgemeine psychologische Umfeld kann für die kurzfristige Entwicklung der Kurse genauso maßgebend sein wie längerfristig entscheidende fundamentale Faktoren.

Für den noch wenig erfahrenen Einsteiger in diesen Markt kommt es darauf an, daraus nicht die falschen Schlüsse zu ziehen und einer Art Irrationalismus oder Relativismus zu verfallen nach dem Motto: Genau kann man es ja ohnehin nie wissen, also wähle ich meine Aktien doch gleich nach dem Zufallsprinzip aus. Auch wenn die Entwicklung der Börsenkurse zu einem erheblichen Teil von psychologischen Momenten wie der jeweiligen Grundstimmung am Markt, dem allgemeinen politischen Umfeld und anderen schwer kalkulierbaren Faktoren abhängig ist, basiert sie mittelfristig doch immer auf einer Reihe unabweisbarer harter Daten und Fakten, die zwar ein Spieler, aber kein vernünftiger Börsianer außer acht lassen wird. Der Hinweis auf die scheinbar alles überlagernde Börsenpsychologie dient denn manchem auch eher zur Verschleierung eigener Fehlentscheidungen als zur wirklichen Klärung der Sache. Man verkennt leicht, daß selbst die noch so unberechenbar bleibenden psychologischen Einflüsse zuletzt meistens zurückgeführt werden können auf Erwartungen oder Befürchtungen über Veränderungen jener für die wirtschaftliche Entwicklung eines Unternehmens oder der Wirtschaft so entscheidenden fundamentalen Daten, allen voran die Gewinne.

Den Einstieg planen

Für den noch wenig erfahrenen Börsianer sollte es darum gehen, gerade seine ersten Dispositionen besonders sorgfältig vorzubereiten. Besser ein später, vielleicht verspäteter Gang an die Börse als ein Einstieg ohne vernünftige Entscheidungsgrundlagen. Natürlich wird man sich gerade in der ersten Phase seiner Börsenaktivitäten – mehr, als dies später erforderlich und sinnvoll ist – an den Analysen und Empfehlungen anderer, einem zuverlässig erscheinender Börsianer orientieren. Man wird aber bald schon erkennen können, daß die Börse wirklich offen genug ist, auch dem Sachverstand, der fixen Idee und dem guten Gespür eines noch in den Anfängen steckenden Anlegers mit kleinen oder mittleren Dispositionsmöglichkeiten treffliche Gewinnchancen zu geben. Denn hier sind nicht immer nur jene, die mit einem großen Stab von hochbezahlten Akteuren den Markt und einzelne Werte analysieren, die eigentlichen Gewinner. Obgleich die Großen über Informationsquellen verfügen, an die der kleine Mann kaum oder nur mit erheblicher Zeitverzögerung herankommen wird, können sie trotz ihres vereinigten Sachverstands manchmal ebenso falsch liegen wie der Durchschnittsbörsianer – der 19. Oktober 1987 und manche der anschließenden kleineren oder größeren Crashs liefern dafür den besten Beweis.

Fundamentale Faktoren der Aktienanalyse

Die Analyse von Aktien anhand fundamentaler Indikatoren, wie man sie aus gut aufbereiteten Kurstabellen bereits entneh-

men kann, bietet selbst dem Anfänger die Möglichkeit, fundamental bessere von schlechteren Aktien zu unterscheiden.
Im wesentlichen geht es dabei um die angemessene Einschätzung der Substanz und der Ertragsstärke eines Unternehmens im Vergleich zu einem anderen oder dem Durchschnitt der Branche. Wenn denn Aktienkurse kein pures Zufallsprodukt irrational handelnder Akteure sind, sondern auch ein Ausdruck für die erwartete Substanz- und Ertragsentwicklung der jeweiligen Aktiengesellschaft, dann können Veränderungen fundamentaler Faktoren immer auch einen Hinweis auf die mögliche zukünftige Entwicklung der Kurse geben.

KGV und Cash-flow

Das Kurs-Gewinn-Verhältnis (KGV) ist hierzulande eine der gebräuchlichsten Kennzahlen für die Einschätzung der Preiswürdigkeit einer Aktie. In angelsächsischen Ländern spricht man in diesem Sinne vom *price-earnings-ratio* (PE).
Das KGV gibt an, das Wievielfache des Reingewinns je Aktie den Kurs einer Aktie ausmacht. Entsprechend ergibt es sich aus dem aktuellen Börsenkurs dividiert durch das veröffentlichte oder geschätzte Ergebnis je Aktie, bezogen auf ein bestimmtes Jahr. Bei einem Kurs der BASF-Aktie von zum Beispiel 360 ergäbe sich unter Zugrundelegung eines für 1998 geschätzten Ertrags von 5,30 Mark je Aktie mithin ein KGV von 11,3.
Vergleicht man diese Zahl mit dem durchschnittlichen KGV der entsprechenden Branche oder mit dem Durchschnitt aller am Markt notierten Aktien, würde man möglicherweise sagen können, die Aktie sei relativ »billig« bzw. »unterbewertet«, weil zum selben Zeitpunkt zum Beispiel Hoechst ein KGV von 16,4, Bayer eines von 14 ausweist. Beim Vergleich mit anderen internationalen Standardwerten dieses Profils käme man vermutlich zu einem ähnlichen Ergebnis, wobei allerdings hier wiederum

die Tatsache zu berücksichtigen wäre, daß das durchschnittliche KGV an den deutschen Aktienbörsen mit ungefähr 19 ohnehin unter dem mancher Auslandsmärkte angesiedelt ist und sich dies auf mittlere Sicht auch kaum ändern wird.
Manche schöpfen daraus nun die Erwartung, daß sich der Kurs einer solchermaßen unterbewerteten Aktie auf längere Sicht der übrigen durchschnittlichen Marktbewertung der Branche angleichen werde, und räumen ihr dementsprechend ein überdurchschnittliches Kurspotential ein. Je geringer also das KGV einer Aktie im Vergleich zum KGV anderer Aktien der Branche oder des Marktes, desto größer sind danach die Kurschancen und damit die Gewinnmöglichkeiten für den Börsianer, der solche Aktien erwirbt.
Doch ein solcher, leichtfertig von Anhängern der Fundamentalanalyse verbreiteter Schluß ist nur sehr bedingt realistisch. Er würde besagen, daß Papiere wie etwa SAPV, die auch schon einmal mit dem 40fachen ihrer Erträge pro Aktie notieren, im Vergleich zur Bayer-Aktie und der niedrigeren Bewertung des Gesamtmarktes durchweg viel zu »teuer« und daher mittelfristig stark gefährdet erscheinen.
Bei genauerem Hinsehen erkennt der Börsianer jedoch schnell, daß die Anleger den Technologiewerten in bestimmten Börsenphasen durchweg offenbar ein viel höheres KGV zubilligen als etwa den Werten der chemischen oder auch der Automobilindustrie. Dies besagt, daß die Höhe des KGV noch am ehesten prognosekräftig sein dürfte im Zusammenhang mit dem Vergleich von Aktien derselben Branche.
Auch was die Unter- oder Überbewertung eines Gesamtmarktes im internationalen Vergleich und das sich daraus angeblich zwangsläufig ergebende größere oder geringe Kurspotential nationaler Börsen anbelangt, ist vor Fehlschlüssen zu warnen. Natürlicherweise müßte man Börsen von Wachstumsmärkten wie etwa Korea, Taiwan oder im europäischen Raum neuerdings einige industriell fortgeschrittene Ostblockländer, deren Unter-

Abb. 3.1: Analytische Daten ausgewählter deutscher Aktien

	Hoch	Tief	Kurs am	Erg. je Aktie			KGV	Div.	Rendite	Entwick.
	19	97	15.9.97	1996	1997e	1998e	98	95/96	in % #	seit 2.1.97
Chemie / Pharma / Kosmetik										
BASF *	73,55	55,82	60,01	4,40	4,80	5,30	11,3	1,70	2,83	1,23
Bayer *	79,12	59,55	64,60	3,85	4,15	4,60	14,0	1,70	2,63	2,87
Hoechst *	88,00	63,60	70,60	2,75	3,60	4,30	16,4	1,40	1,98	-2,89
Altana	192,55	119,40	132,50	4,30	5,30	6,20	21,4	1,50	1,13	10,60
Beiersdorf	98,50	72,90	75,20	2,63	2,80	3,20	23,5	1,00	1,33	-1,18
Degussa *	104,70	66,75	88,30	3,90	4,20	4,80	18,4	1,30	1,47	26,78
Henkel VA *	107,00	76,55	97,30	3,70	4,40	5,00	19,5	1,30	1,34	25,87
Merck	77,40	54,60	65,70	2,85	3,35	3,70	17,8	1,25	1,90	18,59
Schering *	209,50	126,80	174,00	5,90	6,80	8,10	21,5	2,00	1,15	33,95
Wella VA	1.400	816	1.230	38	45	54	22,8	14,00	1,14	50,74
Elektro/EDV										
Computer 2000	415	305	355	V	V	10	35,5	0,00	0,00	6,61
SAP Vz. *	460,00	210,90	424,50	5,48	7,35	10,00	42,5	2,35	0,55	97,44
Siemens *	130,00	71,80	109,80	4,48	4,70	5,50	20,0	1,50	1,37	51,45
Konsum / Handel										
Adidas	235,50	130,80	217,80	6,90	8,60	9,20	23,7	1,10	0,51	63,76
AVA	566	425	490	7,5	10	14	35,0	0,00	0,00	10,61
Douglas Holding	77,00	55,70	61,80	2,95	3,20	3,40	18,2	1,40	2,27	2,15
Gehe	125,50	95,00	95,00	3,75	4,20	4,60	20,7	1,30	1,37	-3,55
Karstadt *	715	479	611	-21	V	0		10,00	1,64	17,50
Metro*	99,60	50,00	78,30	2,98	3,50	4,10	19,1	2,00	2,55	51,54
Südzucker St.	960	750	840	50	52	60	14,0	15,50	1,85	11,85
Maschinenbau/Stahl										
Fr. Krupp-Hoe.	400	244	354	18	21	26	13,6	5,00	1,41	42,17
Gea VA	714	475	558	30	35	39	14,3	10,00	1,79	18,43
IWKA	507	359	430	21	24	27	15,9	9,00	2,09	17,81
Linde *	1.430	938	1.186	44	49	56	21,2	17,50	1,48	26,17
MAN*	563	373	503	26	23,8	29	17,3	14,00	2,78	34,85
Mannesmann*	917	611	852	22	26	32	26,6	9,00	1,06	27,66
Metallgesellschaft	43,18	31,20	39,50	1,68	2,30	2,60	15,2	0,00	0,00	25,40
Preussag *	577	349	477	17	22	27	17,7	12,00	2,51	36,93
Thyssen *	447	273	401	15	19	25	16,0	8,00	2,00	46,89
Versorger / Telekommunikation										
Dt. Telekom *	44,55	29,93	34,65	1,13	1,90	2,30	15,1	0,60	1,73	6,78
RWE *	87,00	63,70	78,10	2,95	3,15	3,35	23,3	1,50	1,92	19,79
Veba *	112,60	88,00	92,75	5,04	5,60	6,50	14,3	1,90	2,05	4,21
VIAG *	818	598	763	37,20	38,20	42,00	18,2	12,00	1,57	26,24
Automobile										
BMW*	1.539	1.023	1.332	49	61	72	18,4	15,00	1,13	24,14
Continental	50,50	27,90	44,25	2,32	3,30	3,80	11,6	0,60	1,36	59,75
Daimler-Benz *	159,30	104,60	127,50	5,35	5,78	7,27	17,5	1,10	0,86	20,28
Porsche	2.945	1.325	2.570	21	50	90	28,6	2,50	0,10	88,97
Volkswagen *	1.485	637	1.141	55	60	77	14,8	9,00	0,79	78,28
Versicherungen										
Allianz *	493,00	269,30	384,50	9,25	9,00	10,00	38,5	1,70	0,44	37,32
Hannover Rück	145,80	70,40	129,00	6,20	6,80	7,20	17,9	3,40	2,64	83,50
Münchner Rück*	696	360	545	14	15	14,5	37,6	1,60	0,29	41,74
Banken										
Bay. Hypo*	79,60	45,55	70,10	2,50	2,90	3,20	21,9	1,45	2,07	50,59
Bay. Verein *	115,00	60,05	93,90	2,83	3,25	3,70	25,4	1,60	1,70	48,58
Commerzbank *	72,40	38,75	57,80	2,98	3,60	4,00	14,5	1,35	2,34	47,83
Deutsche Bank *	126,00	71,32	104,50	4,25	5,00	5,50	19,0	1,80	1,72	45,34
Dresdner Bank *	85,20	45,30	73,20	2,87	3,30	3,70	19,8	1,55	2,12	58,79
Bauindustrie										
Bilfinger + Berger	81,90	56,20	68,50	3,41	3,30	3,60	19,0	1,20	1,75	21,24
Buderus	990	726	870	46	52	58	15,0	17,00	1,95	14,47
Dyckerhoff VA	660	420	600	43	49	56	10,7	13,00	2,17	41,18
Heidelberger Z.	162,00	113,18	142,00	7,20	7,30	8,00	17,8	1,60	1,13	25,46
Hochtief	93,00	61,00	79,00	2,80	3,10	3,30	23,9	1,20	1,52	29,51
Plettac	430,00	279,50	388,00	33,50	37,50	41,00	9,5	11,00	2,84	37,59
Transport										
Lufthansa *	37,25	20,83	34,00	1,10	1,80	2,00	17,0	0,50	1,47	61,90
DAX-Index	4.439	2.849	3.820	148	171	197	19,4			32,24
FAZ-Index	1.481	986	1284							29,43

* = DAX®-Wert
\# = Steuergutschrift

Quelle: BfG · Bank AG, Börsenbericht 1997

nehmen aufgrund ihres erheblichen Nachholbedarfs auf mittlere Sicht ein überdurchschnittliches Gewinnsteigerungspotential aufweisen dürften, auch ein viel höheres KGV zubilligen können als anderen Börsen.

Das KGV ist also insgesamt eine Größe, an der man sich als frischgebackener Börsianer bei der Einschätzung der Preiswürdigkeit einer Aktie wohl orientieren kann, von der allein sich ein Einsteiger aber nie eine sichere Prognose über die zukünftige Entwicklung eines Kurses erwarten darf.
Nicht anders verhält es sich hier mit dem von angelsächsischen Analysten bevorzugten Cash-flow je Aktie. Einige halten diese Kennzahl für aussagekräftiger als das KGV, weil sie über die Einrechnung der Abschreibungen und langfristigen Rückstellungen eines Unternehmens erst die wirkliche Substanz einer Aktiengesellschaft erfasse. Sie ergibt sich aus dem Jahresüberschuß plus Abschreibungen plus Veränderung der langfristigen Rückstellungen plus Steuern vom Ertrag und Einkommen dividiert durch die Anzahl der Aktien. Je höher also hier der Cash-flow, als desto substanzhaltiger gilt danach die Aktie.

Dividendenrendite und Zinsen

Neben anderen fundamentalen Indikatoren wie etwa der Exportquote eines Unternehmens, dem Anteil der dollarabhängig erzielten Gewinne, der Kapazitätsauslastung, dem Auftragseingang oder übrigen, vor allem die Lage der Gesamtkonjunktur kennzeichnenden Daten ist die sogenannte Dividendenrendite eine besonders häufig herangezogene Kennziffer zur Beurteilung eines Aktienwerts. Sie ergibt sich aus der tatsächlich gezahlten bzw. geschätzten Höhe der Bardividende für ein bestimmtes Jahr plus Steuergutschrift von 3/7 des Betrags dividiert durch den aktuellen Börsenkurs multipliziert mit 100. Bezogen auf einen Kurs von gegenwärtig 73,20 Mark für Dresdner Bank und einer Dividende 1995/96 von 1,55 Mark ergibt sich eine Rendite ohne Steuergutschrift von 2,12 Prozent, mit Steuergutschrift von 3,02 Prozent.
Es versteht sich von selbst, daß für einen umsichtigen Börsianer, der einen Teil seines Depots immer auch auf weniger spekula-

Berechnung der Dividendenrendite

Formel:

Bruttodividende : (Aktueller Aktienkurs : 100)

Beispiel:

ausgeschüttete Dividende (Bardividende)	1,55 DM
+ Körperschaftssteuergutschrift (${}^{3}/_{7}$ % der Bardividende)	0,66 DM
= Bruttodividende	2,12 DM

Bei einem Aktienkurs von 38,70 DM ergibt sich

2,21 : (73,20 : 100) = *3,02 %* Dividendenrendite

tive Werte konzentrieren sollte, die Höhe dieser Rendite ein wichtiges Entscheidungskriterium für die Auswahl entsprechender Aktien darstellt. Unter Anlagegesichtspunkten, wie sie etwa für die großen institutionellen Investoren, zum Beispiel die Versicherungsgesellschaften, maßgebend sind, stehen dabei hochrentierliche Aktien in unmittelbarer Konkurrenz zu den festverzinslichen Wertpapieren.

Da bei fallenden Aktienkursen, aber gleichbleibender Dividendenzahlung die Dividendenrendite steigt, scheinen jene Aktien »nach unten hin« besonders gut abgesichert zu sein, die eine im Vergleich zur jeweiligen Durchschnittsrendite am Anleihemarkt höhere Dividendenrendite aufweisen. Fällt dann sogar noch die Durchschnittsrendite am Anleihemarkt, wie dies infolge von forcierten Zinssenkungsmaßnahmen durch die Bundesbank manchmal ganz gezielt erreicht werden soll, käme dies der Attraktivität ohnehin schon renditestarker Aktien natürlich noch mehr zugute. Da zudem die Zinsen als Kosten für die Aufnahme von Krediten in die Gesamtrechnung eines Unternehmens eingehen und also deren Gewinne schmälern, läßt sich dar-

aus ein allgemeiner Grundsatz für die Einschätzung von Börsentrends gewinnen, der besagt, daß fallende Zinsen dem Aktienmarkt grundsätzlich zugute kommen, steigende ihm aber langfristig schaden.
Trotz der ganz zentralen Bedeutung dieser und anderer »Fundamentals« bei der Analyse der Qualität einer Aktie sollte man sich darüber im klaren sein, daß solche Kenngrößen wohl wichtige Orientierungspunkte markieren, aber weder einseitig noch isoliert die Auswahl des Börsianers bestimmen können. Was nützen einem etwa die seit Jahren von deutscher Seite immer wieder vorgetragenen Hinweise auf die Unterbewertung des deutschen Aktienmarktes im Vergleich zum internationalen Umfeld, wenn der größere Teil der ausländischen Investoren dieses scheinbar so einleuchtende fundamentale Argument aufgrund anderer Prioritäten offenbar ignoriert?

Technische Faktoren

Mehr noch als die oben erörterten wichtigsten fundamentalen Faktoren dürften die technischen Faktoren dem Anfänger in der Regel zunächst wie ein Buch mit sieben Siegeln erscheinen.
Über die technische Analyse von Aktien bzw. Aktientrends sind denn auch inzwischen eine ganze Reihe kluger Bücher verfaßt worden, in denen sich die Autoren mit zuweilen kaum noch übertreffbarer Akribie um die Interpretation von Kursverläufen und Kursformationen anhand sogenannter Charts (= Abbildung der Kursentwicklung in grafischer Darstellung) und anderer statistischer Indikatoren bemühen.
Die Grundannahme des »Technikers« ist, daß das Verhalten der Käufer und Verkäufer an der Börse sich nicht allein an fundamentalen Daten der wirtschaftlichen Entwicklung orientiert, sondern nach mehr oder weniger festen, der Eigendynamik der Börse entsprechenden Mustern verläuft. In diesem Sinne spricht

Abb. 3.2: Idealtypische Chartformationen und ihre Interpretation

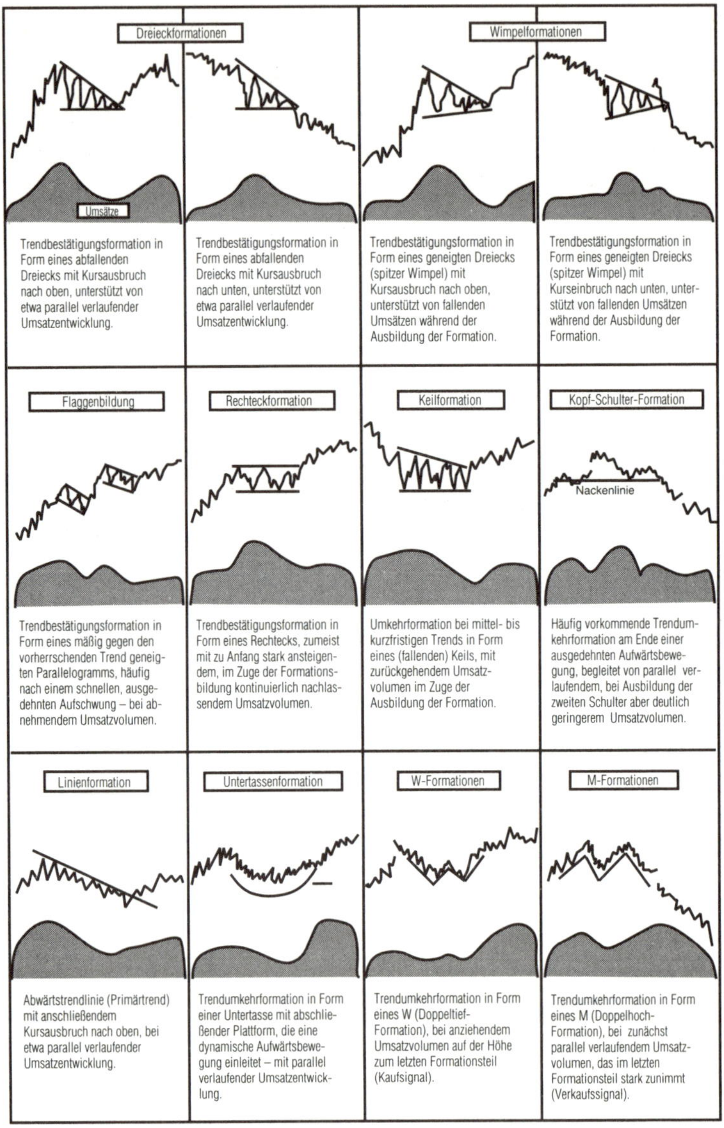

der Chartist dann manchmal von »Dreiecken«, »Rechtecken und Wimpeln«, von »Kopf-Schulter-, Untertassen-, W- und M-Formationen« – je nach dem Bild, das sich für ihn nach Einzeichnung gewisser Hilfslinien aus dem Chart ergibt.

Im Prinzip versucht die technische Analyse mithin, anhand vorliegender Daten und Muster aus der Vergangenheit zukünftige Entwicklungen eines Aktienkurses oder auch des Gesamtmarktes vorherzusagen. Bei bestimmten Konstellationen spricht sie in diesem Zusammenhang dann von Kauf- oder Verkaufssignalen und wird daran Empfehlungen oder Entscheidungen orientieren.

Selbst die eingefleischtesten Gegner solcher Methoden können nicht leugnen, daß der tatsächliche Kursverlauf einer Aktie oder eines Gesamtmarkt-Indizes wie des DAX® sich um so eher nach solchen Mustern vollzieht, je mehr Börsianer an die Richtigkeit dieser Analysen glauben. Es wäre töricht, dies nicht zur Kenntnis zu nehmen und bei seinen eigenen Anlageentscheidungen völlig unberücksichtigt zu lassen. Jedem Anfänger sollte es aber genügen, sich mit einigen grundlegenden Aussagen dieser Analyse vertraut zu machen. Er sollte in der Lage sein, den Chart einer Aktie und eines für die Entwicklung der Börse insgesamt aussagekräftigen Index zu lesen und in groben Zügen zu deuten, und das ist leichter, als man ihm zuweilen glauben zu machen versucht.

Trends und Signale

Grundsätzlich gilt: Eine Kauf- oder Verkaufsentscheidung sollte man nie – ganz unabhängig von den dafür zuallererst maßgebenden fundamentalen Daten – völlig gegen den bestehenden Kurstrend der entsprechenden Aktie oder den allgemeinen Börsentrend vornehmen. Gerade als Anfänger ist es eher unklug, klüger sein zu wollen als alle übrigen Börsianer zusammen: So

Abb. 3.3: Charttechnische Trends

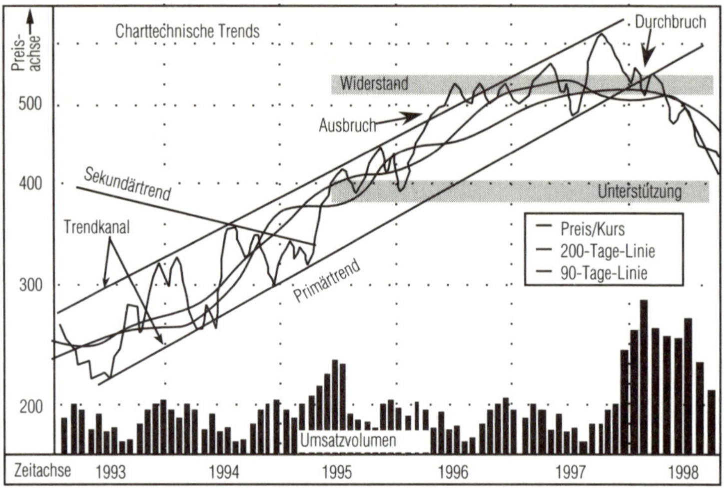

mancher hat für seine Rechthaberei gegen den herrschenden Trend schon teuer bezahlt. Antizyklisches Handeln, das in der Tat erhebliche Gewinne verspricht, ist eher eine Angelegenheit für den schon erfahrenen Börsianer, der über ein entsprechendes Nervenkostüm verfügt und auch dann noch ruhig durchzuhalten vermag, wenn die ewig Zittrigen bereits das Handtuch geworfen haben.

Der Trend eines Kursverlaufs ist daher das erste, vielleicht wichtigste technische Datum bei der Betrachtung eines Aktienwerts oder Gesamtmarkts. Er ist aufwärts gerichtet, wenn die durch die untersten Punkte der Kurslinie gezeichnete Gerade ansteigt; abwärts gerichtet, wenn diese Gerade fällt. Zieht man eine zweite Gerade durch die obersten Punkte der Kurslinie, erhält man den Trendkanal. Je langfristiger dieser Trend ist, desto wahrscheinlicher ist es im allgemeinen auch, daß sich der Kurs auch weiterhin innerhalb dieses Kanals bewegt.

Der Techniker gewinnt aus dem Verlauf solcher Trends An-

haltspunkte zweifacher Art: Günstig erscheint ihm der Kauf einer Aktie oder der Einstieg in den Gesamtmarkt, solange sich die Kursnotierung (Indexnotierung) im unteren Drittel dieses Trendkanals bewegt; entsprechend faßt er einen Verkauf – wenn überhaupt – eher im oberen Drittel ins Auge. Eine nachhaltige Durchbrechung der unteren Begrenzungslinie durch einen Kursverlauf von oben nach unten ist für ihn ein Verkaufssignal, der nachhaltige Ausbruch über die obere Begrenzungslinie hinaus ein Kaufsignal.
Nähert sich also der Kursverlauf einer dieser Linien, besteht für den Verfechter der technischen Analyse möglicherweise bald Handlungsbedarf.

Gleitender Durchschnitt und Momentum

Der langfristige Trendkanal ist der markanteste Signalgeber für den Chartisten. Da er aber eher ein Maßstab für Zeiträume von Jahren ist, reicht er für den mittelfristig agierenden Börsianer in der Regel nicht aus. Er unterscheidet deshalb noch differenzierter zwischen diesem primären und anderen kurzfristigeren (sekundären, tertiären) Trends. Für den Techniker sind darüber hinaus aber noch weitere, kurzfristiger wirksame Indikatoren bedeutsam, allen voran bestimmte Durchschnittslinien (GDL, ADL). Sie ergeben sich aus dem gleitenden Durchschnitt der jeweiligen Kurse der vorangegangenen Periode, wobei sich die 200-, die 100- oder 90- und die 50- oder 38-Tage-Linien als die gebräuchlichsten herausgebildet haben. Ein Sonderfall ist hier die Berechnung des sogenannten Momentums. Dabei wird der gegenwärtige Indexstand mit dem Durchschnitt aller Indexschlußkurse der letzten 200, 100 oder 50 Tage verglichen, wobei die Abweichung in Indexpunkten festgestellt wird. Hohe Abweichungen werden dabei häufig als Übertreibungen oder als Untertreibungen der aktuellen Kursentwicklung interpretiert.

Je nach der Gesamtkonstellation der Börse ergeben sich auch aus dem Durchschneiden solcher gleitender Durchschnittslinien nach oben oder unten Kauf- und Verkaufssignale. Wie in den oben genannten Fällen wird ein Techniker aber auf eine solche Entwicklung nur dann reagieren, wenn sie sich als nachhaltig erweist. Der Durchbruch ist für die meisten nur dann signifikant, wenn er mindestens über einen Zeitraum von drei Tagen und mit einer Differenz von wenigstens drei bis fünf Prozent zur entsprechenden Trendlinie erfolgt. Andernfalls könnte er sich auch als Fehlsignal oder gar als Falle herausstellen.
Hat sich der Kurs einer Aktie oder eines marktbreiten Index allzuweit oder zu schnell von solchen Durchschnittslinien entfernt, besteht die Gefahr eines Rückschlags. Ein kluger Börsianer wird daher nach einem heftigen, schnellen Kursanstieg eher schon einmal wenigstens einen Teil (die Hälfte, zwei Drittel) seines Aktienpakets verkaufen, um seine Gewinne mitzunehmen und vielleicht nach erfolgter »technischer Reaktion« zu niedrigeren Kursen wiedereinzusteigen. Pokern sollte man aber nie um die letzten zehn bis 20 Prozent eines möglichen Kursanstiegs. Denn erstens kommt es manchmal anders und zweitens, als man denkt ...

Widerstands- und Unterstützungszonen

Von besonderer Bedeutung für die Einschätzung der Höhe eines möglichen Kursanstiegs bzw. Tiefe eines möglichen Kursverfalls sind die Widerstands- und Unterstützungszonen. Der Chartist gewinnt sie durch Einzeichnung von Waagerechten durch frühere untere Kurslinienpunkte oberhalb der derzeitigen Kursnotierung (= Widerstand) bzw. durch untere Kurslinienpunkte unterhalb der derzeitigen Notierung (= Unterstützung). Bei fallenden Kursen kennzeichnet die nächstliegende Unterstützungszone die Region, in der der Kursverfall möglicherweise gestoppt wird. Bei steigenden Kursen ist je nach Stärke des Widerstandes damit zu rechnen, daß der Anstieg in dieser Kursregion gebremst wird. Einen Aktienkurs, der keinerlei Widerstand mehr nach oben hin hat, nennt man »frei«. Für den Charttechniker sind solche Aktien daher in der Regel ein klarer Kauf und bieten ein ungeahntes Kurspotential.

Umsatzvolumen

Bei der Suche nach möglichen Kauf- und Verkaufssignalen gilt es allerdings immer, auch die Umsätze, unter denen der jeweilige Kurs einer Aktie bzw. des Marktindex zustande gekommen ist, zu berücksichtigen. Sie errechnen sich aus der Anzahl der jeweils gekauften oder verkauften Aktien multipliziert mit dem jeweiligen Kurswert. Die entsprechenden Tagesumsätze sind häufig am unteren Ende eines Charts in Form von senkrechten Balken eingezeichnet. Grundsätzlich gilt: Je höher der Umsatz zu einem bestimmten Kurs, um so aussagekräftiger auch die tatsächlich erfolgte Notierung. Im Grenzfall könnte sich der Tageskurs einer Aktie ja durchaus aus dem Kauf bzw. Verkauf eines einzigen Papiers ergeben; womit denn über die wirkliche Einschätzung der Aktie durch die übrigen Marktteilnehmer gar nichts ausgesagt wäre. Im Zuge einer nach oben wie nach unten gerichteten Kursentwicklung würden sinkende Umsätze insofern eher darauf verweisen, daß das gebildete Kursniveau von einem größeren Teil der Börsianer nicht mehr getragen wird und die Kursentwicklung möglicherweise schon bald umschlagen dürfte.

Das psychologische Umfeld

Nicht wenige meinen, die Börse sei nichts anderes als Psychologie. Auch wenn man diese einseitige Position – wie überhaupt jede Einseitigkeit bei der Zurückführung der Börsenentwick-

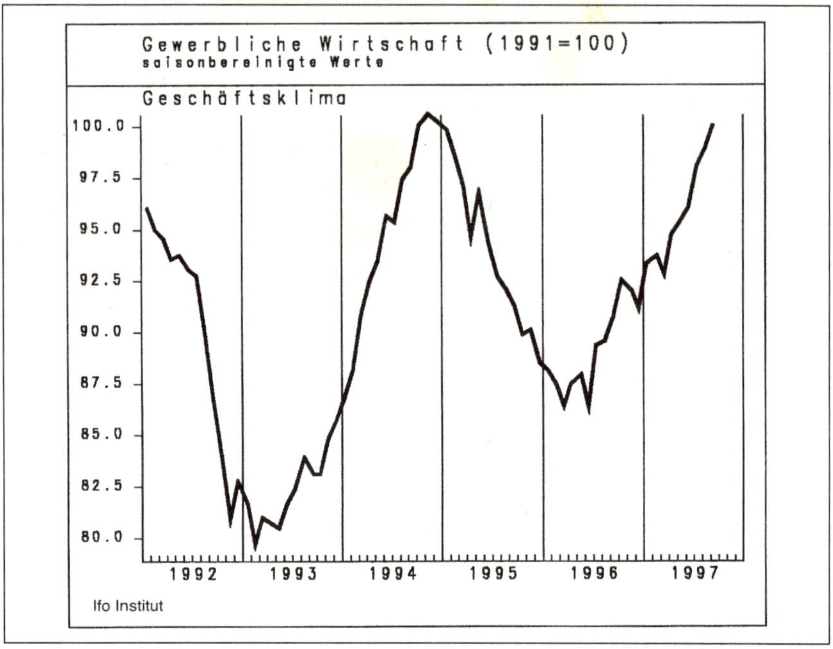
Gewerbliche Wirtschaft (1991=100)
saisonbereinigte Werte
Geschäftsklima
100.0
97.5
95.0
92.5
90.0
87.5
85.0
82.5
80.0
1992
1993
1994
1995
1996
1997
Ifo Institut

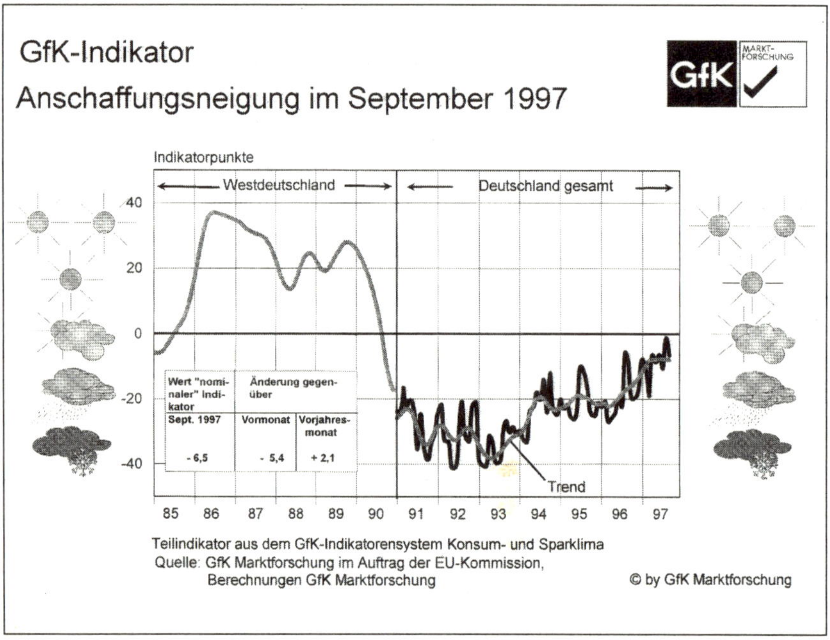
GfK-Indikator
Anschaffungsneigung im September 1997
GfK
MARKT-FORSCHUNG
Indikatorpunkte
Westdeutschland
Deutschland gesamt
40
20
0
-20
-40
Wert "nominaler" Indikator
Änderung gegenüber
Sept. 1997
Vormonat
Vorjahresmonat
- 6,5
- 5,4
+ 2,1
Trend
85
86
87
88
89
90
91
92
93
94
95
96
97
Teilindikator aus dem GfK-Indikatorensystem Konsum- und Sparklima
Quelle: GfK Marktforschung im Auftrag der EU-Kommission, Berechnungen GfK Marktforschung
© by GfK Marktforschung

lung auf einen einzigen ursächlichen Faktor – als weit übertrieben ansehen muß, kommt man nicht um die Erkenntnis herum, daß das psychologische Umfeld auf den Gesamttrend an der Börse einen erheblichen Einfluß ausüben kann. Die fundamentalen Daten können noch so gut sein – wenn die allgemeine psychologische Verfassung des Marktes (noch) nicht danach ist, verlieren sie kurzfristig jede Bedeutung. Das gilt insbesondere für plötzlich ausbrechende politische Krisen – man denke etwa an den Krieg zwischen Iran und Irak oder den Putsch gegen den sowjetischen Staatspräsidenten Gorbatschow –, deren Auswirkungen alle ökonomischen Planungen und Erwartungen schnell wieder in Frage stellen können.

Meßbar erscheint den Analysten diese Verfassung anhand verschiedener Stimmungsindikatoren, den sogenannten Sentimentindikatoren, in die mehr oder weniger exakt die Ängste und Sehnsüchte, die Niedergeschlagenheit und Euphorie, die Befürchtungen und Absichten der verschiedenen direkt oder indirekt den Markt beeinflussenden Personenkreise eingehen. So wird anhand von Umfragen bei den Unternehmen regelmäßig das »Geschäftsklima« in der Wirtschaft ermittelt: worin sich die Umsatz-, Gewinn- und Investitionserwartungen sowie die Beurteilung der jeweiligen Branchenkonjunktur niederschlagen. Beim »Konsumklima« geht es um die Pläne und Einschätzungen des Verbrauchers, die sich naturgemäß vor allem auf die Erwartungen der Konsumgüterindustrie auswirken dürften. Eine andere Kennzahl drückt den Prozentsatz der optimistisch und pessimistisch gestimmten Börsenberater aus oder stellt entsprechende Stimmungsverhältnisse anhand der umlaufenden Börsenbriefe und Frontseiten-Aufmacher fest. Weitere Indikatoren geben Auskunft über das Verhalten der Insider, also eines mit besonderem Vorauswissen ausgestatteten Personenkreises, das Börsenverhalten der übrigen Marktteilnehmer usw. – der Entwicklung neuer, mehr oder weniger aussagekräftiger Kennzahlen sind hier kaum Grenzen gesetzt.

Chancen des gegenteiligen Marktverhaltens

Aus solchen Indikatoren versuchen die »Börsenpsychologen« nun eine angemessene Einschätzung des zukünftigen Anlageverhaltens an der Börse zu gewinnen. Dabei ist die Einsicht bedeutsam, daß eine gute, sehr gute oder gar euphorische Stimmung beim Großteil der Anleger, den Börsenbriefschreibern oder Anlageberatern jeden Börsianer eher zur Vorsicht am Markt mahnen sollte. Wenn nämlich alle schon sagen, wie prächtig mit einer bestimmten Aktie Geld zu verdienen sei, dürften sie selbst in der Regel bereits voll engagiert sein. Eine negative, gar depressive Gesamtstimmung beim breiten Börsenpublikum wäre demgegenüber für den gewieften Börsianer ein Anzeichen für eine womöglich kurz bevorstehende Wende nach oben, also eher ein Kaufsignal. Im Ergebnis geht die Deutung des Verhaltens der Mehrheit der Börsianer also davon aus, daß die Mehrheit an der Börse in aller Regel falsch liegt. Einen umgekehrten Schluß zieht der psychologisierende Analyst dagegen aus dem Anlageverhalten der Insider. Ihnen wird auf dem Hintergrund ihres Sonderwissens um die wirtschaftliche Situation und die Erwartungen von Unternehmen, aufgrund ihrer Kenntnis von noch nicht veröffentlichten Analysen, Anlageempfehlungen usw. ein besonders gutes Gespür für die tatsächlichen Bewegungen des Marktes zugetraut. Entsprechend wäre es sinnvoll, sich in seinem eigenen Anlageverhalten am Verhalten dieser (kleinen) Personengruppe zu orientieren: zu kaufen, wenn sie kaufen, zu verkaufen, wenn sie verkaufen. Die Crux ist nur, daß der Durchschnittsbörsianer vom jeweiligen Anlageverhalten dieser eingeweihten Auguren leider in der Regel erst dann erfährt, wenn sich der Zug in die eine oder andere Richtung bereits kräftig in Bewegung gesetzt hat.

4 Der erste Auftrag

Haben Sie sich als »Jung-Börsianer« aufgrund der Ihnen vorliegenden fundamentalen Daten und unter Beachtung der zu erwartenden Entwicklung der Gesamtkonjunktur erst einmal für den Kauf einer bestimmten Aktie entschieden, ist der wichtigste Schritt ins Börsenleben damit bereits getan. Nun werden Sie schon bald jene Höhenluft spüren, von der selbst die alten Hasen dieses Geschäfts auch nach vielen Jahren Praxiserfahrung gelegentlich noch träumen. Zu verhindern, daß diese Träume möglichst nie zu Alpträumen werden, haben Sie dabei zu erheblichem Teil selbst in der Hand.

Stellen Sie die Argumente, die für oder gegen Ihre Wahl sprechen, vielleicht noch einmal übersichtlich zusammen und erörtern Sie sie – am besten nach vorheriger Terminabsprache – ausführlich mit Ihrem Anlageberater. Es kann sein, daß der nun ein langes Gesicht ziehen wird, weil er merkt, daß Sie von ihm mehr erwarten als das übliche Herunterbeten der neuesten Empfehlungen aus seiner Anlageberatungszentrale. Erst jetzt zeigt sich, was tatsächlich in ihm steckt – und ein guter Berater spürt, wie sehr er angesichts Ihres wachsenden Sachverstands auch selbst auf den Prüfstand gerät, und wird sich wohl sputen, dabei am Ende nicht allzuschlecht auszusehen. Fordern Sie ihn, so wird er Sie fördern: fair, aber entschieden, kritisch, aber konstruktiv.

Lassen Sie sich beraten

Wenn Zweifel an der Zuverlässigkeit Ihrer Einschätzung aufkommen, bitten Sie Ihren Berater einfach, für Sie zusätzliche Informationen einzuholen. Nur in den seltensten Fällen stimmen ja zum Beispiel die Gewinnerwartungen verschiedener Analysten oder Fachmedien nahtlos überein, so daß es gegebenenfalls geboten erscheint, den letzten Stand solcher Daten in Erfahrung zu bringen. Angesichts der zum Teil recht unterschiedlichen Berechnungsmethoden sollte man hier in jedem Fall darauf achten, nur die Zahlen miteinander zu vergleichen, die nach derselben Methode zustande gekommen sind.
Was die Gewinnerwartungen betrifft, richtet man sich hierzulande am besten nach Berechnungen, die mit Hilfe der sogenannten DVFA-Formel durchgeführt worden sind. Die DVFA ist als Deutsche Vermögensgesellschaft für Anlageberatung das wohl renommierteste Institut für Unternehmensanalysen in Deutschland. Jedenfalls sollten Sie sich als kritischer Börsianer nie an den für eine Aktiengesellschaft günstigsten Zahlen orientieren, sondern, wenn schon nicht von den schlechtesten Daten, zumindest von einem Mittelwert ausgehen.
Hören Sie auf die möglichen Einwände Ihres Anlageberaters. Stellen Sie gegebenenfalls Ihre Entscheidungen eine Weile zurück, um Ihre Überlegungen in aller Ruhe noch einmal kritisch zu überdenken – aber lassen Sie sich nicht leichthändig und ohne überzeugende Gründe von Ihrem Vorhaben abbringen oder gar zum schnellen Kauf einer angeblich »besseren Alternative« verleiten. Nur wenige Berater sind ja leider tatsächlich willens oder in der Lage, von ihren eigenen Vorlieben und den Empfehlungen ihres Hauses Abstand zu nehmen und neue Vorstellungen ihrer Kunden sachkundig und vorurteilsfrei zu erörtern. Wenn Sie einen solchen Eindruck von Ihrem Anlageberater gewinnen, sollten Sie ihm nicht lange folgen, sondern zu einem anderen wechseln. Es ist Ihr Geld, das im Börsengeschäft

im Grenzfall auf dem Spiel steht, nicht das des Beraters oder gar seiner Bank. Wer mit dem Reichtum seines Kunden sorglos umgeht und bei der Anlageberatung vornehmlich die Interessen seines Brötchengebers oder gar seine eigenen bedient, hat an einem solchen Platz eigentlich nichts zu suchen. Je eher er es merkt, desto weniger Schaden kann er womöglich anrichten.

Heiße Tips – für Hasardeure

Was man in dieser Phase so kurz vor dem Einstieg auf keinen Fall tun sollte: sich von den beiläufig geführten Gesprächen mit anderen Börsianern allzusehr irritieren lassen. Meistens führen solche Gespräche über gewisse Stammtischplatitüden erst gar nicht hinaus, so daß die Bewertung von Kurschancen und -risiken eher aus dem hohlen Bauch heraus erfolgt, bestenfalls noch unter Bezugnahme auf den einen oder anderen »heißen Tip« irgendwelcher tatsächlicher oder vermeintlicher Börsenautoritäten, die allesamt eines miteinander verbindet: daß sich ihre tatsächliche »Performance« in den wenigsten Fällen schwarz auf weiß nachprüfen läßt.
Das Ergebnis Ihres Beratungsgesprächs sollten Sie kurz schriftlich fixieren. Nur ein Spieler, der nichts zu verlieren hat, kann auf solche Aufzeichnungen verzichten. Dem langfristig denkenden Börsianer helfen sie dagegen, sein eigenes Anlageverhalten kennenzulernen und von Zeit zu Zeit kritisch unter die Lupe zu nehmen, um es vor dem Hintergrund besserer oder schlechterer Entscheidungen auch langfristig korrigieren zu können.
Nun kommt alles darauf an, die getroffene Wahl auch in die Tat umzusetzen: also einen konkreten Auftrag zum günstigsten Zeitpunkt (Timing) auf die sinnvollste Art (Auftragsvergabe) an die richtige Börse (Plazierung) zu bringen. Viele Anfänger schenken dieser Seite des Börsengeschäfts allzuwenig Auf-

merksamkeit – und verschenken damit ohne Not gleich zu Beginn einen guten Teil ihrer Gewinnmöglichkeiten.

Das richtige Timing

Zurückstellen sollte man den Kauf einer Aktie dann, wenn die technische Seite der Analyse, wie ich sie im vorangegangenen Kapitel vorgestellt habe, mit höherer Wahrscheinlichkeit auf einen Kursrückgang als auf einen Anstieg hindeutet. In der Regel ist dabei die technische Situation des Gesamtmarktes zunächst entscheidender als die der einzelnen Aktie. Nur in Ausnahmefällen wird sich ein einzelner Wert dem allgemeinen Börsentrend völlig entziehen, so daß ein Blick auf die Kurve eines für den Gesamtmarkt insgesamt repräsentativen Index, hierzulande etwa der DAX® oder der FAZ-Index, dringend geboten erscheint. Erst wenn diese Prüfung, die man als Anfänger am besten zusammen mit seinem Berater durchführt, grünes Licht für den ersehnten Einstieg signalisiert, sollte man zur Festlegung des richtigen Zeitpunkts dem Chartbild der Aktie selbst vertrauen.

Auch wenn der optimale Zeitpunkt für den Einstieg in einen bestimmten Wert sich immer erst im nachhinein mit Sicherheit angeben läßt und allgemeine Grundsätze immer auch Ausnahmen zulassen, gibt es doch eine Reihe mehr oder weniger gefestigter Erfahrungen, an denen sich der Anfänger orientieren kann.

Keinesfalls kaufen sollten Sie, wenn der Kursverlauf sich im unmittelbaren Bereich der oberen Begrenzungslinie des Trendkanals bewegt und die Wahrscheinlichkeit nicht sehr groß ist, daß die Aktie unter erheblichen Umsätzen nach oben ausbricht. Warten Sie in diesem Fall lieber, ob »Ihrer« Aktie tatsächlich nachhaltig dieser Durchbruch gelingt und damit die Bildung eines neuen Trendverlaufs signalisiert wird. Gelingt der Ausbruch nicht, ist die Wahrscheinlichkeit groß, daß der Kurs im

Laufe der Zeit bis in den Bereich der unteren Begrenzungslinie des Trendkanals zurückfällt. Wenn die übrigen Daten zu diesem Zeitpunkt weiterhin positiv sind, sollte man dann im unteren Drittel dieses Kanals wirklich zugreifen.
Auch im umgekehrten Fall, beim Durchbruch durch die untere Begrenzungslinie des Trendkanals, sollte man besser mit dem Kauf zunächst warten. Einiges spricht in diesem Fall sehr dafür, daß die eigene, mittelfristig positive Einschätzung der Aktie von den übrigen Marktteilnehmern nicht (mehr) geteilt wird. Dies sollte ein Anlaß sein, die eigenen Überlegungen noch einmal kritisch zu überprüfen. Kommen Sie dabei trotz erneuter Recherchen zu keinem anderen Ergebnis als zuvor, sollten Sie dennoch abwarten, bis der zu beobachtende kurzfristig fallende Trend wieder nach oben dreht, bevor Sie – vielleicht zunächst nur mit einem Teil der für diesen Wert insgesamt veranschlagten Anlagesumme – dann wirklich kaufen.
Zurückhalten sollte man seinen Kauf ebenfalls, wenn eine Aktie eine Zeitlang ohne jegliche erkennbare Unterbrechung haussiert. Je schneller der Anstieg des Kurses, desto größer auch die Gefahr einer kurzfristigen Reaktion, bei der manche bereits im Gewinn liegende Anleger dic aufgelaufenen Gewinne über den Verkauf ihrer Papiere zu sichern versuchen. Wenn Sie diese Reaktion, vielleicht gar eine ausgeprägte Konsolidierungsphase mit einer kurz- bis mittelfristigen Seitwärtsbewegung der Kurse abwarten und dann zu einem niedrigeren Kurs einsteigen können, haben Sie bei Anhalten des nach oben gerichteten Gesamttrends rein rechnerisch bereits die ersten Gewinne fest in der Hand. Eine technische Reaktion, gar Überreaktion, bietet mithin manchmal ganz hervorragende Chancen für einen günstigen Einstieg.
Wenn Sie nicht sicher sind, ob der Zeitpunkt Ihres Kaufs optimal gewählt ist – und die technischen oder charttechnischen Analysen geben keineswegs immer so eindeutig Auskunft, wie es ihre eingefleischten Befürworter gerne verheißen –, sollten Sie

Abb. 4.1: Charttechnik Börsenindex und Einzelwert

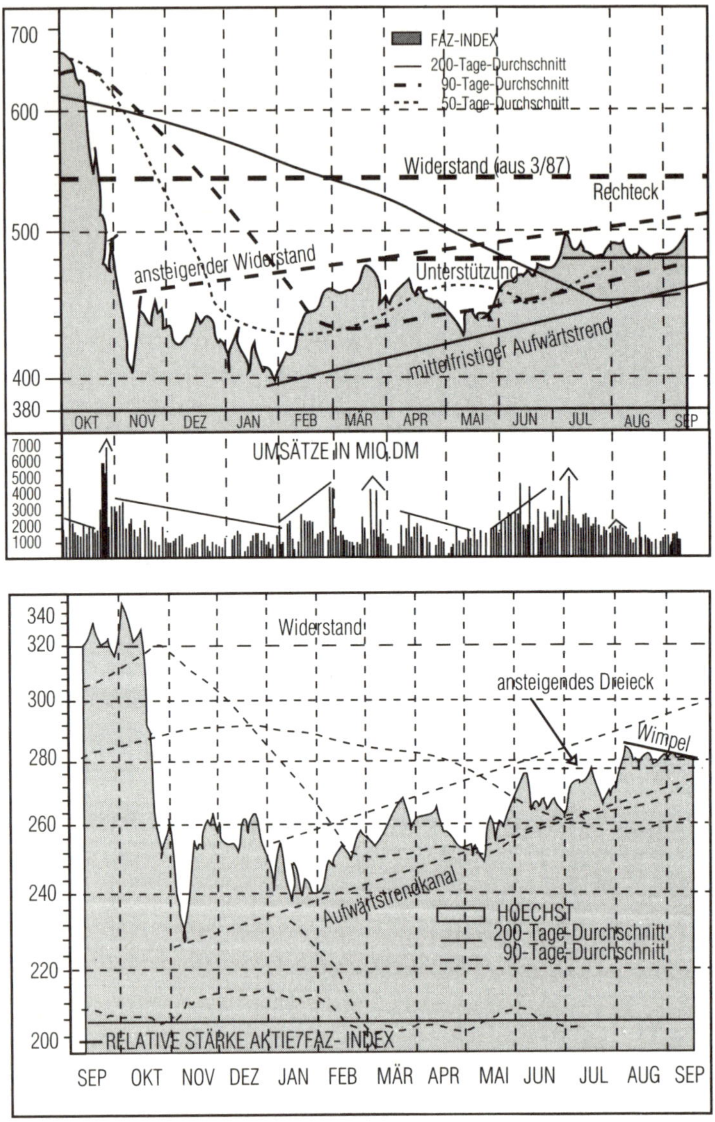

Quelle: Datastream/Börse ONLINE

grundsätzlich zunächst nur einen Teil der tatsächlich vorgesehenen Position kaufen. Hat sich die Situation später auf die eine oder andere Weise geklärt, können Sie dann einen weiteren und schließlich vielleicht den letzten Teil hinzukaufen. Bei zurückgehenden Kursen erreichen Sie auf diese Weise eine Verringerung Ihres durchschnittlichen Einstandspreises, »verbilligen« also Ihren Einstieg. Ein sehr diszipliniert verfahrender Börsianer würde allerdings ohnehin jeweils etwa ein Drittel der eigentlich für den Wert vorgesehenen Summen als Kassenbestand auf seinem Konto zurückhalten, um bei unerwarteten Rückschlägen solchermaßen das nicht so optimal verlaufene Timing nachträglich noch korrigieren zu können.
Nur in einem Fall können Sie alle oben angestellten Überlegungen weitgehend vergessen: wenn aufgrund plötzlich eingetretener, im ersten Moment vielleicht gar nicht einmal ganz genau zu durchschauender Veränderungen die Börse »verrückt spielt«. In Phasen eines unkontrollierbaren massiven Umschwungs, wie er uns am 19. Oktober 1987 von einem Tag auf den anderen vor Augen geführt worden ist, spielen weder fundamentale noch technische Faktoren eine wirkliche Rolle. Dann kommt es nur auf ein einziges richtiges Timing an: sich mit dem Einstieg ins Börsengeschäft so lange zurückzuhalten, bis die Wogen geglättet sind und die Börse einen eindeutigen Trend wiedergefunden hat.

Auftragsvergabe mit kleinen Finessen

»Aller Anfang ist schwer!« möchte man jenem stöhnenden Börsianer zurufen, der nach den vielfältigen Vorüberlegungen, Analysen und Recherchen endlich seine(n) Anlagefavoriten gefunden hat und nun zum lang ersehnten Sprung an die Börse ansetzt.
Schon bald wird er merken, wie sehr sich die gründliche, gerade zu Beginn mühevoll erscheinende Vorbereitung einer Anlage-

entscheidung bezahlt macht. Denn anders als der typische Kleinanleger, der heißen Tips hinterherjagt, über keine eigene Meinung verfügt und naiv den mehr oder weniger guten Ratschlägen anderer vertraut, kann er sich auf eigene, vernünftig fundierte Überlegungen stützen. Das allein schützt ihn zwar nicht vor eventuellen Verlusten und garantiert keineswegs immer einen sicheren Anlageerfolg. Doch es sollte ihm zumindest jene Geduld und Gelassenheit verschaffen, die notwendig ist, um auch in kritischen Börsenphasen sich nicht allzusehr von bloßen Stimmungen leiten zu lassen und bei aller möglicherweise aufkommender Euphorie oder auch Panik immer einen klaren Kopf zu bewahren. Nichts wird an der Börse so teuer bezahlt wie der ständige, sich allein an kurzfristigen Tagesaktualitäten orientierende Umstieg von einem Wert in den anderen. »Zocker« fristen an der Börse zumeist ein recht kurzes Leben.

Gezielte Plazierung ist der erste Gewinn

Indessen ist der Einstieg an der Börse mit der gefallenen Entscheidung für einen bestimmten Wert und dem gefundenen Einstiegszeitpunkt noch nicht endgültig vollzogen. Der kluge Börsianer kann, wenn er die »Technik« des Marktes erst einmal durchschaut hat, auch an der gezielten Aufgabe seiner Order mitunter erheblich verdienen. Um einen optimalen Einstieg in eine Aktie zu gewährleisten, also zu einem möglichst niedrigen, nicht von Zufälligkeiten abhängigen Kurs zu kaufen, sollte man daher seine Aufträge je nach gegebener Tageslage so differenziert wie möglich plazieren. Eine solche Differenzierung kann man unter anderem vornehmen hinsichtlich des Zeitpunkts, zu dem am Tage gekauft werden soll, hinsichtlich des gewählten Börsenplatzes, hinsichtlich der unterschiedlichen Kursnotierungsarten, hinsichtlich der mengenmäßigen Aufteilung der Order auf verschiedene Plätze, hinsichtlich des Kurses, bis zu

dem gekauft werden soll, und schließlich der Laufzeit des aufgegebenen Auftrags.
Was den Zeitpunkt angeht, so findet der offizielle, sogenannte amtliche Handel an allen deutschen Börsen einheitlich montags bis freitags von 10.30 bis 13.30 Uhr statt. Es ist ein Handel, der nach strengen gesetzlichen Vorschriften unter Berufung eigens geprüfter und vereidigter Kursmakler unter Aufsicht des Börsenvorstandes bzw. der Kursmaklerkammer durchgeführt wird. Alle Aufträge, die innerhalb dieser drei Stunden über die an der Börse vertretenen Bankenvertreter an den Kursmakler gelangen, müssen bei der Berechnung der Kurse berücksichtigt werden.
Gehen Sie davon aus, daß die Übermittlung Ihres Auftrages an eine inländische Börse auf dem normalen Weg (fernschriftlich oder per Telefax) eine Viertelstunde, maximal etwa eine halbe Stunde dauern kann, bis er dem zuständigen Händler tatsächlich vorliegt. Wollen Sie eine größere Position auf jeden Fall zu einem Ihnen günstig erscheinenden Kurs kaufen, der zu Beginn der Börsensitzung gerade auf dem Abfragegerät Ihrer Bank angezeigt wird, sollten Sie daher Ihren Anlageberater vielleicht um eine telefonische Auftragserteilung bitten. Sie haben auf diese Weise sogar die Möglichkeit, gegebenenfalls gleich eine mündliche Ausführungsbestätigung zu erhalten oder die Höhe Ihres Nachfragekurses dem Ihnen am anderen Ende genannten Angebotskurs anzupassen. Bei unklarer Marktsituation kann es ohnehin sinnvoller sein, die Eröffnung der Börsensitzung abzuwarten, um zu sehen, wohin der Markt wirklich läuft.
Ist zwischen dem Ende der Vortagsbörse und dem Börsenbeginn am Folgetag eine größere Veränderung des wirtschaftlichen oder politischen Umfelds eingetreten, können Sie die mögliche Kursentwicklung des Tages nur anhand der Kurse einschätzen, die in der »Nachbörse« des Vortages und in der »Vorbörse« des Tages (jeweils etwa zwei Stunden lang nach bzw. vor der eigentlichen Börsensitzung) entstehen. Es ist dies ein Handel, der ge-

wöhnlich über Telefon und zumeist nur in größeren Stückzahlen unter Banken abgewickelt wird, ohne daß es dabei zu einer amtlichen Kursbildung kommt.
Wenn die Einschätzung der Hauptbörsenentwicklung eindeutig positiv ist, kann es sinnvoll sein, noch zu den vielleicht günstigeren Kursen der Vorbörse oder der Nachbörse des Vortags in einen Wert einzusteigen. Im allgemeinen muß man allerdings davon ausgehen, daß dieser Handel bereits mit den Erwartungen »belastet« ist, die für die nachfolgende Börsensitzung bestehen. Man wird also nur recht selten einen günstigeren Kaufkurs erwischen als in der eigentlichen Hauptbörsensitzung und sollte im Normalfall besser gleich darauf verzichten, sich allzu große Hoffnung auf Sondervergünstigungen zu machen. Es kommt sogar vor, daß man wegen der relativ freien Kursfindung bei diesem Handel als Kaufwilliger mit überhöhten Preisen bewußt »über den Tisch gezogen« wird, so daß der Börsianer mit mittlerer Depotgröße in der Regel besser fährt, wenn er die Vorbörse und Nachbörse völlig meidet.
Hinsichtlich des Börsenplatzes können Sie Ihre Aufträge hierzulande grundsätzlich an jeder Börse plazieren, an der die Sie interessierende Aktie gehandelt wird. Die umsatzstärksten Börsen sind Frankfurt am Main und Düsseldorf, danach folgen München, Hamburg, Berlin und am unteren Ende die kleineren Regionalbörsen Hannover, Stuttgart und Bremen.
Wenn Sie bei Ihrem Auftrag nichts Genaueres angeben, wird er in der Regel an die Börse weitergeleitet, mit der Ihre Bank den nächsten Kontakt hat. Soweit Sie kleinere Positionen kaufen, ist die Wahl des richtigen Platzes auch nicht so entscheidend. Bei größeren Aufträgen empfiehlt es sich aber, an jene Börsen zu gehen, die tatsächlich in der jeweiligen Aktie auch die größeren Umsätze verzeichnen; andernfalls könnte es sein, daß Sie mit Ihrem gesamten Auftrag gar nicht oder nur zum Teil zum Zuge kommen, weil zuwenig »Material« am Markt ist. Besser noch kann es in einem solchen Fall sein, den Gesamtauftrag über-

Abb. 4.2: Effektenkauf-Order (bankinternes Formblatt)

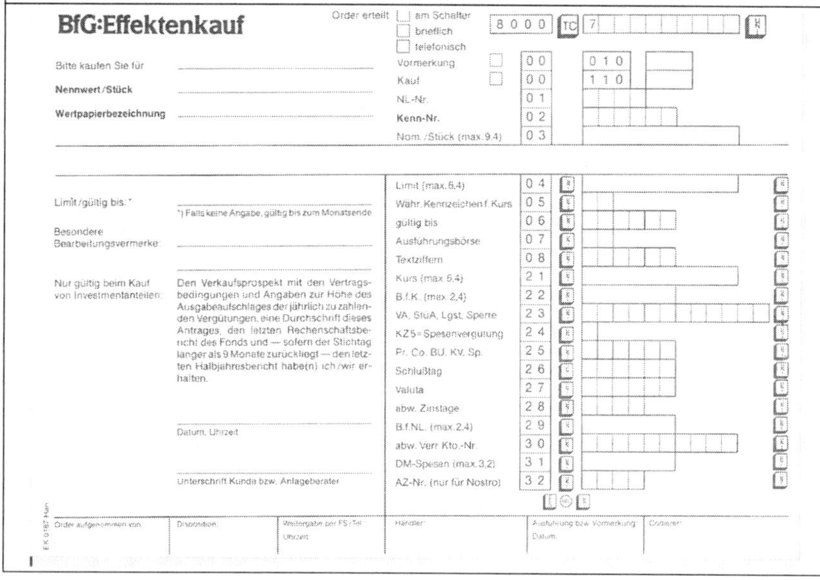
BfG:Effektenkauf

Order erteilt: am Schalter / brieflich / telefonisch

8 0 0 0 TC 7

Bitte kaufen Sie für

Nennwert/Stück

Wertpapierbezeichnung

Vormerkung 0 0 — 0 1 0

Kauf 0 0 — 1 1 0

NL-Nr. 0 1

Kenn-Nr. 0 2

Nom./Stück (max. 9,4) 0 3

Limit/gültig bis: *

*) Falls keine Angabe, gültig bis zum Monatsende

Besondere Bearbeitungsvermerke:

Nur gültig beim Kauf von Investmentanteilen: Den Verkaufsprospekt mit den Vertragsbedingungen und Angaben zur Höhe des Ausgabeaufschlages der jährlich zu zahlenden Vergütungen, eine Durchschrift dieses Antrages, den letzten Rechenschaftsbericht des Fonds und — sofern der Stichtag länger als 9 Monate zurückliegt — den letzten Halbjahresbericht habe(n) ich/wir erhalten.

Datum, Uhrzeit

Unterschrift Kunde bzw. Anlageberater

Limit (max. 6,4) 0 4

Währ. Kennzeichen f. Kurs 0 5

gültig bis 0 6

Ausführungsbörse 0 7

Textziffern 0 8

Kurs (max. 6,4) 2 1

B.f.K. (max. 2,4) 2 2

VA, StuA, Lgst. Sperre 2 3

KZ5 = Spesenvergütung 2 4

Pr. Co. BU. KV. Sp. 2 5

Schlußtag 2 6

Valuta 2 7

abw. Zinstage 2 8

B.f.NL. (max. 2,4) 2 9

abw. Verr. Kto.-Nr. 3 0

DM-Spesen (max. 3,2) 3 1

AZ-Nr. (nur für Nostro) 3 2

Order aufgenommen von: | Disposition: | Weitergabe per FS/Tel. Uhrzeit | Händler: | Ausführung bzw. Vormerkung: Datum | Codierer:

haupt aufzuteilen und an verschiedenen Börsen unterzubringen. Damit erreichen Sie noch am ehesten eine gewisse zufallsbedingte Mischung des Kaufkurses und machen sich nicht von den gerade am Anfang einer Sitzung manchmal sehr unterschiedlich hohen Eröffnungskursen an den verschiedenen Börsen einseitig abhängig.

Staffellimits mit System

Nach dieser Splittingmethode verfährt man am besten auch bei der Festsetzung des Limits, also des Kurses, bis zu dessen Höhe Sie maximal kaufen würden. Sie teilen also den Gesamtauftrag in mehrere Einzelaufträge mit unterschiedlich hohen Kursen auf, im Börsenjargon spricht man von einem »Staffellimit«. Dabei sollte man allerdings darauf achten, daß die Mindestgröße des

Einzelauftrags in der Regel fünfzig Stück oder das Mehrfache davon beträgt, wenn der Kauf in den »variablen Handel« gelangen soll. Anders als im davon zu unterscheidenden »Kassamarkt« werden die eigens für diesen Handel zugelassenen Wertpapiere hier fortlaufend notiert, werden die Kurse also je nach Angebot und Nachfrage ständig neu festgesetzt. Alle Aufträge unter fünfzig Stück werden demgegenüber zum »Kassakurs« abgerechnet, der einmal im Laufe der Börsensitzung – etwa zwischen 12.00 und 12.30 Uhr – als »Einheitskurs« festgestellt wird. Um den im variablen Handel gegebenenfalls größeren Kursausschlägen aus dem Wege zu gehen, ist es manchmal allerdings sinnvoller, selbst Aufträge über fünfzig Stück dem Kassamarkt vorzubehalten: Auch auf diese Weise macht man sich von zufälligen Schwankungen des Marktes weniger abhängig.

Wenn man sehr fest für einen Wert eingestellt ist, kann man gelegentlich auch auf die Angabe eines Limits verzichten und »billigst« kaufen, um einigermaßen sicherzugehen, daß man die Aktien auch erhält. Eine solche Auftragsvergabe ist unter Umständen aber mit ganz erheblichen Risiken verbunden, so daß man besser daran täte, immer nur einen Teilbetrag auf diese Weise zu ordern, während man einen anderen Teil der Position limitiert zu kaufen versucht. Gefährlich ist die unlimitierte Auftragsvergabe bei Aktien, die vergleichsweise geringe Tagesumsätze aufweisen, an Tagen, an denen der Aktienhandel überhaupt »dünn« ist oder aber die Börse sich überaus stark nach oben bewegt, also »haussiert«. Hier kann es leicht vorkommen, daß eine allzu große Zahl von »Billigst«-Aufträgen die Kursnotierung über Gebühr nach oben zieht. Dasselbe gilt für Kaufaufträge an ausländischen Börsen, bei denen man häufig nicht genau wissen kann, wie fair die Kursbildung sich tatsächlich vollzieht, und nachträgliche Überprüfungen nur schwer möglich sind.

Was schließlich die Gültigkeitsdauer Ihrer Aufträge angeht, so können Sie zwischen »tagesgültigen« und »ultimogültigen« Aufträgen wählen. In der Regel empfiehlt sich die erstere Variante, damit Sie Ihre Aufträge bei Nichtausführung gegebenenfalls schnell der veränderten Marktsituation anpassen können. Doch auch im anderen Fall sollten Sie sich niemals scheuen, einen einmal erteilten Auftrag zurückzuziehen (zu »stornieren«) oder in Einzelheiten zu verändern – auch wenn Ihr Anlageberater darüber die Stirn runzelt. Nichts wäre so falsch an der Börse wie das sture Festhalten an einmal eingenommenen Positionen ohne Rücksicht darauf, was sich inzwischen möglicherweise innerhalb weniger Tage, gar Stunden, grundlegend verändert haben mag.

Exkurs: Wie Kurse entstehen

Der erste Erfolg an der Börse ist meistens der schönste. Ganz beschwingt kommt man sich vor, wenn man sieht, wie nach getaner Arbeit, den zahlreichen Vorüberlegungen, Analysen und Beratungsgesprächen die Aktie tatsächlich schon bald jenen Aufschwung nimmt, den man sich allenthalben erhoffte. Denn nach dem gelungenen Einstieg kommt es zunächst nicht mehr so sehr auf einen selbst an als vielmehr auf die wachsende »Einsicht« der übrigen Börsianer, es einem nachtun zu müssen. Wenn auch andere das Wertpapier in ihr Portefeuille aufnehmen, sorgen sie damit Schritt für Schritt für einen weiteren Kursanstieg. Manchmal schon einen Tag nach dem glücklichen Einstieg laufen einem die Kurse dann plötzlich davon – nur gut, wenn man mit dem angegebenen Kauflimit da noch gerade einmal bis auf den berühmten Zehnpfennigbetrag hinter dem Komma zum Zuge gekommen ist.
So mancher Börsianer dürfte allerdings sein blaues Wunder erleben, wenn er glaubt, sich allein auf die Kursangaben in den Wirtschaftsnachrichten des Hörfunks oder seiner Regionalzeitung verlassen zu können. Zwar werden diese Angaben im allgemeinen durchaus jene Kurse enthalten, die auch das amtliche

Börsenblatt der jeweiligen Börse am Folgetag ausweist. Häufig aber – und dies gilt insbesondere für die bei uns veröffentlichten Kursangaben der ausländischen Börsen – kann man ihnen gerade das Wichtigste nicht entnehmen: ob man nämlich bei entsprechendem Limit auf der Höhe des festgestellten Kurses mit seinem Auftrag tatsächlich zum Zuge gekommen ist.

Manchmal ist die Marktsituation durch den Umstand gekennzeichnet, daß zu bestimmten Kursen gerade kein Interessenausgleich zwischen den Kauf- und Verkaufswilligen möglich war oder nur ein Teil der vorliegenden Aufträge zu diesem Kurs ausgeführt werden konnte. Erst die sogenannten Kurszusätze (b = bezahlt, G = Geld, B = Brief, bG = bezahlt Geld, bB = bezahlt Brief, T = Taxkurs) geben über die wirkliche Marktlage genauere Auskunft. Es ist deshalb wichtig, sich grundsätzlich einmal vor Augen zu führen, auf welche Weise es überhaupt zur Feststellung eines Wertpapierkurses durch den Kursmakler kommt.

Der amtliche Börsenmakler ist verpflichtet, den Kurs so festzusetzen, daß jeweils ein maximaler Umsatz (= Kurs x Stückzahl) zustande kommt. Vorrangig sind dabei zunächst alle Kauf- und Verkaufsaufträge zu berücksichtigen, die ohne Kurslimit als Billigst- bzw. Bestens-Aufträge zum Zeitpunkt der Kursfestsetzung vorliegen. Wenn überhaupt Geschäfte abgeschlossen werden können und also eine Notierung erfolgt, hat der Anleger mit solchen Aufträgen an den deutschen Börsen einen Rechtsanspruch auf Ausführung seiner Order. Der amtliche Makler, der an der Börse selbst außer zum Ausgleich von Spitzen keine Eigengeschäfte betreiben darf, ermittelt den Kurs im Prinzip so, wie es die Tabelle in Abbildung 4.3 zeigt. In computerunterstützten Abwicklungsverfahren verläuft die Berechnung ähnlich. Dabei sind die möglichen Abstufungen zwischen den einzelnen Kursen genau festgelegt. Bei Aktien zwischen einer und 20 Mark betragen sie mindestens 0,05 Mark, bei allen anderen ist die kleinste Kursdifferenz 0,10

Abb. 4.3: Kursermittlung nach dem höchstmöglichen Umsatz

Kauf		Verkauf	
Stück	Limit	Stück	Limit
300	**billigst**	**300**	**bestens**
500	**250,10**	**200**	**249,60**
1000	**250,00**	**300**	**249,70**
100	249,90	**350**	**249,80**
400	249,80	**100**	**249,90**
200	249,70	**550** 150	**250,00**
		500	250,10

Kursnotierung: 250,00 bB (bezahlt Brief)
maximaler Umsatz: 1800 Stück = 450 000 DM

Mark. Im vorliegenden Beispiel kommt es zu einem Ausgleich zwischen dem Angebot (Verkauf) und der Nachfrage (Kauf) bei einem Kurs von 250,00 Mark. Zu diesem Kurs können 1 800 Stück umgesetzt werden, wobei sich auf der Verkaufsseite noch ein Überhang von 150 nicht verkauften Stücken zum Kurs von 250 ergibt. Dies besagt, daß zum angegebenen Kurs noch ein Angebot von 150 Aktien bestand. Die Notierung lautet daher 250 bezahlt Brief (bB); der maximale Umsatz beträgt also 450 000 Mark. Alle übrigen Kauf- und Verkaufsaufträge sind mit einem Kurslimit versehen, das im Kauf unter dem festgestellten amtlichen Kurs, im Verkauf über dieser Notierung liegt.

Meistens kommt es vor, daß auf der Basis des berechneten Kurses noch ein Überhang an nicht ausgeführten Aufträgen besteht. Entweder liegen noch weitere Kaufaufträge vor, die aufgrund ihres Limits zum festgestellten Kurs noch hätten bedient werden können, wenn zu diesen Kursen entsprechende Verkaufsaufträge vorhanden gewesen wären. Oder es liegen

weitere Verkaufsaufträge im Markt, die aufgrund ihres Limits noch hätten abgewickelt werden können, wenn nur entsprechende Kaufaufträge zur Verfügung gestanden hätten. Im ersteren Fall, also beim Nachfrageüberhang, wird der Kurs mit dem Zusatz »bezahlt Geld« (bG) notiert, im Falle des Angebotsüberhangs mit dem Zusatz »bezahlt Brief« (bB). Ganz exakt besagt eine Kursnotierung »bG« also, daß zu dem genannten Kurs alle unlimitierten Aufträge und die, die bei Käufen darüber und bei Verkäufen darunter lagen, vollständig bedient worden sind, während Käufer, die genau zu dem notierten Kurs kaufen wollten, nur zum Teil zum Zuge gekommen sind. Entsprechend umgekehrt verhält es sich bei der Notierung »bB«. Hier konnte ein Teil der Verkäufer, deren Limit auf der Höhe der Kursnotierung lag, seine Papiere nicht unterbringen oder nur einen Teil seiner Papiere verkaufen.
Manchmal kommt es sogar vor, daß aufgrund der unterschiedlichen Kursvorstellungen der Börsianer gar kein Geschäftsabschluß möglich war. Ein Kurszusatz »Geld« (G) bedeutet, daß zum angegebenen Kurs Nachfrage bestand, aber zu diesem Kurs sich niemand zum Verkauf seiner Wertpapiere bereitfand. Entsprechend weist der Zusatz »Brief« (B) auf ein vorhandenes Angebot bei fehlender Nachfrage hin.
Bei Aktien mit im Durchschnitt nur geringen Tagesumsätzen – wir haben sie früher als marktenge Werte bezeichnet – kann es auch schon einmal sein, daß weder Angebot noch Nachfrage besteht. Eigentlich müßte der Makler in diesem Fall auf jede Notierung verzichten. Ein Börsianer soll sich aber anhand des Kurszettels jederzeit ein Bild davon machen können, bei welchem Kurs es normalerweise wohl zu einem Geschäftsabschluß kommen würde. Der Makler versucht daher an solchen Tagen, einen Kurs je nach übriger Marktlage einzuschätzen, zu »taxieren«, ohne daß er natürlich absolut sicher sein kann, ob seine Taxe den wirklichen Marktverhältnissen genau entspricht. Demgemäß veröffentlicht er diese Notierung als »Tax-

Abb. 4.4: Kursveröffentlichung in der Tagespresse für verschiedene Marktsegmente (Ausschnitt)

Fortlaufende Notierungen (F)

7.11.95	Div	Anfang	Verlauf	Kasse	Schluß	+/-	H95	T95
A. A. A. Anlageverw.	0	-	48,00 48,00	48,00G	48,00G	±0	92	47
ABN Amro H. (Holl.)	1,6	60,70b	60,70 60,70	60,70b	60,70b	-0,4	61	47
AMB vink. NA	20,0	925,00b	25,00 25,00	925,00b	925,00b	-10	1130	570
AMB Inh.	20,0	885,00b	85,00 85,00	885,00b	885,00b	-2	1045	570
ADT Ltd. (Berm.)		19,00-T		19,00-T	19,00-T	±0	19	14
Agab	0	150,00bG	50,00 50,00	150,00bG	150,00G	±0	170	138
Agiv (5)	12,0	29,00b	29,00 28,00	28,00b	28,00b	-0,9	51,5	26,5
Akzo Nobel (Holl.)		152,00b	52,00 52,00	152,00b	152,00b	-2,8	186	149
Akzo Nobel Faser	8,75	243,00G	43,00 43,00	243,00G	243,00G		262	228
Alcan (Kan.)		45,50b	45,50 45,50	45,50b	45,50b	-0,1	53	33
Alcatel Alsthom (Frankr.)		120,50bB	24,00 20,00	123,20b	124,00b	+3,2	156	108
Alcatel SEL	0	-	56,00 56,00	256,00G	256,00G	-1	300	236
AEG	2,3	133,50b	36,00 30,50	134,50b	136,00b	+1	152	121
Allianz Hold.	15,0	2625,00b	65,00 17,00	2655,00b	2658,00b	+41	2761	2300
Allied Signal (USA)		-		50,00-T	60,00-T	-1,3	68	51
All Nippon Air (Jap.)		-	13,95 13,95	13,95b	13,95b	+0,25	16	13
Alno	0	51,00b	52,80 51,00	51,90b	52,30b	+2,3	59	60
Altana	13,5	816,50b	16,50 10,00	816,50b	810,50b	-7,5	898	613
Alu. Co. Am. (USA)		73,50G	73,50 73,50	73,50G	-		138	54
Am. Brands (USA)		-		57,50-T	67,50-T	-1	62	51
Am. Express (USA)		57,90b	57,90 57,50	57,90b	57,30b	-1	66	54
Anheuser-Busch (USA)		-		59,50-T	89,50xD	+0,1	93	75

Kassakurse

	Div		7.11.95	6.11.95	H95	T95
Aach. u. Mü. Leben	12,5	D	645,00b	540,00b	812	585
Aach. u. Münch. Vers.	11,0	F	425,00b	420,00b	493	356
Aach. Strb. (100)	0	D	435,00-T	438,00-T	546	445
Adia PS (Schw.)		F	46,00-T	48,10b	59	47
Adlerwerke	12,0	F	274,00B	-	370	225
Aesculap	14,0	F	920,00bB	915,00b	940	720
Agrippa RV (100)	10,0	D	1650,00G	1650,00G	1855	1410
Agrippa RV (100) jge.		D	1630,00G	1630,00G	1630	1630
Agrob St.A (100)	0	M	425,00bG	425,00bG	591	374
Agrob VA (100)	0	M	420,00bB	420,00bB	550	382
Aigner, Etienne	30,0	M	668,00b	670,00b	680	475
Alt. Br. Kauft.	22,0	M	560,00G	550,00G	601	500
Albingia StA	6,0	H	810,00G	810,00G	1000	505
Albingia VA	11,0	H	500,00G	500,00G	515	445
Alsen-Breitenb.	0	D	140,00B	140,00B	152	111
Alterthal-Werke (100)	3,5	Hr	615,00-T	615,00-T	665	600
Allianz Leben vink. NA	10,0	F	1140,00b	1145,00b	1616	1140
Allweiler StA	10,0	S	275,00G	280,00G	301	245
Allweiler VA	11,0	S	197,00G	195,00G	223	172
Alterb.-Stei Spek	0	H	63,00bB	63,00B	105	63
Alusuisse-L. (Schw.)		F	1090,00b	1090,00b	1099	715
Amica Verwaltung	0	M	1330,00bB	1043,00bB	1560	1090

Geregelter Markt

Name	Div.		7.11.95	6.11.95	H95	T95
Ahlers, Adolf	16,00	D	290,00G	293,00b	360	287
Ahlers, Adolf VA	4,25	D	295,00b	294,00b	305	245
Allg. Privatkundenbank	3,00	Hn	320,00G	320,00G	361	320
Apcoa Parking (5)	0	D	100,50-G	96,00G	97	73
Aqua Signal	0	Br	101,00rB	105,00rG	110	70
Autania	0	F	45,00bG	47,00-T	95	45
De Ball (Kan.)		D	6,55G	6,30-T	9,9	6,2
Ballmaier & Schultz	0	F	196,00b	197,00b	235	194
Baumwolle Gronau	0	D	66,00-T	66,00-T	95	66
Bausch	12,00	M	390,00b	390,00bB	397	270
Bau-Verein Hbg. NA (100)	90,00	H	4800,00B	4800,00B	4830	4420
BayWa vink. NA (100)	7,00	M	275,50b	275,00bB	404	275
BayWa NA (100)	7,00	M	300,00bB	303,00bB	473	300
BBS VA	0	F	221,00bG	221,00bG	288	215
Behrens, J.F.	10,00	H	262,00b	265,00b	303	260
Benz, Rolf		S	280,00G	280,00G	328	273
Berentzen-Gruppe VA (5)		Br	40,20b	40,00b	40	31
Bijou Brigitte	22,00	H	362,00b	374,00b	460	362
Böwe Systec	11,00	M	287,00G	287,00G	305	260
Brauerei Cluss	5,00	S	255,00B*	255,00B	670	243
Brauerei Moninger	0	F	160,00G	160,00G	190	180
Brem.Hann.Eisenb.(300)	0	Br	5500,00G	5500,00G	7250	5300
Macrotron StA	0	M	273,00b	265,00b	319	177
Macrotron VA	0	M	185,00G	183,00b	194	119
März, Gebrüder	0	M	58,00-T	58,00-T	170	56
Maingas	8,50	F	264,00-T	265,00bG	298	241
Markant-Südwest VA (5)	4,50	F	21,90G	21,95b	24,5	19,9
Marschollek L. & P. StA	17,00	S	1000,00b	1000,00b	1020	880
Marschollek L. & P. VA	18,00	S	988,00b	980,00b	990	780
Marseille-Kliniken (5)	0	F	30,80bB	29,90-T	31	16
M.A.X. Holding	14,00	M	290,00b	296,00b	311	280
MCS Systeme	4,00	F	230,00b	230,00b	277	142
MD Bau Hold.	12,00	M	260,00G	260,00G	310	246
MHM Mode		M	188,00b	195,00rB	426	188
Möbel Walther StA	14,00	F	610,00-T	615,00b	750	615
Möbel Walther VA	15,00	F	605,00-T	610,00b	726	610
Mühl Prod. & Serv.	0	F	22,00b	22,50bB	30	20
Nebelhornbahn	0	M	425,00G	425,00-B	570	405
NY-Hbg. Gummi StA	0	H	63,00G	63,50b	110	62
NY-Hbg. Gummi VA	0	H	48,00-B	50,00-T	60	41
Nordd.Hyp.u.W.-Bank	8,00	H	370,00G	370,00G	370	310
Nordstern Lebensmittel	12,00	Br	275,00G	275,00b	310	270

Telefonhandel

Name	Platz	7.11.95	6.11.95	H95	T95
AGIfB	F	34,00b	33,00b	50	33
AG f.chem.Ind.StA	S	44,00B	44,00B	64	42
AG f.chem.Ind.VA	S	45,00G	45,00G	88	45
AG f.chem.Ind.VAjunge	S	45,00G	45,00G	75	45
Balaton	S	94,00G	94,00G	180	85
BCT-Comp. VA *	M	0,40T	0,40T	0,40	0,40
Bicycles Räder	S	58,00G	58,00G	58	50
Bicycles Verwaltung	S	65,00B	65,00B	75	65
BfD StA	H	20,00B	20,00B	37	14
British Steel (Engl.)	M	-	3,54B	4,30	3,35
Bürg.& Engelbräu *	M	1100,00TG	1100,00TG	1100	1100
Dt. Ring Leben	H	450,00T	450,00T	470	430
DLB StA	S	22,00G	21,00B	27	21
DLB VA	S	26,00T	26,00T	44	25
Dorint	D	270,00b	270,00b	277	268
Dr. Beyer Verm.V.	S	27,00B	27,00B	35	22
Dübag	H	1100,00bG	1100,00bG	1440	540
Effag	S	13,00B	13,00B	17	10
Effag PS	S	2,00G	2,00G	16,50	1,00
Einkaufs AG Inh.St.A. *	M	1200,00TG	1200,00TG	1200	1200
Einkaufs AG NA. St.A. *	M	1200,00TG	1200,00TG	1200	1200
Fehling Medical	M	6,50T	6,50T	17	5
Fival	H	136,00G	136,00G	135	107
Gelling *	M	30,00TB	30,00TB	60	30
Hold.Che.Ind.Inh.(Schw)	S	35,00B	35,00B	55	25
Hotel 3 Mohren *	M	430,00TG	430,00TG	430	350
Ibörsa StA (Liecht.)	S	10,00B	10,00B	20	8
Ibörsa PS (Liecht.)	S	2,40G	2,40G	5,50	1,62
Ilka Hold.	S	23,50bB	23,50TG	30	10
IVB (Schw.)	S	270,00B	270,00B	295	270
IVB PS (Schw.)	S	15,00B	15,00B	20	13
Karwendelbahn (100)	M	195,00rB	195,00T	200	190
Kunstm. Aichach *	M	1100,00T	1100,00T	1100	1100
Löwenbr. Stockb. *	M	1180,00B	1180,00B	1200	1180
Mangfall Kraft *	M	125,00TG	125,00TG	126	120
Mech. Bayreuth *	M	185,00TG	185,00TG	185	180
Nationalbk. Essen	D	440,00G	440,00G	450	425
Para Einkauf *	M	2650,00TB	2650,00TB	2800	27
Porz. Scherzer *	M	90,00TB	90,00TB	98	90
Salewa *	M	700,00TG	700,00TG	750	700
Securenta	S	81,00bG	80,10bB	136	78
SM Software *	M	4,10T	4,10T	4,10	4,00
Soba Software	S	70,00G	70,00G	78	47
Stratego-Ost Bet.	M	320,50G	320,50G	440	157
Tewidata VA *	M	0,40T	0,40T	0,45	0,40
TG Beteiligung	H	39,00T	38,00T	39	35
TKV	H	60,00B	60,00B	85	20
Transglobal *	M	0,40TG	0,40T	0,40	0,10
Unikat	S	120,00B	120,00B	136	120
Valora Inh. StA	S	70,00B	70,00B	114	70
Verlag A. Schmidt	H	55,00B	55,00B	90	55
Victoria Effect. Inh.	S	22,00B	22,00B	28	15
Victoria Effect. PS	S	2,70G	2,70G	3,80	1,90
Vome	S	2,50B	2,50B	8,00	2,50
Weißmainkraft *	M	1200,00TB	1200,00TB	1250	1180
Weststr. Pflanz. StA	S	9,00G	9,00G	12	8
Weststr. Pflanz. VA	S	8,50G	8,50G	9	7
Westend StA Inh.	S	65,00B	65,00B	85	59
Westfalia Separator	D	250,00G	250,00G	255	220
WiRe Industrie	S	12,00B	12,00B	15	9
Ytong *	M	1600,00TG	1600,00TG	1600	1514

* Preisfeststellung jeweils am letzten Freitag des Monats

Quelle: Handelsblatt

kurs« (T) oder »gestrichen Taxe« (-T), ohne daß irgendein Umsatz zustande gekommen ist.
Grundsätzlich werden alle Kurse nach einem ähnlichen Verfahren wie oben ermittelt, soweit sie im amtlichen Markt (Einheits- bzw. Kassamarkt sowie Markt der Papiere mit fortlaufenden bzw. variablen Notierungen), dem Geregelten oder dem Neuen Markt festgestellt werden. Im sogenannten »Freiverkehr« erfolgt die Kursermittlung durch Freimakler unter amtlicher Aufsicht. Der »Telefonhandel« findet dagegen außerhalb der Verantwortung der jeweiligen Börsen statt. Wichtig für den Börsianer ist es zu wissen, daß er in diesem Markt keine ebenso gesicherte Ausführung seiner Aufträge erhält wie in den übrigen Marktsegmenten. In Fällen, in denen ein und derselbe Wert gegebenenfalls sowohl im amtlichen Markt einer Börse wie im Freiverkehr einer anderen Börse gehandelt werden kann, muß sich der Anleger genau überlegen, welche der beiden Möglichkeiten er vorziehen sollte. Nur so kann er sich vor möglichen Überraschungen schützen. Er wird nämlich sehen, wie unterschiedlich gegebenenfalls derselbe Wert zum selben Zeitpunkt an den verschiedenen Märkten zur Notiz kommen kann, was bezüglich des ungeregelten Freiverkehrs und Telefonhandels heißt, daß hier der eine oder andere unbedarfte Börsianer schon einmal ganz gezielt über den Tisch gezogen wird. Wer kann schon in der alltäglichen Hektik des Börsengeschäfts im nachhinein einwandfrei rekonstruieren, welche Auftragslage zu einem bestimmten Zeitpunkt beim Makler vorgelegen hat? Den letzten beißen die Hunde, und das ist in diesem Fall mit Sicherheit immer der Börsianer selbst, der gegenüber den häufig mit allen Wassern gewaschenen Freimaklern und einzelnen Händlern, wenn sie denn wenig Skrupel besitzen und in Hülle und Fülle Eigengeschäfte betreiben, arg ins Hintertreffen gerät.

5 So managen Sie Ihr Depot wie ein Profi

Vertrauen ist gut, Kontrolle ist besser! Diese Allerweltsweisheit ist jedenfalls dort, wo es ums eigene, in der Regel mühsam erworbene Geld geht, ein unverzichtbarer Grundsatz. Bekanntlich hört an dieser Stelle alle Gemütlichkeit, ja sogar jede Freundschaft auf: Eine noch so gute persönliche Beziehung zerbricht auf die Dauer, wenn sich der eine vom andern in seinen finanziellen Belangen übervorteilt, ja betrogen fühlt. Kaum anders verhält es sich hier auch in der Beziehung des Kunden zu seiner Bank, zumal in Bereichen wie dem Börsengeschäft, in dem es in der Regel um mehr geht als um ein Monatseinkommen, weshalb Umsicht und Sorgfalt in besonderer Weise gefordert werden müssen.

Kontrolliert werden muß aber auch der eigene Anlageerfolg. Wenn man als Börsianer nach jahrelanger Erprobung seiner Talente zugeben muß, daß man unterm Strich mit konservativen Anlagemöglichkeiten mindestens eine ebenso gute »Performance« hätte erzielen können wie mit der Spekulation an der Börse, ist es vielleicht ratsam, beizeiten die Schuhe zu wechseln. Auch das gehört zum Lernprozeß eines erfolgreichen Börsianers: erkennen zu müssen, wann das erzielte Ergebnis die Mühe, die man in die Sache hineinsteckt, nicht oder nicht mehr lohnt. Da ist es womöglich angezeigt, zumindest zeitweilig der Börse den Rücken zu kehren und auf andere Chancen zu setzen.

Ausführungskontrolle und Reklamation

Wer sich in kleinerem oder größerem Rahmen im Börsengeschäft engagiert, bleibt bis zuletzt in erheblichem Maß auf die korrekte Arbeit anderer angewiesen. Je umfänglicher dies Engagement, desto eher kommt es bei der Abwicklung einer Order natürlicherweise auch das eine oder andere Mal zu Fehlern, die sich in Heller und Pfennig auf dem Abrechnungskonto des Börsianers niederschlagen. Da ist ein Auftrag vergessen, zu spät weitergeleitet, mit falschen Angaben an der falschen Börse plaziert worden. Da enthält die Abrechnung nicht den eigentlich gültig gewesenen Aktien- oder Devisenkurs, die richtige »Wertstellung«, den vereinbarten Provisionssatz. Da hat sich der Sachbearbeiter über gemeinsam besprochene Anlageentscheidungen willkürlich hinweggesetzt, seinem eigenen Depot größere Beachtung geschenkt als dem des Kunden oder ihn etwa nicht rechtzeitig genug von sich aus über gravierende, seinen Aktienbestand betreffende Nachrichten informiert. All diese Fehler kosten mitunter erhebliches Geld; doch sie müssen, wenn der Sachverhalt eindeutig ist, keineswegs immer zu Lasten des Anlegers gehen.

Um die korrekte Abwicklung eines Auftrags von der Auftragsvergabe bis zur Schlußabrechnung kontrollieren zu können, sollten Sie schon allein aus diesen Gründen nie auf genaue schriftliche Aufzeichnungen verzichten. Nur so können Sie später, besonders wenn es sich um mündlich weitergegebene Aufträge handelt, genaue Nachweise führen über die Art und den Umfang der vorgenommenen Disposition und die Abwicklung nötigenfalls reklamieren. Solche Aufzeichnungen sollten alle Angaben enthalten, die Sie üblicherweise auch auf den schriftlichen Kauf- oder Verkaufsaufträgen Ihrer Bank machen müssen: also die genaue Aktienbezeichnung, die Stückzahl, das veranschlagte Limit, den vorgesehenen Börsenplatz, die Handelsart (variabler Handel oder Kassamarkt) sowie die Gültigkeitsdauer Ihres Auftrags. Entsprechend besteht Ihre Abwicklungskontrolle darin, diese Angaben anhand der Ihnen angezeigten Ausführung bzw. Effektenabrechnung und den tatsächlich am Handelstag maßgebend gewesenen Kursnotierungen zu überprüfen. Wichtig für Ihre eigene »Buchhaltung« ist vor allem auch der Hinweis auf den Zeitpunkt der Ordervergabe und den Namen des annehmenden Sachbearbeiters, weil zeitliche Verzögerungen bei der Weiterleitung von Aufträgen einen der am häufigsten zu bemängelnden Fehler mit womöglich ganz erheblichen Auswirkungen für den Kunden darstellen.

Börsentagebuch als Gedächtnisstütze

Eine Besonderheit in diesem Zusammenhang stellt die telefonische Auftragsvergabe dar. Je intensiver Ihr Engagement, desto häufiger werden Sie Ihre Dispositionen ja nicht schriftlich, sondern allein schon aus Zeitgründen fernmündlich an Ihre Bank weitergeben. Achten Sie darauf, daß Ihr Sachbearbeiter am Ende des Gesprächs immer noch einmal ausdrücklich alle für Ihre Order maßgebenden Angaben wiederholt, damit Sie eventuelle Hörfehler oder Mißverständnisse vermeiden. Auch wenn Ihre eigenen Aufzeichnungen im Streitfall kaum Beweiskraft besitzen, weil man sich zuletzt immer noch auf eine fehlerhafte Übermittlung der Order herausreden könnte, empfiehlt sich doch gerade hier eine peinlich genaue Buchführung. In der Regel gibt es einen Passus in den allgemeinen Geschäftsbedingungen Ihrer Bank, der besagt, daß allein schriftliche Aufträge bindend sind und Fehler bei fernmündlicher Annahme und Weiterleitung vom Kunden selbst zu verantworten sind. Auf diesen Passus dürfte sich eine seriöse Bank aber kaum beziehen, wenn die monierten Fehler klar auf ihrer Seite liegen. Natürlich fällt es Ihrem Anlageberater oder den zuständigen Sachbearbeitern nie leicht, dem Kunden gegenüber eigene

Fehlleistungen einzugestehen und womöglich für entstandene Schäden aufzukommen. Auch wenn er nicht persönlich dafür haftet, sondern seine Bank, und ihm selbst deshalb in der Regel kein unmittelbarer Schaden entsteht, weiß er doch, daß sein Arbeitgeber aus der Häufigkeit solcher Vorkommnisse gewisse Schlüsse ziehen wird mit Blick auf die Qualität seiner Arbeit. Dennoch sollten Sie sich nicht scheuen, Ihrer Bank gegenüber auf den Ausgleich solcher Schäden zu bestehen. Liegt der Fehler nämlich einmal auf Ihrer Seite, wird man sich umgekehrt auch nie scheuen, Sie dafür zur Kasse zu bitten.

Vorsicht bei Auslandsaufträgen

Eine weitere Besonderheit sollten Sie bei Aufträgen an ausländische Börsen berücksichtigen. Hier ist es wichtig, daß Sie Ihren Anlageberater bzw. den Sachbearbeiter der Bank sicherheitshalber immer noch einmal ersuchen, die Höhe Ihrer Disposition anhand der neuesten Devisenkurse (= aktueller Wert der ausländischen Währung) und der für die bestimmte Aktie gültigen Notierungsart (zum Beispiel Stück- oder Prozentnotierung usw.) zu überprüfen. Vielleicht sollten Sie eine entsprechende Vereinbarung sogar schriftlich festmachen. Immer wieder entstehen vielen Anlegern wegen der Nichtbeachtung dieses Grundsatzes offenbar ganz erhebliche Schäden. So berichtete mir einmal jemand, er hätte aufgrund einer Empfehlung in einer Börsenzeitschrift Aktien des spanischen Medizingeräteherstellers »Prim« geordert, ohne zu sehen, daß diese Aktie statt des in Spanien sonst zumeist üblichen Nennwerts (= Wert einer Aktie im Verhältnis zum Grundkapital der Aktiengesellschaft) von 500 Peseten einen Nennwert von 5 000 Peseten aufwies. Auch andere Anleger hatten aus diesem Grunde Positionen in einer Höhe geordert, die dem Zehnfachen der eigentlich veranschlagten Dispositionssumme entsprach, und waren damit auf ihrem

Abrechnungskonto zum Teil ganz erheblich ins Minus geraten. Das alles hatte nämlich zur Folge, daß die nun allenthalben aus Deutschland an die spanische Börse gekommenen Aufträge den Kurs der Aktie innerhalb weniger Tage um fast 100 Prozent nach oben katapultierten. Da viele Kunden nach Eintreffen ihrer Abrechnungen angesichts ihres Kontostandes und auf Drängen ihrer Bank sich nun aber sogleich wieder zum Verkauf der überzähligen Papiere genötigt sahen, fiel der Kurs der Aktie innerhalb weniger Tage ebenso schnell wieder, wie er angestiegen war. Entsprechend verloren eine ganze Reihe unerfahrener Börsianer innerhalb weniger Tage offenbar einen erheblichen Teil ihres Vermögens. Das soll bei manchem eigentlich für diesen Fehler mindestens mitverantwortlich gewesenen Bankangestellten nur ein müdes Achselzucken hervorgerufen haben, obwohl die Bank im Rechtsfall mit einiger Sicherheit zum Schadenersatz verurteilt worden wäre.

Das zuletzt gegebene Beispiel macht deutlich, daß es im Verkehr mit ausländischen Börsen einer besonders großen Sorgfalt von allen Seiten bedarf. Reklamationen in diesem Bereich sind denn auch relativ häufig. Da wird ein Auftrag nicht ausgeführt, obwohl das veranschlagte Kurslimit eigentlich hätte erreicht worden sein müssen, da werden andere als die veröffentlichten Kurse abgerechnet, da kommt man selbst mit Bestens- und Billigst-Aufträgen, die man hier freilich vermeiden sollte, tagelang nicht zum Zuge. In vielen Fällen liegen die Fehler hier allerdings nicht bei Ihrem unmittelbaren Partner, der Bank, sondern bei irgendeinem der für sie im Ausland tätigen Händler oder Broker. Häufig beruhen sie aber auch auf Fehlinformationen des Anlegers über die an den verschiedenen ausländischen Börsen unterschiedlichen Bestimmungen über die Abwicklung von Börsengeschäften. Im Gegensatz etwa zu den Usancen an deutschen Börsen haben Sie an vielen ausländischen Börsen zum Beispiel bei Billigst- und Bestens-Aufträgen keinerlei Recht auf Ausführung. Begnügen sollten Sie sich allerdings nicht mit den in vie-

len Fällen von den Banken leichthändig gegebenen Auskünften über solche »eben im Ausland anders lautenden Ausführungsbestimmungen« oder gar einem Hinweis auf angebliche »Wildwestverhältnisse« an solchen, vor allem kleineren Börsen. Fordern Sie statt dessen den Wortlaut der entsprechenden Börsenbestimmungen an, damit sich Ihre Bank im Bedarfsfall nicht mit irgendwelchen vagen Hinweisen herausreden kann, sondern Ihre berechtigten Interessen wahrnimmt.
Auf eines sollten Sie allerdings trotz der mit Recht von Ihrer Bank zu fordernden Sorgfalt und der in jedem Fall gebotenen regelmäßigen Ausführungskontrolle verzichten: bei jeder kleinsten Unstimmigkeit den formalen Weg am Sachbearbeiter vorbei zu seinem Vorgesetzten zu suchen oder gar ständig mit dem Hammer einer möglichen Aufkündigung der Geschäftsbeziehungen zu drohen. Immerhin müssen Sie erst eine andere Bank, einen anderen Anlageberater und andere Sachbearbeiter finden, die Sie auf Dauer besser bedienen. Das aber ist keine Frage, die man mit Blick auf ein einzelnes, noch dazu möglicherweise nebensächliches »Fehlverhalten« beurteilen kann.

Depotüberwachung: die Buchführung des kritischen Börsianers

Ein altbekanntes Verhaltensmuster veranlaßt uns immer wieder, Mißerfolge, Fehlentscheidungen, ja überhaupt negative Erfahrungen möglichst rasch zu verdrängen und uns die tatsächlich erzielten Erfolge um so nachhaltiger ins Gedächtnis zu rufen. Für den normalen Lebensalltag ist dies durchaus ein bewährtes Prinzip; hilft es uns doch dabei, den Blick – statt ständig nach hinten – in die Zukunft zu richten und immer wieder einen neuen, positiven Anfang zu suchen. Für den Börsianer indessen wäre eine solche Verdrängung selbstgemachter Erfahrungen, der unkritische Umgang mit den eigenen größeren und

kleineren »Flops«, wenig hilfreich. Gerade sie bieten ihm doch, besser als alle Börsenbücher zusammengenommen, die hervorragende Chance, aus eigenen, mitunter gravierenden Fehlern praktisch zu lernen und daraus mit Blick auf das eigene zukünftige Anlageverhalten wichtige Schlüsse zu ziehen.
Wer kennt sie nicht: die Börsenzeitschriften und Finanzberatungspostillen, die mit dem Hinweis auf die angeblichen »Supergewinne« ihrer Empfehlungen in günstigen Börsenphasen große Annoncen plazieren, aber die eigenen Nieten regelmäßig unter den Tisch fallen lassen; die Anlageberater mit ihren selbstgefälligen Reden über den einen oder anderen »sachverständigen« Tip, ohne ihre Fehlleistungen mitzubedenken; die rhetorisch geschickten wirklichen oder vermeintlichen Gurus der Finanzdienstleistungszunft, die überall den Eindruck erwecken, jede Entwicklung an den Börsen »eigentlich ja schon immer vorausgesehen« zu haben, die aber unterm Strich kaum besser abschneiden als ein guter Durchschnittsbörsianer. Wer so agiert und über gezielt herausgestellte Einzelerfolge seine Mißerfolge verdrängt, mag in Yuppie-Manier eine Zeitlang nur noch Sektgläser schwingen oder sich am vorübergehenden Beifall einer erinnerungsschwachen Zuschauerschaft erfreuen – an der Börse wird er früher oder später sein Waterloo finden. Denn hier zählt nicht die Bilanz einiger Tage, Wochen oder Monate, sondern allein die über einen Zeitraum von Jahren.

Kursbeobachtung und Erfolgskontrolle nach Plan

Für einen guten Börsianer gehört eine konsequente kritische Erfolgskontrolle zusammen mit einer kontinuierlichen Depotüberwachung zu den wichtigsten Grundbedingungen seines Geschäfts. Maßgebend ist, was insgesamt unterm Strich bleibt – nicht der eine oder andere »große« Gewinn, der durch frühere oder spätere Verluste leicht wieder aufgezehrt werden kann.

Dementsprechend sollte eine konsequente Depotüberwachung dem Anleger jederzeit einen Überblick darüber verschaffen können, (1) wie hoch sein prozentualer Gewinn oder Verlust auf den jeweiligen Aktienbestand des Einzelwertes aktuell ausfällt, (2) wie groß dieser Gewinn oder Verlust abzüglich der entstandenen Kosten für aufgenommene Kredite usw., bezogen auf das Gesamtdepot, ist und (3) wie sich das eingesetzte Kapital mit Blick auf den insgesamt erzielten Gewinn tatsächlich bisher verzinst hat.
Zu diesem Zweck fertigt man sich am besten selbst eine Übersicht an, die man mindestens einmal monatlich aktualisiert. Sie sollte all jene Daten enthalten, die für eine Depotanalyse und eine schnelle Dispositionsentscheidung maßgebend sind:

- den Namen der Aktie, möglichst mit einer Zuordnung zur entsprechenden Branche;
- die Anzahl der gekauften Stücke,
- das Ende der Spekulationsfrist, von dem ab Gewinne nicht mehr zu versteuern wären,
- den Kaufpreis für die einzelne Aktie einschließlich der entstandenen Gebühren,
- den Gesamtbetrag des Einzelengagements, das vorläufige Kursziel,
- den ständig zu aktualisierenden Börsenkurs und den sich daraus ergebenden Kurswert des Einzelengagements abzüglich der zu veranschlagenden Gebühren,
- die prozentuale Differenz bis zum veranschlagten Kursziel auf der Basis des aktuellen Kurses,
- den aktuellen prozentualen Gewinn oder Verlust auf das Einzelengagement.

Manche Kreditinstitute sind heute schon in der Lage, ihren Kunden eine solche Übersicht auf Knopfdruck – über entsprechende Computerprogramme – zur Verfügung zu stellen, was bei großen Depots eine erhebliche Hilfe darstellen kann.

Abb. 5.1: Depotübersicht mit Hinweisen zur Disposition

Wertpapier	Stck.	St.-frei	Preis	Summe	Ziel	Kurs	St.-Loss	Kurswert	% b. Ziel	% Gew./Verl.
Aktien										
A	100	22.6.	254	25 400	400	**276**	250	**27 600**	45	**8,6**
B	50	24.6.	232	11 600	400	**285**	258	**14 250**	40	**23,0**
C	100	1.7.	238	23 800	380	**298**	260	**29 800**	28	**25,0**
Opt.-Scheine										
A	20	8.7.	740	14 800	1400	**1050**	900	**21 000**	33	**42,0**
insgesamt				75 600				**92 650**		**22,6**

Der aktuelle Depotwert ergibt sich entsprechend aus der Summe des aktuellen Kurswerts der Einzelengagements. Addiert man dazu den Stand des Verrechnungskontos und subtrahiert davon die möglicherweise aufgenommenen Wertpapierkredite einschließlich der darauf verbuchten Kreditzinsen, erhält man das eigene Spekulationskapital. Um einen genauen Überblick über die Gewinnentwicklung seines Gesamtengagements zu bekommen, braucht man von dieser Summe dann nur noch die eigenen Einlagen abzuziehen und erhält so den Gewinnstand seines Depots. Daraus ließe sich dann die erzielte »Rendite«, also die Verzinsung des eingesetzten Kapitals, leicht errechnen, die die eigentlich informative, immer wieder im Auge zu behaltende Kennzahl darstellt für die kritische Beurteilung des eigenen Anlageerfolgs.

Wer über Grundkenntnisse am Computer verfügt, kann sich solche Übersichten aber mit den gängigen Kalkulations- und Datenbankprogrammen sehr schnell auch selbst erstellen, ja sogar anschließend weiter grafisch auswerten, und benötigt dann nur noch sehr wenig Zeit für die jeweilige Aktualisierung. Es ist inzwischen sogar möglich, die jeweils aktuellen Kurse über Datenfernübertragung und gegen eine geringe Gebühr automatisch in solche oder entsprechend spezialisierte Börsenprogramme einlesen zu lassen, so daß man ohne viel Mühe, mitunter sogar börsentäglich genau, auf dem laufenden ist. Je spekulativer und kurzfristiger man dabei als Börsianer engagiert ist, desto zeitnaher und häufiger muß man eine solche aktuelle Kontrolle auch durchführen.

Gewinne laufen lassen – Verluste begrenzen

Doch die zahlenmäßige Berechnung des eigenen Depots ist eine Seite – die Handhabung und Umsetzung dieser Daten in richtige Kauf- und Verkaufsentscheidungen eine andere. Gehen Sie nie so vor, daß Sie die irgendwann einmal eingegebenen Dispositionsdaten – etwa die Höhe des veranschlagten Kursziels – automatisch über Ihre Dispositionen »entscheiden« lassen. Ein solches Datum stellt nur eine ungefähre, aber durchaus sinnvolle Orientierungsgröße dar, die immer wieder im Lichte der neuesten Entwicklungen überprüft werden muß. Eine alte Börsenweisheit besagt zwar, man solle Gewinne »laufen lassen« (und »Verluste begrenzen«), aber niemand kann genau sagen, wie weit sie denn laufen. Besser ist es da schon, den Kurs nie ganz auszureizen und die letzten 10 bis 15 Prozent Anstieg anderen zu überlassen. Im veranschlagten Kursziel sollte dieser Grundsatz von vornherein berücksichtigt sein.

Die vorletzte Spalte in der Übersicht kann insbesondere für Umschichtungen des Depots nützlich gemacht werden. Erscheint einem nach den üblichen gründlichen Vorüberlegungen ein neues Engagement vielversprechend, sollte man sich nicht scheuen, jene Aktien im Depot zu veräußern, die bis zum veranschlagten Kursziel vergleichsweise geringere prozentuale Kurschancen bieten. Würde man also zur festen Auffassung gelangen, daß eine Aktie A zum jeweiligen Zeitpunkt aus fundamentalen und technischen Gründen ein Kurspotential von zum Beispiel 40 bis 50 Prozent aufweist, während die im Depot befindliche Aktie B im selben Zeitraum lediglich noch ein Potential von 20 Prozent hätte, müßte man konsequenterweise

diese Position B verkaufen. Unter solchen Gesichtspunkten wäre freilich immer die Spekulationsfrist beim aufzulösenden Engagement mit zu berücksichtigen, da ein Verkauf innerhalb dieser Halbjahresfrist bei hohen aufgelaufenen Gewinnen sich möglicherweise unter dem Strich nachteiliger auswirken würde als selbst die Erfüllung der mit dem Neuengagement verbunden gedachten Erwartung. Ohnehin sollte man sich als Privatanleger und frischgebackener Einsteiger in dieses Geschäft ja eher auf mittlere bis längere Anlagezeiträume konzentrieren und daher kurzfristige »Tradings« innerhalb der Spekulationsfrist anderen Unbelehrbaren überlassen.
Wichtiger noch als diese und die Kennzahlen zum aktuellen Gewinn oder Verlust der einzelnen Position ist die Beachtung von eingegebenen »Stop-Loss«-Limits. Anders als etwa in den USA haben Sie bei uns als Börsianer ja (noch) nicht in jedem Fall die Möglichkeit, Aufträge dergestalt an die Börse zu geben, daß verkauft wird, sobald bei fallenden Kursen ein bestimmtes unteres Limit erreicht oder durchbrochen wird. Hierzulande ist diese Kennzahl also eher eine Erinnerungsgröße für den Börsianer, seine Order beim Erreichen dieses Limits auch tatsächlich an seine Bank herauszugeben. Solche angenommenen »Stop-Loss«-Limits sind für die Depotüberwachung deshalb sehr nützlich, weil man damit seine Verluste quasi automatisch begrenzen kann. Ein gängiges Verfahren ist es, die Limits so zu bemessen, daß sie entweder zehn bis maximal 15 Prozent unter dem durchschnittlichen Kaufkurs des jeweiligen Aktienwerts angesetzt werden (Verlustbegrenzung) oder entsprechend zehn bis 15 Prozent unterhalb des jeweils zuletzt erreichten Höchstkurses (Gewinnsicherung). In diesem Fall müßte man das Limit der gegebenen Kursentwicklung ständig neu anpassen, wobei es sich empfiehlt, den angegebenen prozentualen Abschlag in dem Maße zu verringern, wie der Einzelwert tatsächlich höher notiert. Im Grenzfall würde man also ein eingegangenes Engagement bereits dann glatt-

stellen, wenn der entsprechende Wertpapierkurs schon erheblich zugelegt hat und den ersten Rückschlag signalisiert. Zu warnen ist allerdings davor, eine solche »Strategie« zur Gewinnsicherung und Verlustbegrenzung völlig ohne Rücksicht auf die Gesamtlage an der Börse zu verfolgen und dem darin liegenden Automatismus blind zu vertrauen. Bezüglich eines festgelegten »Stop-Loss«-Limits kann man sich auf diese Weise aber auch unabhängiger machen von eigenen, im Börsengeschäft auf die Dauer selten erfolgsträchtigen, rein gefühlsmäßigen Entscheidungen.

Kreditfinanzierte Spekulation: der Tanz auf dem Vulkan

Optimieren läßt sich der Anlageerfolg eines Depots natürlich auch noch auf ganz andere Weise, die sich allerdings für jeden Einsteiger grundsätzlich verbietet, aber der Vollständigkeit halber doch erwähnt werden muß: durch kreditfinanzierte Aktionen. Ein Profi wird in bestimmten Börsenphasen auf den damit verbundenen Hebeltrick kaum verzichten, so er über genügend große Polster aus vergangenen Gewinnen verfügt und das dabei eingegangene Risiko immer kritisch im Auge behält.
Bis zum Sommer 1987 war das alles auch für den kleinen Privatanleger eigentlich gar kein Problem: Wer ein wenig Geld besaß oder aufgrund seines regelmäßigen Einkommens und eines soliden persönlichen Umfelds genügend Vertrauenswürdigkeit auszustrahlen vermochte, dem räumte seine Bank ohne viel Zaudern und Zögern recht großzügig die Möglichkeit ein, auf Kredit an einer der größten Aktienhaussen der Nachkriegsgeschichte teilhaben zu können. Viele hatten von 1983 bis 1986 ja an der Börse ein kleines Vermögen gemacht. Und wenn sie klug genug waren und mit dem stetigen An-

wachsen der Kurse den Kreditanteil ihres Depots ebenso kontinuierlich abgebaut haben, besitzen sie einen erklecklichen Teil ihres Gewinns auch noch heute.
Seit dem Crash am 19. Oktober 1987 stellt sich die Frage, wieweit man mit geliehenem Geld ein spekulatives Engagement an der Börse überhaupt eingehen kann oder sollte, für alle Betroffenen dann aber plötzlich ganz anders. Statt der großen Chance, mittels aufgenommener Gelder über den dadurch entstehenden Hebeleffekt sein Kapitalvermögen bei steigenden Kursen massiv zu erhöhen, stand und steht nun die Erfahrung im Vordergrund, daß dieser Hebel beim Kursverfall auch ganz massiv nach unten ausschlagen kann. Wurden bislang aus 10 000 Mark Eigenkapital und 20 000 Mark Kredit bei einem Kursanstieg um nur 10 Prozent die eigenen Mittel rechnerisch gleich auf 13 000 Mark und damit um 30 Prozent in die Höhe katapultiert, blieben bei entsprechend gegenläufiger Bewegung nun gerade noch 7000 Mark übrig. Im Abwärtstrend stellte sich das, was bei ansteigenden Kursen vorteilhaft war, mithin plötzlich als erheblicher Nachteil heraus, in Crash-Situationen für manche gar, die Haus und Hof dafür eingesetzt hatten, als eine mittlere Katastrophe. Die Chance, schnelle Gewinne einzukassieren, verkehrte sich ins Risiko, überproportionale Verluste einstecken zu müssen. Diese Erfahrung war nicht nur für viele junge Anleger neu, die erst Anfang der achtziger Jahre überhaupt auf den Geschmack gekommen waren, sich mit Börsendingen zu befassen, sondern ebensosehr für die Banken selbst, die bis dahin ihre Gelder allzu freigebig unter die Leute gebracht hatten und nicht nur an den Kreditzinsen, sondern zuallererst auch an den immens angestiegenen Provisionseinnahmen aus Wertpapiergeschäften trefflich verdienten.

Beleihungsgrenzen

Gleichwohl sind die Kreditinstitute trotz größer gewordener Vorsicht nach wie vor durchaus daran interessiert, ihren Kunden bei Einbringung entsprechender Sicherheiten die Spekulation auf Kredit zu ermöglichen. Für viele Anleger können sich solche Aktivitäten allerdings schnell weniger als Frage danach erweisen, wie hoch die Summen sein mögen, die ihm seine Bank für die Anschaffung neuer Wertpapiere zur Verfügung stellt, sondern wieweit sie bereit ist, sein möglicherweise durch die einen oder anderen Kursturbulenzen in die Verlustzone geratenes Konto überhaupt noch zu finanzieren.
Grundsätzlich behandeln die Banken Kredite zur Finanzierung von Börsengeschäften nicht anders als etwa Kredite zur Anschaffung eines Personenkraftwagens. Nicht der Verwendungszweck ist für sie entscheidend, sondern der Umfang und die Art der ihnen zur Verfügung stehenden Sicherheiten.
Wer ein Vermögen besitzt, etwa ein Haus, ein Grundstück oder andere vergleichbare Werte, kann im Normalfall selbstverständlich gegen entsprechende Pfandstellungen mit einem Wertpapierkredit seiner Bank rechnen. Innerhalb eines gewissen Rahmens, der von der Höhe der regelmäßigen Einkünfte, von der Art und dem Umfang der sonstigen finanziellen Verpflichtungen sowie überhaupt von der persönlichen »Bonität« des Kunden abhängig ist, dürfte Ihnen Ihre Bank sogar ohne jegliche sonstige Sicherheitsleistung einen persönlichen Kredit zur Verfügung stellen.
Am häufigsten allerdings werden Kredite zum Kauf von Wertpapieren als sogenannte Effekten- oder Effektenlombardkredite vergeben und durch die Verpfändung des jeweiligen Depots an die Bank besichert. Das entscheidende dabei ist, daß entsprechend dem möglichen Kursrisiko die Bank nie den jeweils aktuellen Depotwert als Sicherheitsleistung (Deckungsbetrag) anerkennt, sondern je nach Wertpapierart oder eingeschätztem

Abb. 5.2: Berechnung der Sicherheitsleistung bei Verpfändung eines Depots

Wertpapierart	Beleihungssatz	akt. Kurswert	Deckung
Sparbriefe	100 %	25 000	25 000
inl. Anleihen	75 %	32 000	24 000
ausl. Anleihen	60 %	10 000	6 000
inl. Aktien	60 %	60 000	36 000
ausl. Aktien	50 %	10 000	5 000
inl. Opt.-Scheine	25 % v. inn. Wert	5 000	1 250
			97 250

100 000 SOLL = Stand des Dispositionskontos
97 250 = Sicherheitsleistung aus Depot
2 750 = Unterdeckung/Nachschußpflicht

Risikograd einen Abschlag vornimmt. Aus der Differenz zwischen diesem Abschlag und dem aktuellen Wert der jeweiligen Wertpapiere ergibt sich der sogenannte Beleihungswert.

Die Prozentsätze, bis zu denen der Kurswert eines verpfändeten Wertpapiers als Sicherheitsleistung anerkannt wird, sind von Bank zu Bank grundsätzlich, aber nur in sehr engen Grenzen verschieden. Bei inländischen festverzinslichen Wertpapieren (Pfandbriefen, Anleihen, Obligationen usw.) liegt dieser Beleihungssatz in der Regel zwischen 75 und 90 Prozent des jeweiligen Kurswerts, bei inländischen Aktien zwischen 50 und 60 Prozent; bei Investmentzertifikaten auf inländische Werte gelten die entsprechenden Sätze, bezogen auf den jeweiligen Rücknahmepreis.

Erst bei den spekulativeren Wertpapieren, wie sie etwa die Optionsscheine oder – nicht zuletzt aufgrund des zusätzlichen Währungsrisikos – auch ausländische Aktien und Anleihen darstellen, kommt es zu einer sehr verschiedenen Handhabung unter den Banken. So beleihen manche Banken Optionsscheine gar nicht, andere nur zu ihrem »inneren Wert« (= Aktienkurs ./.

Bezugspreis) oder nur zu einem Teil dieses Werts. Wiederum andere unterscheiden hier zwischen Optionsscheinen auf ausländische und solchen auf inländische Aktien. Der Phantasie der Banken sind hier keinerlei Grenzen gesetzt. Man sollte als Börsianer auch nicht unbedingt darauf drängen, möglichst maximale Beleihungssätze auszuhandeln, bei denen der Kreditabteilung der Bank selbst sehr unwohl sein würde. In kritischen Börsenphasen verlangt man dann sehr schnell vom Kunden weitere Sicherheitsleistungen, die er dann vielleicht nicht so schnell beibringen kann.

Bei Bedarf wird scharf geschossen

Wichtig ist, sich immer darüber im klaren zu sein, daß die Sicherheitsleistung, die ein verpfändetes Depot gegenüber der Bank darstellt, mit fallenden Kursen abnimmt. Für die Überwachung der Einhaltung der Beleihungsgrenzen sind Sie als Anleger zwar nicht selbst zuständig, da die zuständigen Sachbearbeiter von sich aus gehalten sind, Ihren »Kontostand« in regelmäßigen Abständen zu überprüfen. Dennoch ist es in Ihrem eigenen Interesse, sich über den Ausnutzungsgrad Ihres Kredits von Zeit zu Zeit immer wieder ein Bild zu verschaffen.
Bei Bedarf wird nämlich durchaus scharf geschossen: Reicht der Wert Ihres (verpfändeten) Depots unter Zugrundelegung der vereinbarten Beleihungssätze nämlich nicht mehr zur Abdeckung der aufgenommenen Gelder aus, kann die Bank »Nachschuß« fordern. Sind Sie nicht in der Lage, diesen zu leisten, darf sie Ihr Depot in der Regel auch zwangsweise, also gegen Ihr erneutes Einverständnis, liquidieren. Eine solche im Galgenhumor der Börsianer so bezeichnete »Exekution« ist dann nicht selten das Ende vom Lied. Trösten mag man sich hier allenfalls noch mit den Erfahrungen der wirklich erfahrenen Altmeister der Spekulation à la Kostolany, die unumwunden zugeben, daß sie

im Laufe ihres Lebens mehr als einmal ein Vermögen verloren, es dann aber auch wiedergewonnen haben ...

Das richtige Verhältnis zwischen Eigenkapital und Fremdkapital

Ein genaues Maß für das richtige Verhältnis zwischen den selbst eingebrachten und den aufgenommenen Mitteln zur Finanzierung des eigenen Depots läßt sich nicht angeben. Optimal wäre es, den Kreditanteil am Gesamtdepotwert in dem Maße kontinuierlich herunterzufahren, wie die Aufwärtsentwicklung der Börse insgesamt steigt. Geht man dabei von einer festen, jedenfalls im Laufe der Zeit nicht allzusehr ausgeweiteten Depotgröße aus, ersetzt man auf diese Weise allmählich den Fremdkapitalanteil immer mehr durch die zwischenzeitlich realisierten Gewinne, so daß man am Ende eines längeren Börsenzyklus nur noch mit wenig oder gar keinem Kredit auskommen kann.

Das Risiko massiver Kursverluste, gar einer Trendumkehr, wächst ja mit der Dauer und der Höhe des allgemein erreichten Kursniveaus ganz erheblich, während es am Beginn eines neuen Börsenzyklus am geringsten erscheint. Daraus ergibt sich ein auf den ersten Blick paradox erscheinender Grundsatz: Der kritische Börsianer nämlich baut in guten Zeiten seinen Effektenkredit diszipliniert und kontinuierlich ab, um ihn in schlechten Zeiten, etwa am Ende einer wirtschaftlichen Rezession, massiv zu erhöhen.

Als Einsteiger sollten Sie allerdings mit dem »Hebeltrick« kreditfinanzierter Spekulationen erst gar nicht rechnen. Die Unwägbarkeiten dieses Markts aller Möglichkeiten könnten Ihnen ansonsten sehr schnell den Spaß an der Sache verderben und Ihren ersten Tanz auf dem Börsenparkett schnell zum Tanz auf dem Vulkan werden lassen.

6 Prämien, Boni, Dividenden … freie Fahrt für Aktionäre

Die Buntheit des Aktionärsdaseins bringt es mit sich, daß Sie als Anleger sich auch in flauen Börsenzeiten hier und da an recht schönen Geschenken Ihres Unternehmens erfreuen können. Es soll sogar Anleger geben, die im Laufe ihres Lebens eine ganze Wundertüte einzelner Aktien unterschiedlichster Gesellschaften angesammelt haben, um sich dann auf den alljährlich stattfindenden Hauptversammlungen einmal im Jahr den Bauch auf Kosten des Unternehmens so richtig vollschlagen zu können – »Freßaktien« nennt das der Volksmund. Warum auch nicht? So schlängelt sich mancher vielleicht ein wenig vergnüglicher durchs Leben, wer weiß, wie es ihm ansonsten ergeht. Besser noch als jene Spezies von Ein-Stück-Aktionären, die auf jeder Hauptversammlung ihr Rederecht auskosten und in langatmigen Vorträgen dem Vorstand, dem Aufsichtsrat und gern auch der ganzen Belegschaft des Unternehmens aus der Sicht des leidgeprüften Eigentümers die Leviten zu lesen versuchen. Hauptversammlungen sind gelegentlich auch Jahrmärkte der Eitelkeiten – jedem das Seine …

Schöne Bescherungen ganz anderer Art, die sich für den Aktionär auch in Heller und Pfennig auszahlen, stellen jene Maßnahmen dar, mit denen Aktiengesellschaften zwischendurch immer wieder ihre Anteilseigner bei Laune zu halten versuchen: Im Zuge von Gewinnausschüttungen erhält da der Aktionär »Dividenden«; zum Firmenjubiläum oder aufgrund einer besonders günstigen Ertragslage kann er vielleicht einen »Bonus« kassieren; anläßlich einer Kapitalerhöhung wird ihm ein »Be-

zugsrecht« auf die neuen Aktien eingeräumt, zu vielleicht besonders günstigen Konditionen.
In der Regel sind solche und andere Maßnahmen mehr oder weniger Geld wert, da sie sich auf die unterschiedlichste Weise positiv auf den Kurs einer Aktie auswirken, als Extraprofite gleich einkassiert oder unter spekulativen Gesichtspunkten für kurzfristige Tradings ausgenutzt werden können. Ein gewiefter Börsianer wird also nicht nur darauf achten, daß die mit solchen Maßnahmen ihm als Altaktionär zustehenden Rechte fristgerecht geltend gemacht werden, sondern auch auf welche Weise sich solche Termine in günstige, vielleicht auch nur vorübergehende Kauf- oder Verkaufsentscheidungen ummünzen lassen.

Die Jagd nach Dividenden

Die direkteste Form, den Aktionär am Erfolg eines Unternehmens zu beteiligen, ist die – hierzulande in der Regel im Abstand von einem Jahr – vorgenommene Auszahlung von Dividenden. Je nach den im Laufe der vergangenen Geschäftsperiode erwirtschafteten Ergebnissen und der voraussichtlichen Gesamtentwicklung der Aktiengesellschaft fallen solche Gewinnausschüttungen unterschiedlich hoch aus.
Im allgemeinen ist eine Aktiengesellschaft daran interessiert, eine in etwa gleichbleibende Dividende zahlen zu können. Eine überraschende Veränderung dieses Satzes nach unten oder oben wird bei den Anlegern denn auch schnell mit einer Veränderung in den Wachstumsaussichten der Gesellschaft selbst in Verbindung gebracht, so daß sich entsprechende Ankündigungen sofort auf den Aktienkurs, bei marktbreiten Leitwerten wie *Siemens* oder *Daimler* manchmal sogar auf die gesamte Börsenentwicklung auswirken können.
Wie Sie bereits aus den vorangegangenen Kapiteln wissen, ist die Höhe der erwarteten Dividende zuzüglich der bei Inländern anfallenden Kapitalertragssteuergutschrift von $^{9}/_{16}$ der Bardivi-

dende maßgebend für die Berechnung der erwarteten Verzinsung des eingesetzten Kapitals (Dividendenrendite). Da dies eingesetzte Kapital aber gleichbedeutend ist mit der Höhe des einmal gezahlten Kaufpreises für die Aktie zuzüglich angefallener Kaufgebühren, bleibt die Verzinsung davon unberührt, ob der Kurs nach dem Erwerb steigt oder fällt. Man sagt deshalb, daß bei gleichbleibender Dividendenpolitik eines Unternehmens diese Ausschüttung gewissermaßen eine Gewinngarantie für den Aktionär darstellt. Grundsätzlich allerdings hängt die Höhe der geleisteten Gewinnausschüttung von der gesamten Ertragslage des Unternehmens ab, so daß der Aktionär in dem einen oder anderen Jahr auch schon einmal völlig leer ausgehen könnte oder mit einer markanten Herabsetzung rechnen muß.
Bei manchen Gesellschaften hat der Börsianer sogar die Möglichkeit, zwischen Aktien mit »normaler«, nichtgarantierter Dividendenausschüttung (Stammaktien) und solchen mit erhöhter oder sogar garantierter Ausschüttung (Vorzugsaktien) zu wählen. Der Vorteil solcher Aktien wird allerdings meistens durch einen erheblichen Nachteil erkauft: den Verzicht des Aktionärs auf ein Stimmrecht in der Hauptversammlung. Da es potentiellen Großaktionären aber gerade darum gehen kann, einen möglichst hohen Anteil an Stimmen in der Hauptversammlung zu repräsentieren, um stärkeren Einfluß auf die Entscheidungen der Gesellschaft nehmen zu können, besitzen Stammaktien grundsätzlich und insbesondere bei erwarteten Übernahmeaktionen ein erheblich größeres Kurspotential als Vorzugsaktien. Aus demselben Grund werden sie daher an der Börse manchmal durchaus auch um zehn bis 15 Prozent teurer notiert als die »Vorzüge«. Da sich die Kursentwicklung der Vorzüge aber im Normalfall etwa parallel zur Kursentwicklung der Stammaktien vollzieht, könnte ein Kauf der Vorzüge bei einem allzu großen Auseinanderklaffen beider Notierungen unter rein spekulati-

ven und aus Renditegesichtspunkten in bestimmten Situationen vorteilhafter erscheinen.
Die Crux bei der Ausschüttung der Dividende ist freilich, daß der erwartete Betrag dem Börsianer nicht etwa einfach »gratis« gutgeschrieben wird, sondern gewissermaßen im Kurs enthalten ist. Am Tage der Gutschrift notiert die entsprechende Aktie dann »ex Dividende«, was bei sonst gegenüber dem Vortag unverändert gebliebener Börsenlage eigentlich auf einen Kursabschlag genau in Höhe der Dividende hinauslaufen müßte. Bei guter Verfassung des Gesamtmarktes aber holt die Aktie einen solchen Abschlag häufig in kürzester Frist, manchmal bereits am selben oder dem folgenden Tag, wieder auf, so daß der, der die Aktien einer solchen Gesellschaft in seinem Depot hat, aber eigentlich verkaufen möchte, gut daran tut, noch eine Weile zu warten, um diese Entwicklung vor seinem Ausstieg noch mitnehmen zu können.
Aus der letzten Erfahrung gewinnen besonders gewitzte Börsianer aber auch eine mitunter recht vielversprechende Strategie, die durchaus auch ein Einsteiger gelegentlich ausnutzen kann: Als »Dividendenjäger« lauern sie darauf, besonders dividendenträchtige Aktien jeweils kurz vor dem Ausschüttungstermin zu einem noch günstigen Kurs erwerben zu können, in der Erwartung, daß die Aktie bis zur Hauptversammlung noch überproportional anziehen wird, um sie dann nach erfolgtem Abschlag und kassierter Dividende auf dem danach womöglich bereits wieder angezogenen Kursniveau wenige Tage später wieder zu veräußern. Da sie auf diese Weise nur für einen Bruchteil des Jahres in dem entsprechenden Wert investiert bleiben, steigt die Rendite auf ihren Kapitaleinsatz, rein rechnerisch auf Jahresbasis ermittelt, natürlich überproportional an. Sind sie statt zwölf nur drei Monate investiert, vervierfacht sie sich, bei nur einem Monat ist sie gar zwölfmal so hoch wie im Normalfall.
Daß eine solche Rechnung der »Dividendenjäger« indessen

längst nicht immer aufgeht, weil sich die Aktie möglicherweise nach der Ausschüttung ganz anders bewegt als erwartet, dürfte einleuchtend sein. Zudem muß der normalsterbliche Anleger bei dieser Transaktion ja immer auch seine nicht unerheblich ins Gewicht fallenden Bankprovisionen mitbedenken, von denen der Profi mit erheblichen durchschnittlichen Börsenumsätzen zu einem guten Teil ja verschont bleibt. Dennoch sollten Sie als Einsteiger solche Sondersituationen bei Ihren Kauf- und Verkaufsentscheidungen stets mitberücksichtigen, und sei es nur, um die Performance Ihres Depots durch solche Nebeneinnahmen Schritt für Schritt zu verbessern. Immerhin stehen Ihnen bei Aktien deutscher Unternehmen über die ausgeschüttete Dividende hinaus ja auch noch 56 Prozent dieses Betrages als Steuergutschrift ins Haus. Und das kann die »Verzinsung« Ihres Kapitals schon ganz kräftig in die Höhe schießen lassen, so die Einnahmen aus Dividenden insgesamt übers Jahr unterhalb der steuerfreien Beträge bleiben oder Sie ohnehin nur einen geringen Steuersatz haben, der die eingesammelten Gewinnausschüttungen nur unwesentlich schmälert.

Bezugsrechte frei Haus

Eine andere Variante, sich in Zeiten einer weniger durch massive Kursavancen als durch ein stetiges Dahintröpfeln der Kurse auffallenden Börsenentwicklung das Anlegerdasein zu versüßen, ist das Spiel mit den sogenannten Bezugsrechten.
Von Zeit zu Zeit sind Aktiengesellschaften ja immer wieder daran interessiert, ihr Eigenkapital zu erhöhen, um sich neue geschäftliche Möglichkeiten zu verschaffen, zu investieren, sich an anderen, interessanten Unternehmen zu beteiligen oder solche gar aufzukaufen. Diese Kapitalerhöhung kann über die Ausgabe neuer, sogenannter »junger« Aktien erfolgen, wobei den Altaktionären je nach Höhe ihres Aktienbesitzes von Gesetzes

wegen ein Vorrecht auf den Bezug solcher Aktien eingeräumt werden muß.
Grundsätzlich wird der Wert einer Aktiengesellschaft, so man ihn im Kurswert aller existierenden Aktien repräsentiert sieht, durch eine solche Kapitalerhöhung natürlich nur unwesentlich verändert. Führt eine Gesellschaft zum Beispiel eine Kapitalerhöhung im Verhältnis von 4:1 zu 150 durch, so bedeutet das für den bisherigen Aktionär, daß er auf vier alte Aktien unter Hinzuzahlung von 150 Mark genau eine zusätzliche neue Aktie erhält. Repräsentierten bislang zum Beispiel 100 000 Aktien zum Kurs von 200 Mark den Wert des Unternehmens (= 20 Millionen Mark), verteilt sich dieser Wert zuzüglich der durch die Kapitalmaßnahmen der Gesellschaft zugeflossenen Mittel bei dieser Kapitalerhöhung nunmehr auf 125 000 Aktien. Der neue Unternehmenswert erhöht sich somit um 3,75 Millionen (= 25 000 x 150 Mark für die jungen Aktien) auf insgesamt 23,75 Millionen Mark. Daraus errechnet sich für die Einzelaktien ein neuer Kurswert von 190 Mark (23,75 Millionen dividiert durch 125 000).
Die Differenz des neuen rechnerischen Kurses gegenüber dem bisherigen Börsenkurs wird beim Altaktionär durch die Einräumung des Bezugsrechts ausgeglichen. Er kann dann die jungen Aktien innerhalb eines bestimmten Zeitraums unter Hinzuzahlung des entsprechenden Bezugspreises beziehen oder aber sein(e) Bezugsrecht(e) über die Börse verkaufen.
Im angenommenen Fall läge der Wert dieses Rechts bei zehn Mark, wenn das Bezugsrecht auf der »Parität« notiert. Die Aktie wird am Tage des Bezugsrechtsabschlags – das ist der letzte Tag, an dem das Bezugsrecht an der Börse gehandelt wird – entsprechend mit dem Zusatz »exBez« gehandelt. Weicht der Bezugsrechtspreis aber von der errechneten Parität ab, bieten sich für den Börsianer gute Möglichkeiten, sein Depot durch Zukäufe oder Verkäufe solcher Rechte zu verändern.
Wichtig ist, daß schon eine geringe Veränderung des Aktien-

Abb. 6.1: Rechnerischer Wert eines Bezugsrechts

Kapitalerhöhung 4 : 1 : 150 DM	
aktueller Aktienkurs 200 DM	
Gesamtwert von 4 Aktien = 4 x 200 =	**800 DM**
1 neue Aktie beziehbar für	**150 DM**
5 Aktien kosten	**950 DM**
Wert einer Aktie (950 : 5) =	**190 DM**
bisheriger Börsenkurs	**200 DM**
rechnerischer Wert des Bezugsrechts (Parität)	**10 DM**

Bei einem Kursanstieg der Aktie um 5 % würde sich der rechnerische Wert des Bezugsrechts um 20 % auf 12 DM erhöhen

kurses eine überproportionale Veränderung des Bezugsrechtswerts nach sich ziehen kann. Daraus nun ergibt sich für den spekulativ eingestellten Börsianer eine weitere Möglichkeit für ein schnelles Geschäft. Er setzt dabei nicht auf den möglichst preisgünstigen Kauf der Bezugsrechte, um die jungen Aktien tatsächlich zu erwerben, sondern allein auf einen schnellen Anstieg des Preises für das erworbene Recht. Je nach Börsenlage und Bezugsbedingungen kann es dabei durchaus innerhalb weniger Tage zu Veränderungen dieses Preises um 20, 30 oder gar noch mehr Prozent kommen – allerdings (wie gehabt) nach beiden Seiten hin. Im angenommenen Fall würde ein Kursanstieg der Aktie um 5 Prozent einen Anstieg des rechnerischen Werts des Bezugsrechts um 20 Prozent nach sich ziehen. Daher ist die Spekulation in Bezugsrechten, auch und gerade auf dem Hintergrund des nur wenige Tage andauernden Bezugsrechtshandels, eines der heißesten Vabanquespiele für hartgesottene Börsianer und sollte sich für den Anfänger in diesem Geschäft unter normalen Umständen verbieten.

Genußscheine

Ein anderes Bonbon für treue Aktionäre sind die im Zuge von Gesellschaftsumwandlungen oder anderen einschneidenden Maßnahmen manchmal herausgegebenen, auch an der Börse gehandelten Genußscheine. Genußrechtsinhaber können zwar nicht an der Hauptversammlung des Unternehmens teilnehmen. Sie sind aber je nach Ausstattung dieser Scheine bzw. den ihnen meistens beigegebenen gesonderten Anteilscheinen am Gewinn des Unternehmens sowie am Liquidationserlös besonders beteiligt. Die Scheine haben in der Regel eine bestimmte, bekannte Laufzeit, aber keine garantierte Verzinsung, wobei den auf diese Weise am Unternehmen beteiligten Aktionären auch ein Bezugsrecht auf die übrigen Aktien zusteht, das die Attraktivität dieser Scheine noch erhöhen kann. Bedenken Sie aber, daß die Kurse von Genußscheinen starken Schwankungen unterworfen sind und Sie die Chancen auf eine höhere Rendite also nicht »umsonst« erhalten.

7 Spekulative Varianten: mit Hebeleffekten jonglieren

Auch wenn der Begriff der Börsenspekulation nach wie vor zuallererst mit dem der Aktie in Verbindung gebracht wird, bietet dieser Markt dem Anleger doch eine ganze Reihe weiterer Möglichkeiten, sein Glück und Geschick auf die Probe zu stellen. Wer es sich leisten mag, kann es sich aussuchen, mit welcher Geschwindigkeit er im Börsenzug mitfahren will: heiß, heißer, am heißesten – der Möglichkeiten sind hier kaum Grenzen gesetzt. Nicht alle diese, hierzulande zum Teil noch sehr jungen Spekulationsinstrumente sind für den Einsteiger wirklich geeignet. Im Gegenteil. In vielen Fällen setzen sie ein erhebliches Maß an Börsenerfahrung voraus, ehe man sie einigermaßen sicher zum eigenen Vorteil handhaben kann. Wer sich etwa auf den Handel mit Optionen auf Aktien, Währungen oder Waren einläßt, sollte schon eine sehr genaue Vorstellung von dem Risiko haben, das er dabei zwangsläufig eingeht. Die Möglichkeit, auf diese Weise buchstäblich über Nacht ein Vermögen zu machen, ist beinahe ebenso groß wie die Gefahr, die eingesetzten Beträge über Nacht vollständig zu verlieren. Wer hier nicht gelernt hat, eiserne Selbstdisziplin zu bewahren und allenfalls einen geringen Teil seines Kapitals für bestimmte Formen solcher Transaktionen einzusetzen, wird sich früher oder später mit einiger Sicherheit von der Börse verabschieden müssen. Die Statistik besagt, daß im Durchschnitt kaum mehr als ein Viertel solcher Geschäfte positiv für den Spekulanten ausgehen; da kann der Börsianer sein Geld – von einigen, weiter unten behandelten, auch für einen Einsteiger möglichen Varianten abgesehen – auch gleich im Kasino verspielen.

Optionsscheine, die schnellen Läufer

Ganz anders ist dies bei der Spekulation mit »Optionsscheinen«. Sie bieten die besondere Chance, mit vergleichsweise kleinem Einsatz am positiven Trend einer Aktie, einer Währung, eines Edelmetalls überproportional teilzuhaben, ohne – wie bei Optionen – ständig das Messer der Zeit im Rücken zu spüren. Chancen und Risiken lassen sich hier auch für den noch wenig erfahrenen Börsianer einigermaßen überblicken, wenn er kritisch genug bleibt und gewisse Vorsichtsmaßregeln nicht außer acht läßt. Gemessen am Gesamtumsatz deutscher und in Deutschland notierter ausländischer Aktien, liegt der Anteil des täglichen Optionsscheinumsatzes denn in guten Zeiten inzwischen auch schon bei zehn bis 20 Prozent.

Freilich muß man davon ausgehen, daß jene, die dieses Instrument in den letzten Jahren überproportional ausgenutzt haben, in den guten Zeiten des Kursaufschwungs zwar zu den ganz großen Gewinnern gezählt haben, in den Phasen des Kursniedergangs aber ebenso deutliche Verluste haben einstecken müssen. Bei dem einen oder anderen hochkarätigen Liebhaber solcher Scheine dürfte sich das auf diese Weise spekulativ erworbene Vermögen im Laufe der letzten zehn Jahre dennoch – wenn er umsichtig gewesen ist und sich in Phasen deutlicher Übertreibung auch schon mal vollkommen aus diesem Segment zurückziehen konnte – verfünffacht, gar verzehnfacht haben.

Die große Chance: der Hebeleffekt

Ihren Ursprung haben Optionsscheine in den Optionsanleihen. Solche Anleihen werden zur Kapitalbeschaffung zum Beispiel von einer Aktiengesellschaft herausgegeben, wobei die von der Gesellschaft geleistete Verzinsung der aufgenommenen Gelder im Vergleich zur sonst üblichen Verzinsung am Kapitalmarkt sehr viel moderater ausfällt. Dieser Nachteil für den Käufer einer solchen Anleihe wird ausgeglichen durch die Beigabe von Optionsscheinen, die der Erwerber von den Anleihen »abtrennen« und auf ähnliche Weise wie Aktien an der Börse handeln kann.

Anders als Aktien verbriefen Optionsscheine auf Aktien allerdings keinerlei unmittelbare Teilhaberschaft an einem Unternehmen, sondern allein das Recht, bis zu einem bestimmten Zeitpunkt die Aktie eines Unternehmens zu einem genau festgelegten »Bezugspreis« erwerben zu können. Wer beispielsweise von den Aussichten einer Aktie der Dresdner Bank überzeugt war, hätte im Mai 1987 statt eines direkten Kaufs dieser Aktie für 60 Mark den Dresdner-Bank-Optionsschein 2004 für gut 12,60 Mark erwerben können. Entsprechend der für diesen Schein gültigen Bedingungen hätte er auf diese Weise das Recht erworben, eine Dresdner-Bank-Aktie bis zum 30.04.2004 zum Preis von 51,30 Mark beziehen zu können.

Der besondere Clou dabei ist, daß der Wert eines solchen Optionsscheins wegen des bis zum Verfalltermin gleichbleibenden Bezugspreises für die Aktie mit dem Anstieg des Aktienkurses normalerweise überproportional steigt. Bei einem Kursaufschwung der Dresdner-Bank-Aktie um 20 auf 80 Mark, wie er sich tatsächlich bis August 1997 vollzog, mußte sich daher der Optionsschein mehr als verdoppeln. Denn rein rechnerisch betrug der sogenannte innere Wert des Scheins zu diesem Zeitpunkt ja bereits 28,70 Mark (Kosten bei direktem Kauf der Aktie über die Börse minus Kosten für die Aktie beim Bezug über den Optionsschein). Statt die Aktie nämlich für 80 Mark zu kaufen, könnte ein Anleger ebensogut den Optionsschein für knapp 30 Mark erwerben, um damit unter Hinzuzahlung des Bezugspreises von gut 50 Mark auf etwa dieselben Einstandskosten zu kommen.

Aus dieser Rechnung wird deutlich, daß im angenommenen Fall bei einem Anstieg des Aktienkurses um 33 Prozent ein Kursan-

Abb. 7.1: Kursentwicklung Dresdner-Bank-Aktie

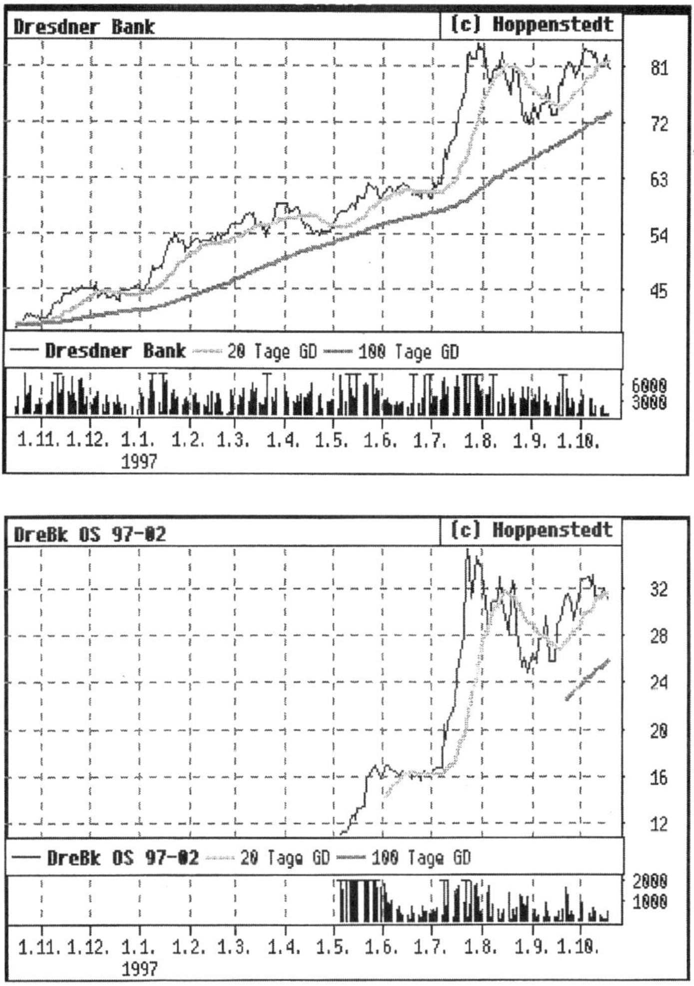

stieg des Optionsscheins um 138 Prozent erwartet werden konnte. Der Anleger hätte in diesem Falle also besser daran getan, den Betrag, den er für den Kauf der Dresdner-Bank-Aktien anlegen wollte, in die entsprechenden Optionsscheine zu in-

vestieren. Im günstigsten Fall hätte er damit die Performance seines Investments fast vervierfachen können (33% Zuwachs gegenüber 138%).
Andersherum geht diese Rechnung natürlich ebenfalls auf: Statt zum Beispiel 30 000 Mark für den Erwerb dieser Aktie anzulegen, hätte es ausgereicht, nur ein Viertel dieses Betrages, also 7 500 Mark, in den entsprechenden Optionsscheinen anzulegen, um unterm Strich etwa den gleichen Gewinn von 10 000 DM einzustreichen.
Im Normalfall kann der beim Kauf von Optionsscheinen zum Tragen kommende sogenannte Hebeleffekt, der im angenommenen Beispiel rein rechnerisch bei 4,7 lag (Aktienkurs geteilt durch Optionsscheinkurs), auch sehr viel höher ausfallen. Bei einzelnen deutschen Optionsscheinen liegt er auch schon einmal bei 5, bei vielen japanischen Optionsscheinen noch höher, womit sich im Normalfall auch entsprechend höhere Chancen ergeben. Bei Optionsscheinen, die statt den Bezug von Aktien den Bezug von Währungen zu einem vorgegebenen Preis garantieren, mag der Hebel sogar je nach Laufzeit des Optionsrechts und des zugrundeliegenden Bezugspreises bei 20, 50 oder gar über 100 liegen. Solche Scheine sollte man allerdings nicht nur als Einsteiger, sondern auch als erfahrener Börsianer besser den Zockern überlassen, die es auch gelegentlich an der Börse gibt und die entweder nichts zu verlieren haben, weil sie genug Geld besitzen, oder alles verlieren können, weil sie ohnehin nichts mehr haben.

Der Preis: das Aufgeld

Freilich bekommt der Anleger diese sich im Hebeleffekt ausdrückenden überproportionalen Gewinnmöglichkeiten nicht einfach geschenkt. Er bezahlt ihn in aller Regel mit einer entsprechenden Prämie, dem sogenannten Aufgeld. Das ist der Betrag, den er beim Bezug der Aktie über den Optionsschein im

Vergleich zum direkten Aktienkauf mehr ausgeben muß. Das Aufgeld ergibt sich aus dem prozentualen Verhältnis zwischen dem Mehrbetrag beim Aktienbezug über den Optionsschein und dem Direkterwerb. Bei einem Bezugsverhältnis von 1:1 genügt zum Bezug einer Aktie ein einziger Optionsschein. In diesem Fall berechnet sich das Aufgeld nach der Formel: (Optionsscheinkurs plus Bezugskurs minus Aktienkurs) dividiert durch Aktienkurs mal 100. Beim obenerwähnten Dresdner-Bank-Schein betrug dieses Aufgeld zum angenommenen Zeitpunkt 8 Prozent, bei anderen Scheinen zur selben Zeit durchaus auch 10 oder 20 Prozent (vgl. Abb. 7.2).

Für den Börsianer ergibt sich aus solchen unterschiedlichen technischen Daten die Notwendigkeit, die Chancen eines Optionsscheins vor dem Kauf zu bewerten und sie mit anderen alternativen Möglichkeiten am selben Markt zu vergleichen. Im allgemeinen gelten Optionsscheine als attraktiv, wenn der Hebel größer als 2,5 und das Aufgeld weniger als 10 bis 20 Prozent beträgt – bei einer restlichen Laufzeit von mindestens zwei Jahren.

Zunächst hängt die Höhe des Aufgelds natürlicherweise von den Kurschancen ab, die man der jeweiligen Aktie aufgrund der Ertrags- und Wachstumsperspektiven selbst zubilligen wird. Daher unterscheiden sich die Überlegungen, die beim Kauf eines Optionsscheins angestellt werden müssen, in dieser Hinsicht kaum von jenen, die Sie bei einer gründlichen Aktienanalyse vornehmen sollten.

Sodann hängt die Höhe des vom Markt akzeptierten Aufgelds sowohl mit der Restlaufzeit des Optionsscheins zusammen als auch mit der Höhe des sich jeweils ergebenden Hebels. Je kürzer diese Laufzeit ist, desto geringer wird im allgemeinen bei sonst gleichen Verhältnissen auch dies Aufgeld ausfallen; je höher andererseits der Hebeleffekt, um so höher auch in der Regel das akzeptierbare Aufgeld. Dies gilt zumindest in normalen Börsenphasen.

Abb. 7.2: Kennziffern und Auswahlkriterien bei Optionsscheinen

Hebel bei Optionsscheinen	**Aufgeld/Abgeld bei Optionsscheinen**
(a) aktueller Hebel = (Aktienkurs x Währung): Bezugsverhältnis x Optionsscheinkurs	*(a) absolut* = Optionsscheinkurs : Währung x Bezugsverhältnis + Bezugspreis – Aktienkurs
(b) effektiver Hebel (Berücksichtigung der Höhe des Aufgelds und der Restlaufzeit; je höher das jährliche Aufgeld bei gleichem Hebel, desto kleiner ist der Hebel) = aktueller Hebel: (1 + jährliches Aufgeld)^2	*(b) in Prozent* = Ergebnis aus (a) : Aktienkurs x 100 bzw. (Optionsscheinkurs : Währung x Bezugsverhältnis + Bezugspreis-Aktienkurs) : Aktienkurs x 100
Beispiel: Optionsschein »A« Aktienkurs 1170 Yen Währung: 1 Yen = 0,01083 DM Bezugsverhältnis: 1 : 744,6 Optionsscheinkurs 4950 DM jährliches Aufgeld = –0,38 %	*(c) jährlich in Prozent* = Ergebnis aus (b) : Restlaufzeit in Jahren bzw. ([Optionsscheinkurs : Währung x Bezugsverhältnis + Bezugspreis-Aktienkurs] : Aktienkurs x 100) : Restlaufzeit in Jahren
(a) (1170 x 0,01083) : ([1 : 744,6] x 4950) = *1,905 akt. Hebel* *(b)* 1,905 : (1 – 0,38)^2 = *1,92 eff. Hebel*	**Beispiel:** Optionsschein: »B« Bezugsverhältnis 1 : 1; Restlaufzeit 5 Jahre und 3 Monate; Bezugspreis (in Währung) 430 DM; Aktienkurs (in Währung) 542 DM; Optionsscheinkurs (in Währung) 185 DM *(a)* 185 : 1 x 1 + 430 – 542 = *73 DM absolutes Aufgeld* *(b)* 73 : 542 x 100 = *13,47 % Aufgeld* *(c)* 13,47 : 5,25 = *2,57 % Aufgeld pro anno*
Innerer Wert	
(a) in Währung = (Aktienkurs – Bezugspreis): Bezugsverhältnis	
(b) in Prozent Innerer Wert in Währung: (Optionsscheinkurs: 100)	

Die Risiken: freier Fall beim Ausverkauf

Schließlich muß der Anleger bei der Frage nach der angemessenen Bewertung eines bestimmten Optionsscheins aber auch alle übrigen für die jeweilige Börsenentwicklung insgesamt maßgebenden Gesichtspunkte berücksichtigen. Je größer der Hebeleffekt und damit die Gewinnmöglichkeit bei ansteigenden Aktienkursen, desto größer ist auch umgekehrt bei fallenden Kursen die Gefahr von massiven, schnellen Verlusten.

Wie die Wochen und Monate nach dem weltweiten Niedergang der Aktienkurse im Herbst 1987 gezeigt haben, kann ein Optionsschein in Krisenzeiten von einem Tag auf den anderen auch durchaus schon mal um mehr als 50 Prozent abstürzen. Noch mehr als bei Aktien kommt es bei diesen Highflyern mithin darauf an, die allgemeine Stimmung, das psychologische, wirtschaftliche und politische Umfeld, genau im Auge zu behalten. Je unsicherer die allgemeine Börsensituation, desto niedriger sollten auch die Anteile am Depot sein, die Sie für diese spekulativeren Alternativen im Vergleich zum Aktienkauf veranschlagen.

Vor allem bei Optionsscheinen, die mit einer vergleichsweise geringen Stückzahl von wenigen tausend Scheinen auf den Markt gekommen sind oder von denen bereits viele ausgeübt worden sind, besteht wegen der Enge des Marktes die große Gefahr, sie in kritischen Börsenphasen entweder gar nicht mehr oder nur mit erheblichen Kursabschlägen weiterveräußern zu können. Dasselbe gilt in der Regel von Scheinen hierzulande völlig unbekannter und auch im Ursprungsland wenig gewichtiger Aktiengesellschaften, wie man sie manchmal gerade unter den zuweilen recht exotischen japanischen Optionsscheinen findet. Hier ist es in der Vergangenheit nicht selten auch schon mal dazu gekommen, daß die Kurse solcher kleinen Gesellschaften gezielt manipuliert wurden, um die Kursentwicklung der zuvor zu einem erheblichen Teil aufgekauften Scheine in die Höhe zu treiben.

Optionsscheine sollten daher beim allgemeinen, nachhaltigen Kursniedergang an ganz oberster Stelle Ihres Verkaufsprogramms stehen, vor allem dann, wenn nicht zu erwarten ist, daß sich die Börsensituation aufgrund der möglicherweise geringen Restlaufzeit des Scheins bis zum Ende dieser Laufzeit wieder erholt.
In Hausse-Zeiten dagegen erweisen sich solche Scheine als die wahren Renner an der Börse, von denen man dann eigentlich nie genug haben kann.

Heiße Geschäfte: die Spekulation mit Optionen

»Es war einmal ...« – mit dieser Wendung führen uns unsere Geschichtenerzähler in eine Welt ihrer Vorstellung ein, in der die Träume und Wünsche der Menschen ganz im Gegensatz zu unserer eigenen Lebenserfahrung sich auf geradezu wundersame Weise erfüllen. Manchmal jedoch sind solche Geschichten von der Wirklichkeit unseres Lebensalltags gar nicht so weit entfernt.
Es war also einmal im Herbst 1987 ein Student, der hatte von seiner Patentante 3 000 Mark als Anerkennung für sein gerade mit Bravour bestandenes Examen erhalten. Auf der Suche nach einer guten Anlagemöglichkeit ließ er sich von einem in Finanzdingen bewanderten Freund in die Geheimnisse der Börse und hier auch der Optionsgeschäfte einführen. Doch was dieser ihm einen Tag vor dem Crash nur als Beispiel anhand von Optionen auf Siemens-Aktien plausibel zu machen versucht hatte, setzte jener zwei Tage später prompt in die Tat um: Er kaufte für 2 000 Mark Siemens-Verkaufsoptionen mit einer Basis von 480 für 1 Mark das Stück auf den Januar des folgenden Jahres. (Die Siemens-Aktie war danach noch eine 50-DM-Aktie und wurde erst später auf einen Nennwert von 5 Mark umgestellt). Immerhin hatte ihm sein kluger Freund geraten, in der damaligen Situation

nicht mehr auf einen weiteren Kursanstieg, sondern eher auf eine mindestens kurzfristige Gegenbewegung an der Börse zu setzen. Mit dem verbleibenden Rest seines glorreichen Geschenks von der Oma fuhr er dann erst einmal in Urlaub ...
Und was sich dieser Student in seinen kühnsten Träumen nicht hätte ausmalen können, geschieht. Aufgrund des schnellen, rapiden Verfalls der Siemens-Aktie im Zuge des plötzlich über die Börse hereingebrochenen Crashs sackte der Kurs dieser Aktie innerhalb kürzester Zeit um über 200 Mark ab. Da er über die gekaufte Verkaufsoption aber das Recht hatte, diese Aktie immer noch zum vereinbarten Preis von 480 Mark an seinen Vertragskontrahenten verkaufen zu können, schoß der Wert der Option geradezu in den Himmel: aus 2 000 Mark waren innerhalb weniger Wochen mehr als 200 000 Mark geworden. »Wie das?« fragt sich Otto Normalanleger verdutzt – »Millionen mit Optionen?« Solche auch an der Börse nicht eben alltäglichen Geschichten lassen erkennen, was im Zuge von Optionsgeschäften tatsächlich möglich sein kann. Nimmt man im oben aufgeführten Fall allerdings die andere Seite der Medaille hinzu, müßte schnell einsichtig werden, wie heiß dieses Geschäft mit dem Glück in Wirklichkeit ist. Denn der Kontrahent des Käufers, also der Verkäufer der Verkaufsoption, mußte an seinem Aktienbestand in etwa jene Verluste hinnehmen, die als Gewinne unserem Studenten am Ende zufließen sollten. Er war nach den bis dahin allein gültig gewesenen Bestimmungen am deutschen Aktienoptionsmarkt auf Gedeih und Verderb gezwungen, die entsprechenden Aktien bis zum Verfall in seinem Depot vorrätig zu halten, damit sie sein Vertragspartner – wie in diesem Falle naheliegend – bis zum Verfalltermin der Option gegebenenfalls jederzeit abrufen konnte. Erst seit der Einführung der Deutschen Terminbörse Anfang 1990 hätte sich der Verkäufer der Verkaufsoption durch den einfachen Abschluß eines Gegengeschäftes von diesem immensen Risiko wieder »freikaufen können«. Vorsicht ist also angebracht bei Optionen: Wer hier als

noch unerfahrener Börsianer keine Selbstdisziplin üben kann und über die ungeahnten Chancen bestimmter Formen solcher Geschäfte die mitunter erheblichen Risiken aus dem Auge verliert, verbrennt sich schnell mehr als die Finger. Dabei sind die vier Grundpositionen am Optionsmarkt, auf die Sie sich als Einsteiger im Bedarfsfall ohnehin zunächst völlig beschränken sollten, gar nicht so schwer zu verstehen.

Kaufoptionen (Calls)

Grundsätzlich unterscheidet man zwischen Kauf- und Verkaufsoptionen. Beim Erwerb einer Kaufoption erhält der Käufer das Recht, bis zum Fälligkeitstermin der Optionen jederzeit vom Stillhalter die entsprechenden Aktien zum vereinbarten Preis (Basispreis) beziehen zu können.
Der Käufer einer Kaufoption hofft auf einen Kursanstieg der jeweiligen Aktien. In diesem Fall wird er seine Option während der Laufzeit zu einem höheren Preis weiterveräußern oder aber die Aktien von seinem Kontrahenten beziehen und zum angestiegenen Kurs über die Börse verkaufen können.
Der Verkäufer einer Kaufoption erwartet dagegen nur eine geringe Bewegung der Kurse. Er besitzt jene veroptionierten Aktien, kann sie aber bis zum Fälligkeitstermin als »Stillhalter in Stücken« an niemanden anderen als den Käufer der Kaufoption weiterveräußern. Dafür erhält er von jenem je nach Höhe des vereinbarten Basispreises eine Optionsprämie, die er als Einnahmen auf seinen Aktienbestand verbuchen kann. Steigen allerdings die Kurse während der Optionsfrist kräftig an, muß er davon ausgehen, daß die Aktien tatsächlich von seinem Kontrahenten abgerufen werden, so daß er von diesem Anstieg nicht profitiert. Fallen dagegen die Kurse über die vereinnahmte Optionsprämie hinaus, verliert er, da er weiterhin stillhalten muß. Es sei denn, er schließt diese Position vorzeitig, wie dies jetzt an

Abb. 7.3: Gewinn- und Verlust-Profile der vier Grundpositionen

Transaktionskosten (Gebühren und Provisionen) bleiben unberücksichtigt

Kauf einer Kaufoption
Long Call

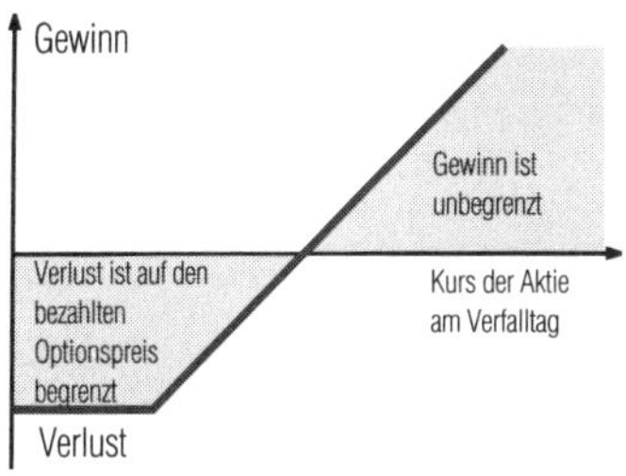

- Der Käufer einer Kaufoption erwartet einen steigenden Aktienkurs.
- Ein Gewinn wird erzielt, sobald der Aktienkurs die Summe aus Basispreis und bezahltem Optionspreis übersteigt.

Verkauf einer Kaufoption
Short Call

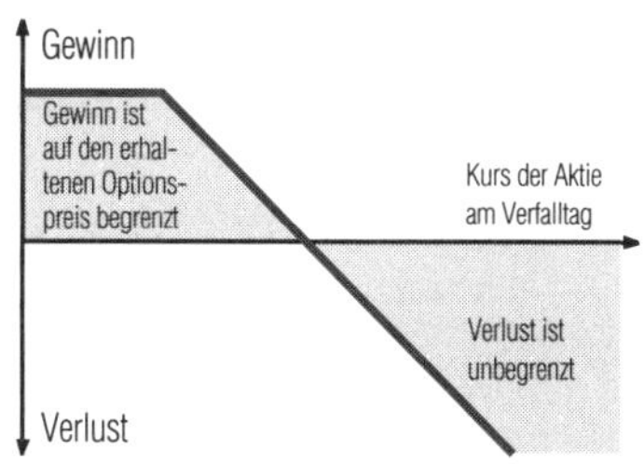

- Der Verkäufer einer Kaufoption erwartet einen stabilen oder sinkenden Aktienkurs.
- Ein Gewinn wird erzielt, wenn der Aktienkurs nicht die Summe aus Basispreis und Optionspreis übersteigt.

Kauf einer Verkaufsoption
Long Put

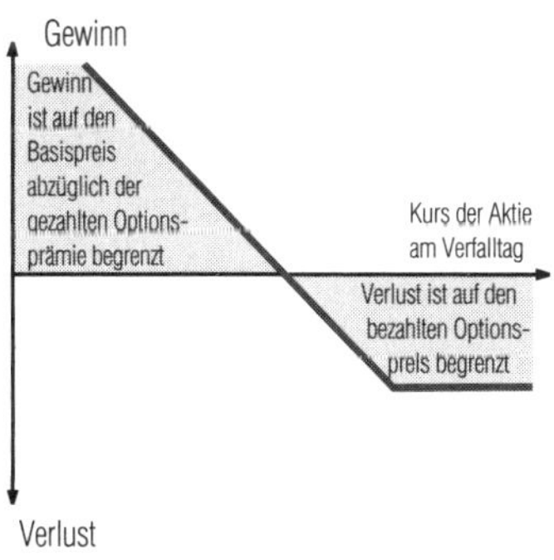

- Der Käufer einer Verkaufsoption erwartet einen sinkenden Aktienkurs.
- Ein Gewinn wird erzielt, sobald der Aktienkurs den Basispreis abzüglich des bezahlten Optionspreises unterschreitet.

Verkauf einer Verkaufsoption
Short Put

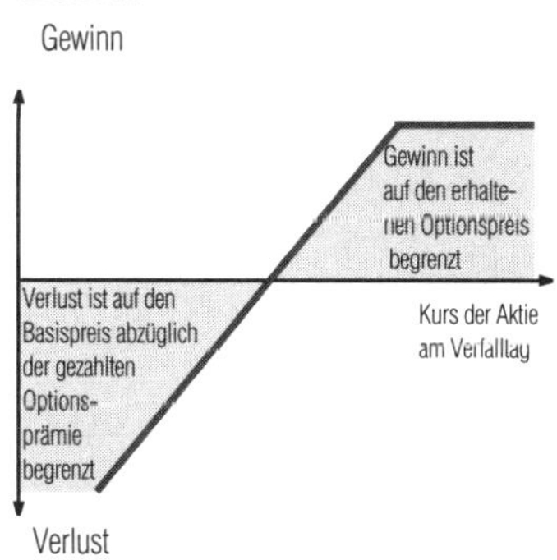

- Der Verkäufer einer Verkaufsoption erwartet einen stabilen oder steigenden Aktienkurs.
- Ein Gewinn wird erzielt, wenn der Aktienkurs nicht den Basispreis abzüglich des erhaltenen Optionspreises unterschreitet.

Quelle: Deutsche Terminbörse

Abb. 7.4: Entscheidungsstruktur beim Kauf/Verkauf eines Calls

Call	Motivation	Rechte	Pflichten	Chancen	Risiken
Käufer Inhaber) – erwartet steigende Preise/ Kurse	• Hebeleffekt • Geringer Kapitaleinsatz • Bekanntes Risiko • Absicherung eines Leerverkaufs • Spekulation à la hausse • Diversifikation	Kauf des Basiswerts zum festgelegten Basispreis bis zum Verfalltermin	Zahlung des Optionspreises (Prämie)	Unbegrenzt, je nach Anstieg des Preises/ Kurses für den Basiswert	Begrenzt bis zur Höhe des Optionspreises
Verkäufer (Stillhalter/ Schreiber) – erwartet gleichbleibende oder leicht fallende Kurse	• Zusatzeinkommen auf vorhandenen Basiswert • Spekulation à la baisse beim Leerverkauf	Erhalt des Optionspreises (Prämie)	Bei Ausübung der Option durch den Käufer: Lieferung des Basiswerts zum festgelegten Basispreis	Begrenzt bis zur Höhe des Optionspreises	Unbegrenzt je nach Anstieg des Preises/ Kurses für den Basiswert

der Terminbörse möglich ist, indem er einfach eine Option mit denselben Ausstattungsmerkmalen erwirbt, also selbst eine Kaufoption eröffnet. Durch dieses Gegengeschäft hebt er seine Verpflichtungen auf, er »stellt sich glatt«, wie die Börsianer sagen.

Von Ausnahmen abgesehen, ist das Risiko des Verkäufers einer Kaufoption daher gering, während ein Käufer einer solchen Option maximal seinen Einsatz, also die gezahlte Optionsprämie, verlieren kann.

Verkaufsoptionen (Puts)

Der Käufer einer Verkaufsoption rechnet mit fallenden Kursen. In diesem Fall kann er seine Option während der Laufzeit zu einem höheren Preis weiterveräußern oder die Aktien auf dem niedrigeren Kursniveau über die Börse kaufen und seinem Kontrahenten zum festgelegten höheren Basispreis verkaufen. Besitzt er hingegen bereits diese Aktien, kann er sich auf diese

Weise auch gegenüber einem möglichen Kursrückgang absichern.
Der Verkäufer einer Verkaufsoption hofft im Gegensatz dazu auf stagnierende oder steigende Kurse. Er verpflichtet sich, bis zum Ablauf der Optionsfrist jederzeit die entsprechenden Aktien von seinem Kontrahenten zum festgelegten Preis abzunehmen; man nennt ihn daher den »Stillhalter in Geld«.
Zwar kann der Verkäufer einer Verkaufsoption für dieses Stillhaltergeschäft die entsprechende Optionsprämie kassieren und wird auch die Papiere erst dann abnehmen müssen, wenn Kursrückgänge seinen Kontrahenten zur Ausübung seines Rechts bewegen. Das Risiko ist hier – wie die Eingangsgeschichte belegt – aber mitunter sehr groß. Denn der Stillhalter muß die entsprechenden Stücke auch bei extremem Kursrückgang abnehmen. Auch hier hat er aber über die Terminbörse neuerdings die Möglichkeit, sein Risiko abzufangen, indem er einfach auf die andere Seite des Marktes tritt und selbst eine entsprechende Kaufoption einnimmt. Für den Käufer einer Verkaufsoption besteht dies Risiko dagegen maximal im Verlust der gezahlten Optionsprämie.
Über die Deutsche Terminbörse ist es in der Zwischenzeit sogar möglich, die erläuterten Grundstrategien nicht nur in bezug auf die fünfzehn am stärksten an den deutschen Börsen gehandelten Standardwerte zu verfolgen, sondern mittels entsprechender Optionen auf den DAX® gewissermaßen den Gesamtmarkt zu handeln. Im Prinzip funktioniert dies nicht anders als oben gezeigt – mit dem einzigen Unterschied, daß der DAX® am Ende der Laufzeit natürlich nicht wie Aktien »geliefert« oder »abgenommen« werden kann, sondern einfach ein Barausgleich auf der Basis des entsprechenden DAX®-Index geleistet wird.

Abb. 7.5: Entscheidungsstruktur beim Kauf/Verkauf eines Puts

Put	Motivation	Rechte	Pflichten	Chancen	Risiken
Käufer (Inhaber) – erwartet fallende Preise/Kurse	• Hebeleffekt • Geringer Kapitaleinsatz • Bekanntes Risiko • Absicherung gegen Kursrückgang • Spekulation à la baisse • Diversifikation	Verkauf des Basiswerts zum festgelegten Basispreis bis zum Verfalltermin	Zahlung des Optionspreises (Prämie)	Begrenzt, da Basiswert nie kleiner Null	Begrenzt bis zur Höhe des Optionspreises
Verkäufer (Stillhalter/ Schreiber) – erwartet stagnierende oder steigende Kurse	• Zusatzeinkommen bei vorhandenem Basiswert • Spekulation auf stagnierende oder steigende Kurse	Erhalt des Optionspreises (Prämie)	Bei Ausübung der Option durch den Verkäufer: Kauf des Basiswerts zum festgelegten Basispreis	Begrenzt bis zur Höhe des Optionspreises	Begrenzt, da Basiswert nie kleiner Null

Beispiel:
Kauf einer Aktie vs. Kauf einer Kaufoption derselben Aktie
Motiv: spekulative Ausnutzung eines erwarteten Aufwärtstrends
Annahme: Aktienkurs = 380 DM; Optionspreis bei Basis 360 = 20 DM; Aktienkurs steigt auf 420 DM

1. Direktkauf

100 Aktien zu 380 DM	38 000 DM
Wert der Aktien nach Kursanstieg	42 000 DM
Gewinn absolut (jeweils ohne Kosten)	4 000 DM
= Gewinn in Prozent	**10,5** %

2. Kauf einer Kaufoption

100 Kaufoptionen à 20 DM	2 000 DM
Wert der Option nach Kursanstieg min. 60 DM	6 000 DM
Gewinn absolut (wie oben)	4 000 DM
= Gewinn in Prozent	**200** %

Resultat: Bei gleicher Entwicklung hätte der Börsianer beim Kauf einer Kaufoption im angenommenen Fall nur 1/19 des Kapitals einsetzen müssen, um denselben Gewinneffekt zu erzielen, *bzw.* bei gleicher Entwicklung verzinst sich sein eingesetztes Kapital (mindestens) mit etwa dem Zwanzigfachen des beim Direkterwerb erzielten Ergebnisses! Wäre der Aktienkurs statt dessen auf 340 DM gefallen, hätte der Direkterwerber einen rechnerischen Verlust von 4000 DM = 10,5 Prozent hinnehmen müssen; da die Option dann keinen inneren Wert mehr besitzt, wäre sie im Extremfall wertlos, so daß sich hier ein Verlust von 2000 Mark, also maximal 100 Prozent des Einsatzes einstellen würde.

Vorsicht bei zu engen Märkten

Abgesehen von den Risiken, die die Stillhalter (in Geld oder Stücken) grundsätzlich gegenwärtigen müssen, besteht für die Käufer von Kauf- und Verkaufsoptionen der Reiz solcher Geschäfte natürlich darin, mit begrenztem, sich allenfalls auf die Höhe der gezahlten Prämie erstreckendem Verlustrisiko innerhalb kürzester Zeit gegebenenfalls ganz erhebliche Gewinne erzielen zu können, wobei Sie auch als Einsteiger eben nicht nur auf einen Anstieg von Aktien setzen können (Kauf eines Calls), sondern eben auch auf einen Kursverfall (Kauf eines Puts).

Deutsche Terminbörse (DTB)

Kontrakt		CALLS						PUTS					
		Letzt-bezahlt	Tages-hoch	Tages-tief	Settle-ment	Volu-men	Offen. Kontr.	Letzt-bezahlt	Tages-hoch	Tages-tief	Settle-ment	Volu-men	Offen. Kontr.
ADIDAS Aktie: Kassa 230,0 Schluß 231,5 Schluß Ibis 232,1													
10	230,00				9,97						7,43		
11	230,00				15,15						11,96		
12	230,00				16,39		30				14,65		
03	230,00				25,85						20,26		2
06	230,00				30,60						24,02		
ALLIANZ Aktie: Kassa 425,0 Schluß 421,5 Schluß Ibis 413,5													
10	420,00	14,60	17,26	14,60	12,19	23	481				17,37		197
	430,00	10,50	10,50	10,50	8,13	5	192				23,32		2
	440,00				5,58		571				30,74		5
11	420,00				20,72		261				25,61		72
	430,00				16,42		181				31,34		
	440,00				13,13		216	33,86	33,86	33,86	37,98	5	
12	420,00				26,11		861				30,31		1824
	430,00				21,85		362				36,05		172
	440,00	24,00	24,00	24,00	18,20	6	259				42,34		35
03	420,00				40,77		238				38,92		22
	430,00				36,61		71				44,67		10
	440,00				32,45		60				50,49		
06	420,00				51,68		10				47,56		1525
	430,00				47,60						53,34		26
	440,00				43,52		10				59,18		
09	420,00				60,27						50,82		
	430,00				56,25						59,57		
	440,00				52,23						65,37		
BASF Aktie: Kassa 63,3 Schluß 63,6 Schluß Ibis 62,8													
10	60,00	4,05	4,05	3,90	3,64	11	152	0,60	0,72	0,57	0,72	60	631
	62,50	2,00	2,60	2,00	2,00	68	557	1,50	1,50	1,10	1,58	38	3216
	65,00	1,19	1,20	1,05	0,96	35	1799	2,95	3,00	2,35	3,00	72	770
11	60,00				4,71		26	1,59	1,59	1,59	1,63	11	539
	62,50	3,70	3,70	3,60	3,27	22	110	2,26	2,32	2,26	2,58	13	11
	65,00	2,30	2,30	2,20	2,06	7	283	3,70	3,85	3,70	3,98	15	103
12	60,00				5,49		763	2,10	2,20	1,90	2,26	16	2351
	65,00	3,05	3,60	3,05	2,94	109	3368	4,30	4,76	4,30	4,71	26	1423
	70,00	1,40	1,80	1,40	1,34	264	3050	7,68	7,68	7,68	8,12	1	592
03	60,00				7,42		303	3,90	3,90	3,66	3,70	14	301
	65,00	5,40	5,63	5,24	4,91	56	756	6,32	6,32	6,32	6,16	12	247
	70,00	3,30	3,85	3,30	3,13	13	1953	9,22	9,54	9,22	9,39	22	322
06	60,00	8,45	9,00	8,45	8,52	10	289	4,98	4,98	4,98	5,32	10	155
	65,00	6,20	6,50	6,02	6,04	10	1619				7,90		1476
	70,00	4,20	5,02	4,20	4,13	83	369				11,23		129
09	60,00				9,39						6,13		

Was allen Optionen immer als Risiko bleibt, ist der Wettlauf mit der Zeit. Ihre Aktie mag am Tag nach Ablauf der Frist in rasendem Tempo jene Höhe erklimmen, die Sie sich als Käufer einer Kaufoption vorgestellt hatten: »Rien ne va plus«, heißt es dann leider für Sie – nichts geht mehr. Das Optionsrecht endet unweigerlich mit dem Ende der Laufzeit, und da diese Laufzeit in Deutschland noch immer maximal zwölf Monate beträgt, ist das Risiko, daß die Kurse sich innerhalb dieser vergleichsweise kurzen Zeit nicht in die erwartete Richtung bewegen, nicht zu unterschätzen.

Futures: das Millionenspiel

Ganz »heiß« wird es für einen Börsianer erst, wenn er statt mit Optionsscheinen und Optionen mit Futures hantiert. Sie sind aus der Notwendigkeit von großen institutionellen Anlegern erwachsen, ihre Depotbestände in bestimmten Börsenphasen durch vergleichsweise einfache Aktionen absichern zu können. In der Regel ist dieses Instrument daher allenfalls für Anleger mit hohen Wertpapierbeständen ab etwa 250 000 Mark aufwärts geeignet, da schon ein einziger Kontrakt ein dahinterstehendes Volumen des Hundertfachen des jeweiligen Indexstands repräsentiert.
Der Ausdruck »Future« ist eine allgemeine Bezeichnung für Terminkontrakte, zum Beispiel Aktienindexterminkontrakte, Zinsterminkontrakte, Devisenterminkontrakte, aber auch solche auf Waren.
Im Gegensatz zu Optionen, bei denen der Inhaber der Option das ihm zustehende Recht zum Kauf oder Verkauf ausüben kann, aber nicht muß, beinhalten Futures die verbindliche Vereinbarung, zu einem bestimmten Zeitpunkt den entsprechenden Basiswert tatsächlich abzunehmen oder zu liefern bzw. einen entsprechenden Barausgleich vorzunehmen. Natürlich gibt es bei entsprechend standardisierten Kontrakten, wie sie an der Terminbörse gehandelt werden, auch hier die Möglichkeit, ein-

Abb. 7.6: Pflichten und Rechte der Kontrahenten beim Handel mit Futures und Options

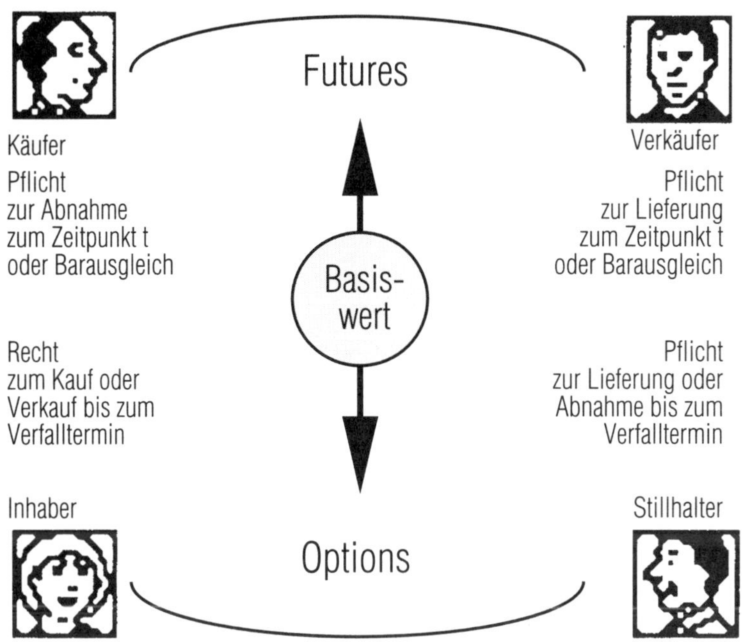

mal eröffnete Positionen durch ein entsprechendes Gegengeschäft wieder zu schließen. Etwa 95 Prozent aller offenen Positionen werden bis zum Fälligkeitstag auf diese Weise wieder geschlossen.

An der Deutschen Terminbörse sind in diesem Zusammenhang besonders die DAX®-Futures auf den deutschen Aktienmarkt und die DTB-Bund-Futures auf den deutschen Rentenmarkt bzw. eine (synthetische) Bund-Anleihe interessant. Durch den Kauf oder Verkauf von DAX®-Futures kann ein Investor relativ bequem und ohne allzu große Kosten das Marktrisiko seines Wertpapierdepots eliminieren oder seinen Erwartungen anpassen. Er kann sich durch den Einsatz dieses Futures aber auch ein aktuelles, als günstig erscheinendes Kursniveau sichern, wenn er

die etwa für eine Anlage am Kassamarkt notwendigen finanziellen Mittel noch nicht zur Verfügung hat. Darüber hinaus kann er auch über den Kauf oder Verkauf eines solchen Futures über eine einzige Transaktion auf den Gesamtmarkt à la hausse oder à la baisse spekulieren.
Die Preisentwicklung des DAX®-Futures hängt dabei natürlich vom Verlauf des durch den DAX® repräsentierten Aktienmarkts ab. Steigen die Kurse am Kassamarkt und damit der DAX®, so steigt in der Regel auch der DAX®-Future, fallen diese Kurse, sinkt in der Regel auch der Preis des DAX®-Futures.
Will man also etwa unter spekulativen Gesichtspunkten auf den gesamten deutschen Aktienmarkt setzen und ist in seinen Erwartungen positiv gestimmt, kann man, statt den entsprechenden Korb an Aktien zu kaufen, auch DAX®-Futures kaufen. Bei Zugrundelegung eines an der Deutschen Terminbörse geltenden Werts von 100 Mark für einen Indexpunkt würde ein einziger DAX®-Future von beispielsweise 1 600 einen wirklichen Gegenwert von 160 000 Mark repräsentieren. Jeder Anstieg dieses Futures um nur einen einzigen Punkt bedeutet dann für den Käufer des Futures einen Gewinn von 100 Mark. Bei einem Anstieg des DAX® auf der obigen Basis um zum Beispiel 10 Prozent hieße das, daß ein Käufer bei einer entsprechenden parallelen Entwicklung des Futures etwa 16 000 Mark an Gewinnen einstreichen könnte.
Dies Millionenspiel ist unter spekulativen Gesichtspunkten allerdings wirklich ein Spiel. Denn auch hier sitzt einem der Verfalltermin der Futures, die an der Deutschen Terminbörse längstens neun Monate Laufzeit haben, im Nacken. Und wegen des extrem hohen Hebeleffekts und der mit Futures grundsätzlich verbundenen Verpflichtung zur Abnahme bzw. zum Barausgleich (Kauf eines Futures) oder zur Lieferung (Verkauf eines Futures) können die erzielten Ergebnisse äußerst schnell sowohl in die eine als auch in die andere Richtung laufen. Manche leben halt gerne am Feuer ...

8 Konservative Anlagealternativen: Sicherheit mit Phantasie

Ein Erfolg an der Börse ist auf die Dauer gesehen in erster Linie ein Resultat der Mühen und Gedankenarbeit, die ein Börsianer auf die Vorbereitung seiner Entscheidungen verwendet. Mit einer halben Wochenstunde hier, einer anderen dort ist diese Arbeit kaum getan – ganz gleich, wie klein auch immer das Wertpapierdepot ausfallen mag. Je weniger Zeit ein Anleger hat, um das Auf und Ab der Börsenkurse zu verfolgen und auf Veränderungen der fundamentalen, technischen und psychologischen Faktoren schnell reagieren zu können, desto dringlicher stellt sich die Frage, ob er die Verwaltung seines spekulativen Vermögens nicht doch anderen anvertrauen sollte.
Unsere Banken übernehmen solche Depotverwaltungen gern, abgestimmt auf das besondere Anlageinteresse des einzelnen Kunden und gegen entsprechende Jahresgebühren. In den Anzeigenteilen unserer Tageszeitungen wimmelt es aber auch von Angeboten mehr oder weniger seriöser Vermögensverwaltungsgesellschaften und selbsternannter Börsenberater, die mit wirklichen oder vermeintlichen Erfolgen ihres Depotmanagements leichtfüßig auf Kundenfang gehen.
Abgesehen von den nicht unerheblichen Risiken, auf die Sie sich bei einer Vermögensverwaltung insbesondere durch weniger bekannte Adressen einlassen, sind Depotverwaltungen in der Regel durch einen erheblichen Nachteil gekennzeichnet: Fast alle übernehmen ein solches Management erst ab Größenordnungen von mindestens 100 000 bis 300 000 Mark, die für den mittleren und kleineren Anleger nur in seltensten Fällen verfügbar sein dürften.

Die Beschränkung auf solche Mindestsummen hat freilich nicht nur kommerzielle Gründe. In der Tat ist es schwierig, ein relativ kleines Depot nach den Grundsätzen zu führen, die für ein vernünftiges, ausgewogenes und im Risiko breit gestreutes Börsenengagement maßgebend wären. Bei Mindestgrößen von 5000 bis 10 000 Mark für einen Einzelauftrag, wie sie bei vielen Banken inzwischen üblich geworden sind, muß man schon von dem Vielfachen dieser Summe ausgehen, um eine einigermaßen ausgewogene Depotstruktur aufbauen zu können. Will man sich darüber hinaus nicht allein auf den inländischen Markt beschränken, wird es noch schwerer.

Doch es gibt auch für diese Anlegerschaft – aber keineswegs nur für sie – eine ebenso interessante wie publikumsträchtige Alternative, die die Vorteile einer professionellen Depotverwaltung von Kleinstbeträgen mit der Möglichkeit einer schnellen Verfügbarkeit über das eigene spekulative Vermögen verknüpft: die Beteiligung an gemeinschaftlichen, von eigens dafür ausgebildeten Managern betreuten Wertpapierfonds.

Fonds vom Feinsten – auch für Sonntagsspekulanten

Solche »Investmentfonds« werden von Kapitalanlagegesellschaften nach bestimmten, für die speziellen Fonds unterschiedlichen und in einem ausführlichen Prospekt dargelegten Gesichtspunkten aufgelegt. Hierzulande stehen diese Gesellschaften unter strenger Kontrolle der Bankenaufsichtsbehörde und sind in der Regel auch selbst mehr oder weniger eng mit der einen oder anderen Großbank verbunden.

Kapitalanlagegesellschaften sammeln gewissermaßen einzelne Gelder in einem gemeinsamen Topf, um sie gemäß ihren Anlagegrundsätzen in größerem Umfang an der Börse zu investieren. Je nach Anklang, den diese Fonds beim Publikum finden, kann das Fondsvermögen auf diese Weise ein Gesamtvolumen von wenigen zig Millionen bis mehrere Milliarden Mark betragen. Über dieses Vermögen geben die Gesellschaften Anteilscheine heraus, die Investmentzertifikate, deren Preis börsentäglich je nach dem Wert der im Fonds enthaltenen Papiere festgestellt wird. Der Tagespreis eines Investmentanteils errechnet sich bei solchen hierzulande allein zulässigen »offenen Fonds« (*open end funds*) aus dem Tageswert des Vermögens geteilt durch die Anzahl der jeweils ausgegebenen Zertifikate. Die »Offenheit« dieser Fonds besagt, daß die Gesellschaften laufend neue Anteile herausgeben können, diese aber jederzeit auch zurücknehmen müssen. Entsprechend den anfallenden Kosten wird dabei der Inventarwert des einzelnen Anteils um einen Ausgabeaufschlag erhöht bzw. Rücknahmeabschlag verringert, wodurch sich zwischen dem Ausgabe- und Rücknahmepreis der Zertifikate eine entsprechende Spanne ergibt.

Je nach der für die einzelnen Fonds gültigen Anlagekonzeption gibt es Aktienfonds, die nur Aktien, Rentenfonds, die nur festverzinsliche Wertpapiere, und gemischte Fonds, die sowohl Aktien als auch festverzinsliche Wertpapiere enthalten. Man kann zwischen Fonds wählen, die nur inländische, nur ausländische oder sowohl die einen wie die anderen Papiere enthalten; es gibt regionale oder Länderfonds, Branchenfonds, Rohstoffonds, Edelmetallfonds – der Phantasie der Anlagegesellschaften sind hier kaum Grenzen gesetzt. Neuester Hit: die Auflage von Options- und Futures-Fonds, die auch den Kleinanlegern erlauben soll, unter Begrenzung ihres Risikos auf den Kapitaleinsatz kräftig an den Terminmärkten mitzumischen. Ob die Rechnung hier tatsächlich aufgeht, ist allerdings fraglich.

Der Anleger hat durch den Erwerb solcher Zertifikate jedenfalls eine breite Auswahl von Möglichkeiten, je nach den von ihm als günstig erachteten Perspektiven in unterschiedliche Fonds zu investieren. Soweit es sich nicht um thesaurierende Fonds handelt, die ihre Erträge aus Zinsen, Dividenden usw. automatisch wie-

der anlegen, werden Erträge und die nach Ermessen der Gesellschaft nicht zur Wiederanlage verwendeten realisierten Kursgewinne und Erlöse aus dem Verkauf von Bezugsrechten usw. in regelmäßigen Abständen an den Anleger ausgeschüttet.
Von den oben aufgeführten Fonds sind die geschlossenen Fonds (*closed end funds*) streng zu unterscheiden, die vor allem in den USA, aber auch in anderen europäischen Ländern aufgelegt werden. Es ist vorgesehen, sie demnächst auch in Deutschland zuzulassen. Das Kapital dieser Fonds wird durch Zeichnung einer bestimmten, von vornherein begrenzten Anzahl von Anteilen aufgebracht. Eine Verpflichtung zur Rücknahme von Anteilen besteht aber nicht. Der Preis des jeweiligen Anteils steht in eher lockerem Verhältnis zum Gegenwert des jeweiligen Wertpapier- und Barvermögens des Fonds, da er sich ganz nach Angebot und Nachfrage – soweit dafür zugelassen, auch direkt an der Börse – richtet. Daher kann es sein, daß ein solcher Anteil bei hoher Nachfrage erhebliche »Aufgelder« bildet, die durch den eigentlichen Inventarwert des Anteils gar nicht gedeckt sind.
Typische Beispiele für diese *closed end funds* sind die in den letzten Jahren stark in Mode gekommenen asiatischen Länderfonds (Korea-, Taiwan-, Malaysia-Fund usw.), bei denen vielen Anlegern die zum Teil horrende Höhe der entsprechenden Aufgelder von manchmal mehr als 50 Prozent gar nicht bewußt zu sein scheint. Sinnvoll ist eine Beteiligung an einem solchen Fonds dann, wenn wegen der schweren Zugänglichkeit eines ansonsten vielversprechenden Wachstumsmarktes direkte Anlagemöglichkeiten erschwert oder ganz verwehrt sind. In Krisenzeiten, wie sie der Herbst 1987 markierte, fallen die Preise für diese hochbezahlten Anteile dann aber durchaus einmal in wenigen Tagen wie Kartenhäuser zusammen, so daß man gar nicht so schnell mit seiner Verkaufsorder nachkommen kann, wie die Kurse stürzen. Der Taiwan-Fund etwa sackte innerhalb einer Woche von 48 auf 20, der Korea-Fund von 80 auf 40 US-

Dollar ab. Im ersten Halbjahr danach konnten sie allerdings schon wieder neue Höhen erklimmen, um im weiteren Verlauf eine ansehnliche Performance vorzulegen. Solange sie in Deutschland noch nicht zugelassen sind, müssen Sie die Gewinne starker Anteile aber sehr hoch versteuern.

Die richtige Auswahl entscheidet

Die Chancen, über den Erwerb von Investmentzertifikaten an der Entwicklung einer Börse mit Erfolg teilzuhaben, hängen im wesentlichen von der Entwicklung des Einzelmarktes ab, in den der Fonds investiert hat – insbesondere aber auch von der Güte des jeweiligen Fondsmanagements.
Die Verwalter solcher Fonds sind einem ganz erheblichen Erfolgsdruck ausgesetzt. Schneidet ihr Fonds, gemessen an anderen vergleichbaren Fonds und im Verhältnis zum jeweiligen Länder- oder Branchenindex, an dem er gemessen wird, schlechter ab, haben sie zumindest mit Gehaltseinbußen zu rechnen. Auf die Dauer wird sich aber eine Investmentgesellschaft sehr schnell von in diesem Sinne erfolglosen Managern trennen, um nicht Gefahr zu laufen, angesichts der bestehenden vielfältigen Investmentalternativen gegenüber der Konkurrenz ins Hintertreffen zu geraten. Dies ist sicher ein Vorteil für den Anleger. Doch er sollte sich hüten, den Erfolg eines Fonds allein anhand kurzfristiger, möglicherweise völlig zufälliger Entwicklungen zu beurteilen. Erst im mittelfristigen bis langfristigen Vergleich muß sich seine eigentliche Performance erweisen.

Abb. 8.1: Aktienfonds

Rang	Fonds	#= Auslandsfonds	Rücknahmepreis 22.8.97	Wertzuwachs 1.1.97–22.8.97	Wertzuwachs 5 Jahre per 7/97	Ausg.-aufschlag	WPK Wertpapierkennummer
Aktienfonds (Schwerpunkt Deutschland)							
1	**ABN AMRO Germany Eq.**	#	222,49 DM	**55,5** %	–	2,5	973684
2	**MMWI-Progress**		96,08 DM	**55,5** %	186,9 %	5	976529
3	**DIT-Wachstumsfonds***		142,46 DM	**55,3** %	179,2 %	3	847516
4	**Nürnberger ADIG A**		154,66 DM	**53,4** %	190,3 %	3	847122
5	**Nestor Deutschland**	#	1943,21 DM	**52,5** %	–	5	986001
6	**Provesta DWS**		240,14 DM	**51,1** %	171,6 %	4	847415
7	**LUX-LINEA**	#	281,14 DM	**50,1** %	200,3 %	3	971849
8	**Ring-Aktienfonds DWS**		71,33 DM	**49,4** %	197,8 %	4,72	847405
9	**DekaFonds***		107,25 DM	**49,2** %	164,6 %	5,26	847450
10	**DWS Deut. Aktien Typ 0**		213,55 DM	**47,9** %	–	0	847428
11	**Veri-Valeur Veritas**		140,88 DM	**47,8** %	206,1 %	6	976320
12	**Adiselekt**		152,51 DM	**47,6** %	–	5	976956
13	**MK Alfakapital***		85,35 DM	**47,3** %	165,6 %	7,53	847770
14	**Concentra* DIT**		89,43 DM	**47,1** %	170,6 %	5	847500
15	**LRI-Aktienfonds**	#	129,69 DM	**47,1** %	129,4 %	5	972379
16	**DWS Deutschland**		158,59 DM	**46,8** %	–	3	849096
17	**J. Bär German Stock B**	#	218,10 DM	**46,7** %	–	5	973020
18	**Köln-Aktienfonds Deka**		99,21 DM	**46,5** %	162,7 %	5,26	848067
19	**Nordakku**		106,26 DM	**46,1** %	–	5	848536
20	**DIT-Aktien Deutschl. AF**		119,83 DM	**46,1** %	–	0	847628
21	**Adifonds**		142,13 DM	**45,7** %	175,6 %	5	847103
22	**BBV Invest Union**		133,78 DM	**45,5** %	142,7 %	5	975001
23	**MI-Aktien D**		224,25 DM	**45,5** %	171,4 %	5	975223
24	**Privatfonds MI**		131,40 DM	**45,1** %	164,9 %	5	975221
25	**Dt.-Berenberg-Univ.***		101,42 DM	**44,9** %	166,9 %	3	848356
26	**DAB DAX Plus HI**		192,26 DM	**44,7** %	–	0	975240
27	**HMT-Proinvest**		162,76 DM	**44,6** %	155,5 %	5	975411

Quelle: FINANZEN

Anleihen: Sicherheit und Phantasie

Der »schwarze Montag«, der 19. Oktober 1987, war entgegen landläufiger Meinung nicht für alle Börsianer so düster, wie es in der Öffentlichkeit zumeist dargestellt wird. Im Gegenteil: Wer sein Engagement an der Börse rechtzeitig von der Aktienspekulation auf die Spekulation mit festverzinslichen Wertpapieren umgestellt hatte, der konnte nach Überwindung des ersten, für alle gleichermaßen bestürzenden Schocks in den folgenden Tagen und Wochen eigentlich nur noch frohlocken.
Freuen konnte er sich zuallerst natürlich darüber, daß er durch sein Umschwenken auf eine sehr viel weniger kursreagible und daher sicherere Anlageform vor den immensen Verlusten bewahrt wurde, die andere beim täglichen Verfall der Aktienkurse hinnehmen mußten. Hinzu kam aber noch eine sich in der Folge des Oktober-Crashs rasch abzeichnende Entwicklung, an der die Besitzer von festverzinslichen börsennotierten Wertpapieren in der Regel recht kräftig verdienen: der Rückgang der Zinsen.
Waren die Zinsen auf dem Kapitalmarkt, gemessen an der Umlaufrendite inländischer Anleihen, von Mai bis Oktober 1987 nach einem stetigen Rückgang in den Vormonaten hierzulande wieder um durchschnittlich über einen Prozentpunkt gestiegen, fielen sie in den folgenden Monaten bis März dieses Jahres ebenso kontinuierlich wieder um einen vollen Prozentpunkt zurück. Denn nach dem Debakel waren sich die Finanzminister und Notenbankchefs der westlichen Welt plötzlich so einig wie nie: Die Zinsen sollten zurückgeführt werden, um die Wirtschaft zu entlasten und eine befürchtete, wenn auch nicht aktuell drohende Rezession zu vermeiden. Da Zinsen bzw. Rendite und Kurs bei Anleihen aber durchweg entgegengesetzt verlaufen, konnte der Besitzer einer Anleihe nun in der Folge nicht nur seine sicheren Zinsen kassieren, sondern darüber hinaus mit

einem mitunter erheblichen Kursanstieg rechnen. Dieser Zusammenhang ist leicht begreiflich zu machen.

Renten auf Zeit

Anleihen dienen der Aufnahme eines längerfristigen, zumeist festverzinslichen Kredits, bei dem die Ansprüche des Kreditgebers (Gläubigers) in besonderen Wertpapieren, den eigentlichen Schuldverschreibungen, verbrieft werden. Diese von Bund, Bahn oder Post, Bundesländern, Kommunen, Industrieunternehmen, Kreditinstituten, Hypothekenbanken usw. ausgegebenen Wertpapiere werden beim Kreditnehmer (Schuldner bzw. Emittent) in besonders strenger Weise besichert, so daß man sie in der Vergangenheit auch als »mündelsichere« Anlagen bezeichnete.
In der Regel werden solche auch »Renten« genannten Papiere mit einem Zins ausgestattet, der über die gesamte Laufzeit der Anleihe fest bleibt. Die Höhe der garantierten Verzinsung richtet sich dabei einerseits nach der Güte oder »Bonität« des jeweiligen Emittenten, so daß eine weniger gute Qualität des Schuldners über eine höhere Verzinsung ausgeglichen werden muß. Andererseits ist sie ebensosehr von der zum Zeitpunkt der Herausgabe jeweils gültigen Zinshöhe (genauer: der durchschnittlichen Umlaufrendite) am übrigen Kapitalmarkt abhängig.
Die Tilgung bzw. Rückzahlung der Anleihe geschieht in der Regel entweder als Gesamttilgung am Ende der Laufzeit oder als Rückzahlung in Teilabschnitten für einzelne ausgeloste oder gekündigte Anleiheserien. Die Stückelung der Anleihe erfolgt je nach Bedarf, wobei ein Mindestnennbetrag von 100 Mark üblich, die bevorzugte Mittelgröße aber 1 000 Mark beträgt.
Der wohl entscheidendste Sachverhalt für den Spekulanten ist, daß Anleihen ganz ähnlich wie Aktien an der Börse gehandelt werden. Daher besitzen sie neben dem erwähnten Nennwert auch einen Kurswert, der hierzulande je nach Angebot und

Nachfrage einmal börsentäglich festgestellt und für die größeren Anleihen im Kursteil unserer Tageszeitungen veröffentlicht wird. Der Kurswert wird in Prozent vom Nennwert festgestellt, wobei sich freilich die garantierte Verzinsung nicht auf den Kurswert, sondern den Nennwert bezieht.

Solange ein Anleger kein Interesse daran hat, seine Anleihe vor Ablauf des Tilgungszeitraums wieder zu verkaufen, braucht ihn der eigentliche Kurswert seiner Anleihe nicht zu interessieren. Am Ende der Laufzeit erhält er sein Geld zu »pari« (ital.: »gleich«) zurück, was besagt, daß der Rückzahlungskurs genau dem Nennwert der Anleihe entspricht.

Im anderen Fall aber ist der Kurswert der jeweiligen Anleihe von entscheidender Bedeutung. Hat der Anleger nämlich beispiels-

Abb. 8.2: Renditeberechnung von Anleihen

Rendite	Effektivverzinsung
$$r = \frac{a + \frac{d}{n}}{\frac{k + 100}{2}} \times 100$$ wobei gilt: r = Rendite a = jährliche Ausschüttung d = Differenz zwischen Nennwert und Kurswert n = Restlaufzeit in Jahren k = Kurswert des Wertpapiers $\frac{d}{n}$ = wird im Falle eines Disagios addiert, im Falle eines Agios subtrahiert!	Nominalzins + Rückzahlungsgewinn: (Anschaffungskurs : 100) = Effektivverzinsung *dabei gilt:* Rückzahlungsgewinn – (Rückzahlungskurs – Anschaffungskurs – An- und Verkaufsgebühren): Laufzeit *Beispiel:* a) Kaufkurs der Anleihe: 96 % b) Zinssatz 9 % c) Restlaufzeit 3 Jahre d) Rückzahlungskurs der Anleihe 100 % e) An- und Verkaufsgebühren auf 100 = 2,60 DM 9 + ([100 – 96 – 2,50] : 3) = 9,5 % Effektivverzinsung

weise eine zehn Jahre laufende zehnprozentige Anleihe mit einem Ausgabekurs von 100 gekauft und will sie nach fünf Jahren vorzeitig wieder veräußern, erhält er bei einem angenommenen Kurs von 95 auch nur 95 Prozent seines eingesetzten Kapitals zurück. Den über fünf Jahre vereinnahmten Zinsen von insgesamt 50 Prozent des Nominalbetrags steht also ein Kursverlust von 5 Prozent gegenüber, so daß sich die durchschnittlich erzielte Verzinsung ohne Berücksichtigung der jeweils anfallenden Kauf- und Verkaufsgebühren innerhalb dieser fünf Jahre von 10 auf in Wirklichkeit 9 Prozent reduziert (50 – 5 = 45 geteilt durch Anzahl der Jahre). Steht der Anleihekurs im angenommenen Fall hingegen bei 105, streicht der Börsianer neben den vereinnahmten Zinsen noch 5 Prozent Kursgewinn ein, so daß sich nach derselben Berechnung eine tatsächliche Verzinsung nicht von 10, sondern 11 Prozent ergibt.

Einstieg, wenn die Zinsen fallen

Der gewiefte Börsianer steigt erst dann in Anleihen ein, wenn er einen allgemeinen Kursanstieg auf dem Anleihemarkt erwarten kann. Die Kursentwicklung der Anleihe selbst hängt dabei von den möglichen Veränderungen in der Bonität des Schuldners, von der jeweiligen Restlaufzeit der Anleihe (Zeitraum zwischen Tag der Kursnotierung und Tilgungstermin), aber vor allem von der Entwicklung der jeweils erzielbaren Rendite am übrigen Kapitalmarkt ab.
Daß der Kurs einer Anleihe steigt, wenn die Zinsen am Kapitalmarkt fallen, und umgekehrt der Kurs fällt, wenn diese Zinsen steigen, ist ein nur auf den ersten Blick überraschender Sachverhalt. Klar wird dieser Zusammenhang, wenn man bedenkt, daß beispielsweise die oben aufgeführte Anleihe eine zehnprozentige Verzinsung auch dann noch verbürgt, wenn die Zinsen am Kapitalmarkt inzwischen rapide gefallen sind. Sind diese Zinsen

zum Beispiel bei 8 Prozent angelangt, hätte der Besitzer der Anleihe einen augenblicklichen Zinsvorteil gegenüber den übrigen, zum selben Zeitpunkt neu aufgelegten Anleihen von immerhin zwei Prozentpunkten.

Beträgt die Restlaufzeit der Anleihe nur ein Jahr, käme dem neuen Käufer dieser Vorteil lediglich einmal zugute: Er wird bereit sein, die Anleihe zu einem höheren Kurs zu erwerben als zu dem Kurs, den er nach einem Jahr bei Tilgung der Anleihe zum Nennwert zurückerhält. Dieser Kurs wird sich etwa in der Höhe bewegen, daß der Käufer bei Einrechnung des zu erwartenden Kursverlustes unterm Strich ungefähr die Rendite erzielt, die er beim Kauf vergleichbarer Anleihen ansetzen würde. Im angenommenen Fall könnte der Anleger also einen Kaufkurs von rein rechnerisch ungefähr 102 akzeptieren, wodurch er immer noch auf eine Rendite von 8 Prozent käme (Zinsen minus eingetretener Kursverlust im Verhältnis zum eingesetzten Kapital). In Wirklichkeit dürfte der Kurs im obigen Fall wegen der einzurechnenden und auf nur ein Jahr zu verteilenden Kaufgebühren usw. indessen weit unter 102 notieren.

Da sich solche Zinsvorteile nun aber bei einer längeren Restlaufzeit der Anleihe summieren, wird der Kurs um so höher sein, je länger diese Laufzeit ausfällt. Im obigen Beispiel könnte man bei einer Restlaufzeit von zehn statt einem Jahr von einem Kurswert der Anleihe von ungefähr 110 ausgehen. Ein Börsianer, der auf einen klar fallenden Zinstrend setzt, würde in einem solchen Fall also Anleihen kaufen, die eine möglichst lange Restlaufzeit besitzen, um nach Eintreffen dieser Entwicklung wieder zum Verkauf zu schreiten und neben den Zinsen auch noch die immensen Kursgewinne einzukassieren. Läuft die Entwicklung allerdings in die entgegengesetzte Richtung, steigen also die Zinsen am Kapitalmarkt, muß er entsprechend – freilich nur bei vorzeitigem Verkauf der Anleihe – auch überproportionale Verluste hinnehmen.

Fremdwährungsanleihen: Das Währungsrisiko ist schwer kalkulierbar

Wie am Aktienmarkt können Sie am Anleihemarkt natürlich auch ausländische Titel erwerben, sogenannte Fremdwährungsanleihen. Häufig bieten diese Papiere eine erheblich bessere Verzinsung als Anleihen inländischer Schuldner. Allerdings sollte sich der kritische Börsianer immer auch das Risiko vor Augen halten, das er bei Veränderungen der Währungsrelationen zwischen seiner eigenen und der ausländischen Währung eingeht. Insbesondere sollte er hier die allgemeine wirtschaftliche Lage im Fremdwährungsland, die dort vorherrschende Zinsentwicklung, aber auch die bestehenden Geldentwertungsraten bedenken. Früher oder später nämlich werden sich an den Devisenmärkten diese Unterschiede zum eigenen Land in einer Veränderung der Währungsrelationen niederschlagen. Bei einer starken oder gar aufwertungsverdächtigen Inlandswährung ist der Vorteil, den man kurzfristig über den Kauf einer hochverzinslichen Auslandsanleihe erzielt, daher möglicherweise schnell aufgezehrt.

Edelmetalle: langfristig glänzend?

Damit hatte nun wirklich kaum jemand ernsthaft gerechnet: Auf dem Höhepunkt jener krisengeschüttelten Börsentage zwischen dem 13. und 19. Oktober 1987 machte der als krisensicher par excellence geltende Wert nur eben mal einen kleinen Hüpfer nach oben, gewann in den beiden folgenden Monaten gerade noch 5 Prozent hinzu, um ein Vierteljahr später von diesem Höhepunkt aus beinahe 15 Prozent wieder an Wert zu verlieren – das Gold. Noch ärger allerdings traf es jene seit Mitte 1986 auf einen weltweiten Zinsanstieg und eine damit möglicherweise einhergehende Rezession spekulierenden Börsianer. Sie hatten sich auf

gutes Zureden ihrer geschäftigen Anlageberater im Laufe der Zeit zum Teil bis über die Halskrause hinaus mit Goldminenaktien eingedeckt und seit Anfang 1987 vergeblich auf einen Durchbruch dieses edlen Metalls durch die 500-Dollar-Marke (pro Feinunze) gewartet. Nun mußten sie mit ansehen, wie ihre doch als so krisenfest angepriesenen Werte in den Tagen des »Finale Furioso« im Durchschnitt nicht weniger als alle anderen Aktien verfielen; ja, der Kursverlust einzelner, in den Wochen und Monaten zuvor von den »Goldgurus« selbst renommiertester Bankinstitute hochgejubelter Werte ging nicht selten über 50 und 60 Prozent innerhalb weniger Wochen hinaus.
Diese Entwicklung macht deutlich, daß ein Zusammenhang zwischen dem Auftreten einer allgemeinen wirtschaftlich-politischen Krise und einer über eine Krisenpsychose ausgelösten Flucht ins gelbe Metall mit entsprechenden Preisschüben heute offenbar nicht mehr zwangsläufig hergestellt werden kann. Solange Minenunternehmen in Anbetracht erwarteter Preissteigerungen ihre Kapazitäten kontinuierlich erweitern, solange Förderländer gerade in Zeiten einer wirtschaftlichen Krise über den Verkauf von Beständen eigene Schwierigkeiten abzumildern versuchen, solange schließlich der Gefahr einer Weltrezession eher mit sinkenden als mit steigenden Zinsen zu begegnen versucht wird – so lange bestehen auch nur wenige Aussichten, daß sich der seit Ende der siebziger Jahre zu beobachtende Preisverfall beim Gold wie beim Silber ins Gegenteil verkehrt. Hier wie dort sollte der Börsianer auch die charttechnische Seite der Preisentwicklung nie aus dem Auge verlieren; und danach hätte Gold heute bei einer Bodenbildung um 300 US-Dollar/Feinunze in der Tat ein gewisses Potential nach oben. Doch mittel- bis langfristig betrachtet, bieten die Edelmetalle unter Renditegesichtspunkten selbst auf diesem Niveau kaum bessere Chancen als die herkömmliche Anlage von Geldern in festverzinslichen Wertpapieren.
Am wenigsten noch lohnt sich der Kauf von physischem Material. Beim Wiederverkauf nämlich prüfen die Experten der Bank

Abb. 8.3: Goldpreisentwicklung November 1995 bis Oktober 1997

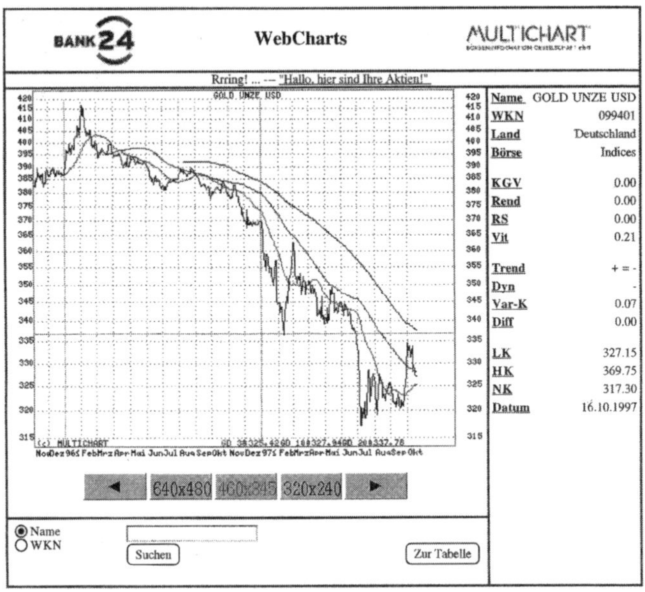

Quelle: MULTICHART Börseninformation Gesellschaft mbH

ganz genau den Zustand Ihres Materials. Ist es auch nur an einer winzigen Stelle verkratzt oder zeigt Spuren anderer äußerer Einwirkungen, müssen Sie mit zum Teil drastischen Preisabschlägen rechnen.

Berücksichtigen Sie die Dollarabhängigkeit

Wer einen Teil seines Vermögens unbedingt in Gold anlegen will oder mit Edelmetallen gar in spekulativer Absicht hantiert, sollte statt des Erwerbs physischer Ware die Einrichtung eines Edelmetallkontos über seine Bank in Luxemburg vornehmen lassen. Neben den geringeren Kontogebühren haben Sie auf

diese Weise jederzeit die Möglichkeit, ihren Bestand je nach aktueller, manchmal sogar an einem einzigen Tag ganz erheblich schwankender Preisentwicklung aufzustocken oder zu veräußern. Allerdings müssen auch in diesem Fall die Preise schon ganz schön in die Höhe gehen, damit Sie unterm Strich auch wirklich verdienen. Denn zwischen Nachfrage- und Angebotskurs, die Ihnen bei Bedarf Ihr Edelmetallhändler in Luxemburg stellt, klafft mitunter doch eine ganz erhebliche Lücke.
Anders als beim Gold ist die Preisentwicklung beim Silber weit weniger von spekulativen als von wirtschaftlichen Faktoren abhängig. Silber wird wie die beiden anderen wichtigen Edelmetalle Platin und Palladium in vielen Wirtschaftsbetrieben als technisches Hilfsmittel benötigt. Verändern sich die ökonomischen Aussichten der entsprechenden Branchen etwa im Zuge einer Rezession, muß auch mit einem Preisverfall bei diesen Metallen gerechnet werden.
Der größte Unsicherheitsfaktor bei der Spekulation oder Anlage in Edelmetallen ist indessen die eigene Währung. Weltweit wird der Goldpreis in erster Linie in US-Dollar je Feinunze (= 31,1035 Gramm) gemessen. Wenn der Goldpreis in US-Dollar also um 10 Prozent steigt, würden Sie als deutscher Anleger keinen Gewinn mit Ihrem Engagement erzielen, falls im selben Zeitraum der Wert der DM gegenüber dem Dollar um eben diesen Prozentsatz fällt. Erst bei gleichbleibenden Währungsverhältnissen oder gar einem Anstieg des DM-Kurses gegenüber dem Dollar, ginge Ihre Spekulation auf.

Minenaktien sind nicht vorm Crash gefeit

Unter dem Gesichtspunkt der sicheren Geldanlage bieten Minenaktien kein geringeres Risiko als andere Aktien. Im Gegenteil sind sie im allgemeinen sehr volatil, was besagt, daß ihre Kurse sehr viel größeren Schwankungen ausgesetzt sind als andere Aktien und auch die Edelmetallpreise selbst. Manchmal laufen diese Aktien den Edelmetallpreisen vorweg – dann ist Vorsicht geboten; ein anderes Mal hinken sie ihnen hinterher, so daß ein Einstieg chancenreich bleibt.

Bewerten sollten Sie diese Aktien grundsätzlich nach denselben Verfahren, die wir im Zusammenhang mit der Bewertung von Aktien überhaupt kennengelernt haben. Doch die Zahlen und die Zukunftsaussichten, die man Ihnen hier präsentiert, sollten Sie mit allergrößter Skepsis aufnehmen. Die Ertragsentwicklung einer Mine hängt von so vielen, zum Teil völlig unwägbaren Faktoren ab, daß manche schon von Goldgruben geredet und Minengesellschaften gegründet haben, noch ehe der erste Spatenstich getan worden ist. Gerade bei den sogenannten Junior-Minen ist deshalb größte Vorsicht geboten, solange man nicht sicher sein kann, daß die Ausbeutung dieser Minen auch hält, was die übereifrigen Kapitalmanager dieser Gesellschaften den potentiellen Anteilseignern, ohne rot zu werden, versprechen …

Financial Times Gold Mines Index: Entwicklung 1994 bis 1997

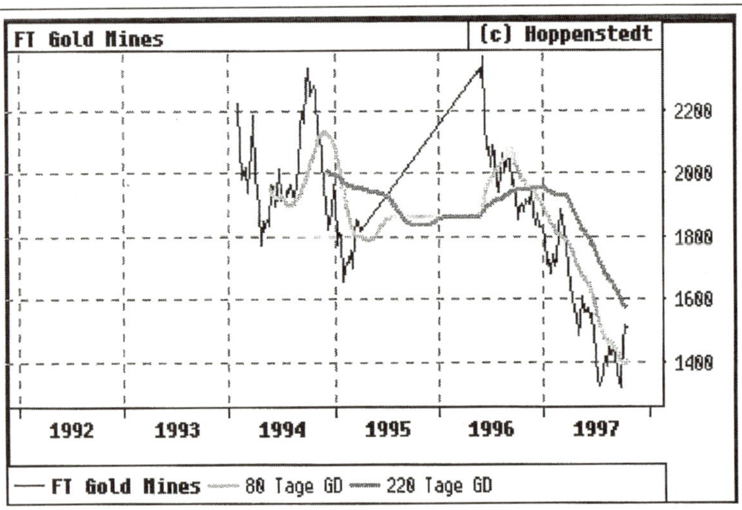

9 Mit Durchblick in die Offensive: Gewinnstrategien für Einsteiger

Selbst im Roulette ist diese Regel allgemein anerkannt: Wer mit geschlossenen Augen ohne jedes System auf ein x-beliebiges Feld setzt, zählt zwar das eine oder andere Mal zu den Gewinnern – auf die Dauer wird er aber gegen die Logik des Spiels immer verlieren.
In diesem Punkt stimmt die Spekulation an der Börse mit dem Roulettespiel durchaus überein. Wer blindlings allein auf die vielzähligen, selbst in einer Baisse unaufhörlich an den Anleger herangetragenen Tips und Gewinnchancen vertraut und sein Börsenengagement ohne jegliche Strategie betreibt, wird trotz zwischenzeitlich immer wieder möglicher Erfolge am Ende zu den Verlierern gehören.
Ein guter Börsianer muß seine Entscheidungen für den Kauf oder Verkauf eines einzelnen Wertes nicht nur mit Blick auf diesen Einzelwert treffen, sondern immer auch unter Berücksichtigung der übrigen in seinem Depot befindlichen Werte. Die Zusammensetzung seines Portefeuilles, die von Zeit zu Zeit auf dem Hintergrund des sich verändernden wirtschaftlichen und politischen Umfelds kritisch im Auge behalten und möglicherweise neuen Situationen angepaßt werden muß, entscheidet letztlich über seinen Börsenerfolg. Nicht was ein einzelner Wert das eine oder andere Mal an Gewinnen oder Verlusten einbringt, ist entscheidend, sondern allein das, was insgesamt über einen mittleren und längeren Zeitraum unterm Strich an Gewinnen übrigbleibt.

Die richtige Mischung ist der halbe Erfolg

Immer wieder wird es dabei darum gehen, den Aufbau – der Fachmann redet von der »Struktur« – des eigenen Portefeuilles so zu steuern, daß mögliche Verlustrisiken minimiert und Gewinnchancen maximiert werden. Da Risiken und Chancen an der Börse in der Regel einander bedingen, läuft eine richtige Strategie also auf eine ausgewogene Mischung zwischen risikoreicheren und damit gewinnträchtigeren und risikoärmeren und damit weniger gewinnträchtigen Anlagen hinaus, je nach Börsensituation kann sie unterschiedlich ausfallen.
Am besten geht man beim Aufbau seines Portefeuilles zunächst von den verschiedenen Graden der Sicherheit der einzelnen Anlageformen aus und legt den ungefähren prozentualen Anteil dieser einzelnen Formen am Gesamtdepot fest. Grundsätzlich gilt: Ein aufwärts gerichteter Trend läßt ein höheres, ein abwärts gerichteter ein geringeres Risiko zu.

Die Defensivstrategie

Wie Sie aus früheren Kapiteln bereits gesehen haben, rangieren Rentenpapiere (Anleihen, Obligationen usw.) und Investmentanteile auf solche Renten an oberster Stelle dieser Sicherheitsskala. Unter den Renten besitzen wiederum die mit längerer Restlaufzeit ein größeres Risiko, sofern mit einem nach oben gerichteten Zinstrend gerechnet und ein möglicher vorzeitiger Verkauf der Papiere einkalkuliert werden muß.
Unabhängig von dieser Laufzeit müssen ausländische Renten im Vergleich zu Inlandspapieren wegen der zu berücksichtigenden möglichen Währungsverschiebungen als risikoreicher eingestuft werden, wobei allerdings das jeweilige Zinsgefälle zwischen dem eigenen und dem Fremdwährungsland dieses Risiko bis zu einem gewissen Grad abmildern kann.

Eine defensive Anlagestrategie, wie sie in unübersichtlichen Börsenzeiten oder einem wirtschaftlich ungünstigen konjunkturellen Umfeld angesagt ist, wird unter diesen Gesichtspunkten den Rentenanteil am Depot mehr oder weniger stark übergewichten. Es empfiehlt sich jedoch, diese Gewichtung in dem Maße zugunsten eines höheren Kassenbestandes abzubauen, wie sich das wirtschaftliche und politische Umfeld und die daraus resultierenden Ertragsaussichten der Unternehmen wieder zu bessern verspricht. In diesem Fall wäre dann ein Umstieg in die risikoreichere Anlageform »Aktien« ohne weiteres möglich. So man größere Summen für solche Zwecke als Kassenbestand vorhält, sollte man vielleicht auch eine sehr kurzfristige Festgeldanlage erwägen, wenn die angebotenen Zinsen dies sinnvoll erscheinen lassen.

Ein Abbau des Rentenanteils oder eine Umschichtung dieses Anteils auf Papiere mit kurzen Restlaufzeiten ist ebenfalls angesagt, wenn eine mögliche Umkehr des Zinstrends nach oben zu gegenwärtigen ist und es auf diese Weise zu entsprechenden Kursverlusten vor allem bei langläufigen Papieren kommen dürfte.

Doch auch in einem defensiv geführten Depot muß nicht ganz auf eine Anlage in Aktien verzichtet werden. Der ruhige Schlaf des Börsianers wird durch ein solches Engagement nicht unbedingt gestört. So könnte man sich zum Beispiel an solchen Werten orientieren, die eine besonders hohe Dividendenrendite besitzen, und dahinter die Forderung nach möglichst großer Kursphantasie eine Weile zurücktreten lassen.

Eine ungefähre Aufteilung dieses Depots könnte also etwa folgendermaßen aussehen: 40 Prozent Anleihen Inland; 20 Prozent hochrentierliche Anleihen Ausland; 10 bis 20 Prozent Aktien Inland; 10 Prozent Aktien Ausland; keine Optionsscheine oder Optionen; 20 Prozent Kassenbestand.

Die Offensivstrategie

In einem offensiv, gar aggressiv strukturierten Portefeuille werden Rentenpapiere, wenn sie denn überhaupt vorkommen, in erster Linie unter spekulativen Gesichtspunkten erscheinen. Bei voraussichtlich fallendem Zinstrend und einer womöglichen zusätzlichen Aufwertungstendenz im Fremdwährungsland wird man in diesem Fall Anleihen mit langer Laufzeit bevorzugen wollen, um vom erwartbaren Kursanstieg bei den Renten überproportional zu profitieren.
Der eigentliche Schwerpunkt eines solchen Portfolios aber liegt auf den Aktien und möglicherweise auf Optionsscheinen.
Entgegen landläufiger Meinung ist dabei eine Beschränkung der Aktienwerte nur auf den inländischen Markt eher mit einem größeren als mit einem geringeren Risiko verbunden. Eine internationale Streuung der einzelnen Aktienwerte bietet neben der Diversifizierung nach Aktien und Branchen mithin sowohl eine größere Anlagesicherheit als auch eine höhere Gewinnmöglichkeit.
Wenn eindeutige Zeichen für einen allgemeinen Wirtschaftsaufschwung vorhanden sind oder man sich erst am Anfang einer soliden Hausse befindet, sollte ein Börsianer durchaus aus der Offensive agieren. Bei einer gut fundierten positiven Einschätzung eines Aktienwertes spricht auch nichts gegen eine Bevorzugung der Optionsscheine dieses Wertes gegenüber den Aktien. Mit einem Teil seines Depots kann sich der erfahrenere Börsianer dann das eine oder andere Mal auch an den Kauf von Kaufoptionen an der Deutschen Terminbörse heranwagen oder besser noch DAX®-Optionen auf einem steigenden Markt erwerben.
Der Liquiditätsanteil eines spekulativen Depots liegt idealerweise immer bei etwa 25 Prozent der Depotgröße. Mit einer solchen Summe könnte man bei einem unvorhergesehen vorübergehenden Kursverfall eines Wertes durch den Nachkauf seinen

Einstieg in die Aktie verbilligen und bliebe zudem für anderweitige, sich plötzlich als günstig erweisende Transaktionen liquide.
Eine ungefähre Aufteilung dieses Depots könnte also etwa folgendermaßen aussehen: 20 Prozent Anleihen; 30 Prozent Aktien Inland; 10 Prozent Aktien Ausland; 10 Prozent Optionsscheine; 5 Prozent Optionen; 25 Prozent Kassenbestand.

Die goldene Mitte

Als Einsteiger dürften Sie bei einem intakten Aufwärtstrend an den Börsen mit einer Struktur mittleren Risikos am erfolgreichsten sein. Hier wie in den obigen Beispielen sollte man die angegebenen prozentualen Gewichtungen freilich immer nur als grobe Leitlinien betrachten – ohne sie allerdings je völlig aus dem Auge zu verlieren.
Wenn Sie acht bis zehn, maximal zwölf Werte anhand solcher Gewichtungen auf mittlere Sicht einigermaßen im Gleichgewicht halten, haben Sie die besten Chancen, auch über den Tag hinaus zu gewinnen. Mehr als diese Anzahl können Sie auch kaum regelmäßig verfolgen, ohne dabei größere Fehler zu machen.
Selbst nicht im (scheinbar) eindeutigsten Fall sollten Sie auf eine solche oder ähnliche Aufteilung Ihres Depots verzichten und Ihr Geld nur auf eine einzige Karte setzen: nie auf einen einzigen Aktienwert, nie auf eine einzige Branche, nie auf ein einziges Land, nie auf eine einzige Anlageart und nie auf einen einzigen Börsentrend. Erst eine bewußte Diversifizierung nach all diesen Gesichtspunkten schafft ein vernünftiges Verhältnis zwischen den Risiken und Chancen der Spekulation. Dabei ist die Vermeidung unkalkulierbarer Risiken der erste und beste Weg, erfolgreich zu sein.

Trading: schnelle Geschäfte für Nervenstarke

Daß der, der den Pfennig nicht ehrt, eigentlich auch des Talers nicht wert sei, gilt als eine bewährte Lebensweisheit. Einige Börsianer erheben diese Erkenntnis geradezu zum Prinzip: Statt sich in einer Aktie oder einem Optionsschein auf mittlere bis längere Sicht zu engagieren, halten sie ihre Papiere nur über einen kurzen Zeitraum von Tagen und Wochen, steigen aus dem einen Wert aus, wenn er die größten Kursavancen hinter sich oder einen bestimmten, womöglich nur minimalen Gewinn eingebracht hat, um bei nächster Gelegenheit für einen ebenso kurzen Zeitraum in einen anderen, vielversprechenderen Wert umzusteigen.
Mancher hat mit dieser Strategie, die eine hohe Flexibilität und einen ebenso hohen Informationsgrad des Anlegers erforderlich macht, schon beachtliche Erfolge erzielt. Es soll sogar Börsianer geben, die ein solches – in der Fachsprache auch »Trading« genanntes – Verhalten mit bestimmten, standardisierten Gewinnmargen (etwa 5, 10 oder 20 Prozent) koppeln und ihre Werte bei Erreichen dieser Fixpunkte nach Art eines Programmhändlers ohne weitere Bedenken automatisch veräußern.
Daß diese Rechnung vor allem in einem insgesamt nach unten gerichteten Börsentrend nicht aufgeht und erhebliche Aktivitäten seitens des Anlegers voraussetzt, versteht sich von selbst. Sie eignet sich nur in den seltensten Fällen als Strategie für einen Einsteiger. Lernen kann man aber von solchen »Gewinnjägern«, die ein Engagement am liebsten kaum über einen Tag hinaus halten mögen, daß die schnelle Umschichtung eines Portefeuilles in bestimmten Börsensituationen ein recht lohnendes Geschäft sein kann.

Wer den Pfennig nicht ehrt ...

Die Grundüberlegung des Traders geht von der ebenso einfachen wie einleuchtenden Erfahrungstatsache aus, daß unter normalen Bedingungen ein Wert, dem man allgemein ein hohes Kurspotential zubilligt, zumindest einen kleineren Teil des erwartbaren Anstiegs mit einiger Wahrscheinlichkeit aufweisen dürfte. Nicht die maximale, im Laufe eines fortgesetzten Kursanstiegs mit immer höheren Risiken erkaufte Gewinnchance steht dabei im Vordergrund seiner Strategie, sondern der sicherere, wenn auch »kleinere« schnelle Gewinn. Viele Pfennige ergeben zusammengenommen eben auch eine Mark.
Der besondere Vorteil dieser Strategie ergibt sich aus der relativen Unabhängigkeit des Spekulanten vom großen Gesamttrend. Denn Tradingmöglichkeiten gibt es sowohl in der Hausse wie in der Baisse als auch in einem insgesamt seitwärts gerichteten Markt. Schaukelbörsen, die überhaupt keinen klaren Trend erkennen lassen, gehören daher eher zum Lebenselixier des eingefleischten Traders. Entscheidender als die stetige Aufwärtsentwicklung einer Aktie ist für den Trader daher die Schwankungsbreite ihrer Kursentwicklung, die sogenannte Volatilität. Je häufiger, regelmäßiger und stärker diese Kursausschläge innerhalb eines erkennbar werdenden Gesamttrends ausfallen, desto größere Chancen hat er, daran zu verdienen: Er steigt im unteren Bereich des Trendkanals ein, im oberen wieder aus – ganz gleich im Prinzip, ob der Gesamttrend langfristig nach oben oder unten verläuft.

Typische Möglichkeiten

Um eine günstige Tradingmöglichkeit zu erkennen, bedarf es ein wenig Gespür für die natürliche Bewegung des Marktes. Im Prinzip geht es fast immer darum, Informationen, über die man

verfügt, mit einem gewissen, wenn auch nur kleinen zeitlichen Vorsprung vor den anderen Marktteilnehmern in ihren Auswirkungen auf Wirtschaft und Börse einzuschätzen und in eine schnelle Kauf- oder Verkaufsentscheidung umzumünzen. Dabei lassen sich Situationen, die eher von fundamentalen Daten bestimmt sind, von anderen, eher technisch bedingten Konstellationen unterscheiden.
Wenn beispielsweise jemand erfährt, daß bei einer Aktiengesellschaft aufgrund günstiger Geschäftsentwicklungen mit einer (vielleicht gar massiven) Erhöhung der Dividende zu rechnen ist, kann er unter normalen Umständen damit rechnen, daß die Börse darauf positiv reagiert. Gelingt es ihm, auch nur einen Tag früher als viele andere in den entsprechenden Wert einzusteigen, kann er womöglich schon nach zwei, drei Tagen die ersten soliden Gewinne einfahren. Und während andere womöglich schon wieder darüber grübeln, ob angesichts der erwarteten Dividendenerhöhung der inzwischen erreichte Kursanstieg überhaupt noch einen weiteren Einstieg rechtfertigen kann, hat unser Trader schon längst wieder seine Papiere veräußert und sitzt schon in den Startlöchern für die nächste kurzfristige Operation.
Ähnliche Konstellationen für schnelle Geschäfte ergeben sich etwa bei zur Veröffentlichung anstehenden Nachrichten über unerwartet günstige Ertragsaussichten eines Unternehmens, über den Abschluß eines großen, die Produktion über Monate hinaus sichernden Auftrags, über die gelungene Entwicklung neuer, zukunftsweisender Verfahrenstechniken, über den Aufkauf der eigenen Aktien durch fremde Großaktionäre oder die Übernahme eines anderen vielversprechenden Unternehmens durch das Haus. Wenn auch nur ein größerer Teil der Börsianer auf solche oder ähnliche positive Meldungen über wenige Tage mit Kaufaufträgen reagiert, rechtfertigt dies mitunter ein Trading selbst dann, wenn es sich bei den verbreiteten Informationen möglicherweise nur um unbestätigte Nachrichten handelt.

Als kritischer Börsianer sollten Sie allerdings immer sehr genau darauf achten, von wem Sie dieses »Insiderwissen« tatsächlich bekommen und ob nicht der, der es verbreitet, ein bestimmtes Interesse an dieser Verbreitung und an Ihrem Einstieg in diesen Wert hat.

Andere, mindestens ebenso vielversprechende Tradingmöglichkeiten lassen sich aus der allgemeinen Markttechnik gewinnen. Kommt es beispielsweise aufgrund eines guten Geschäftsberichts eines Unternehmens wie Bayer zu einem anhaltenden Kursaufschwung dieser Aktie, kann man einigermaßen sicher sein, daß über kurz oder lang auch die anderen Aktien derselben Branche davon profitieren. Die Analysten sprechen in einem solchen Fall vom Nachholbedarf der übrigen Werte. Er resultiert aus der Annahme eines ungefähren Gleichschritts in der Geschäftsentwicklung derselben Branche, die wiederum eine relativ gleiche Entwicklung der Aktienkurse rechtfertigen würde. Ein Trader würde also nach wenigen Tagen bereits aus den »gelaufenen« Werten der jeweiligen Branche aussteigen, um in die Werte mit dem noch bestehenden und womöglich bald ausgeglichenen Nachholbedarf überzuwechseln.

Auf ähnliche Weise wird in regelmäßigen Abständen immer wieder versucht, einen Nachholbedarf zwischen den Standardwerten und den Nebenwerten einer Börse auszumachen, zwischen dem internationalen Börsentrend und der hinterherhinkenden Entwicklung eines nationalen zurückgebliebenen Marktes. Wer hier rechtzeitig auf die neuen Favoriten umschwenkt, ehe die großen Investoren solche Ungleichgewichte tatsächlich entdecken und ihre eigene Strategie danach ausrichten, kann viel gewinnen.

Ein anderes, vorzüglich für Tradingchancen nutzbar zu machendes Phänomen ist die Tatsache der sogenannten Gruppenrotation. Das eine Mal sind Aktien der Chemiebranche besonders gefragt, das andere Mal der Elektronindustrie, eine Zeitlang kauft alles Konsumwerte, ein anderes Mal Aktien der exportintensiven Automobilindustrie usw. Stößt man in dem einen Sektor an eine vorläufige Grenze der Kursentwicklung, werden häufig schnell die Favoriten gewechselt. Ein Börsianer, der ein Gespür dafür hat, welche Branche als nächste dran ist, wird hier agieren, bevor andere reagieren, und mit dieser Strategie den anderen immer um eine Nasenlänge voraus sein können.

Denken um mehrere Ecken

Für den eingefleischten Trader ist auch das Denken um mehrere Ecken ein lohnendes Unterfangen. Wenn man nur einige wenige Sachverhalte in ihren wirtschaftlichen und politischen Auswirkungen richtig einzuschätzen versteht, kommt man zu einer Vielzahl immer wiederkehrender, beliebig vermehrbarer Muster etwa der folgenden Art:

- Geht Gold, laufen auch Minenaktien.
- Geht Öl, laufen auch Ölwerte.
- Geht die Autoindustrie, laufen auch die Zulieferbetriebe.
- Steigt der Dollar, hat die Exportindustrie gute Chancen.
- Fallen die Zinsen, kommt dies der Konjunktur zugute.

Häufig dauert es erst eine Weile, bis sich im Markt solche Zusammenhänge im Bewußtsein der Masse der Börsianer durchsetzen und der Markt auf Veränderungen des einen oder anderen Datums reagiert. Das ist dann wiederum eine gute Gelegenheit für ein Trading, denn auf die Dauer wird der Markt Veränderungen in den fundamentalen Daten nicht ignorieren, wenn sie denn für die Ergebnisentwicklung eines Industriezweiges oder die Gesamtentwicklung der Konjunktur so entscheidend sein sollen.

Freilich sind solche »kurzen Schlüsse« nicht zwangsläufig gültig. Der Trader muß wissen, daß es auch hier keine Regel ohne Ausnahme gibt und ein insgesamt vorherrschender Trend von einer einzigen guten oder schlechten Nachricht nur dann umgekehrt wird, wenn auch die übrige Börsenpsychologie danach ist.

Kalkulieren Sie Gebühren und Steuern ein

Zweierlei sollte ein strenger Trader ohnehin nie aus den Augen verlieren. Erstens muß er, da sein Engagement kurzfristiger Natur ist und in der Regel nie länger als ein halbes Jahr andauert, seine Gewinne versteuern. Das kann bei großen Transaktionen und entsprechenden Erfolgen je nach dem individuell gültigen Einkommensteuersatz schon einmal die erzielten Gewinne um 50 Prozent reduzieren. Hier wäre zu überlegen, ob nicht eine mittelfristige, über die Spekulationsfrist hinausgehende Anlage in der Regel erfolgreicher wäre oder es andere legale Möglichkeiten gibt, dem Finanzamt ein Schnippchen zu schlagen.
Sodann können bei häufigem Trading auch die Abwicklungsgebühren die Gewinne ganz schön dezimieren. Bei einem hierzulande mit insgesamt fast 3 Prozent zu Buche schlagenden Gebührenanteil für die Abwicklung einer Kauf-und-Verkaufs-Transaktion muß der Kurs schon wenigstens um 8 bis 10 Prozent steigen, damit überhaupt ein akzeptabler Überschuß bleibt. Bei Auslandsgeschäften und Notierungen, bei denen zwischen dem An- und Verkauf eines Wertpapiers ein sogenannter »Spread« (Differenz zwischen gestelltem An- und Verkaufskurs) entsteht, hätte man mit 10 Prozent Kursanstieg vielleicht sogar gerade erst die Gewinnzone erreicht. Auf ein Trading unter solchen Bedingungen sollte man daher besser verzichten.

Neuemissionen: So stechen Sie die Profis aus

Neuemissionen von Aktien und Optionsanleihen waren in den achtziger Jahren ausgesprochen süße Früchte für jeden strate-

**Abb. 9.1: Neuemission T-Aktie: 20 % Kursgewinn für die Zeichner schon am ersten Tag
Neuemission SGL Carbon: 400 % Kursgewinn in knapp 3 Jahren**

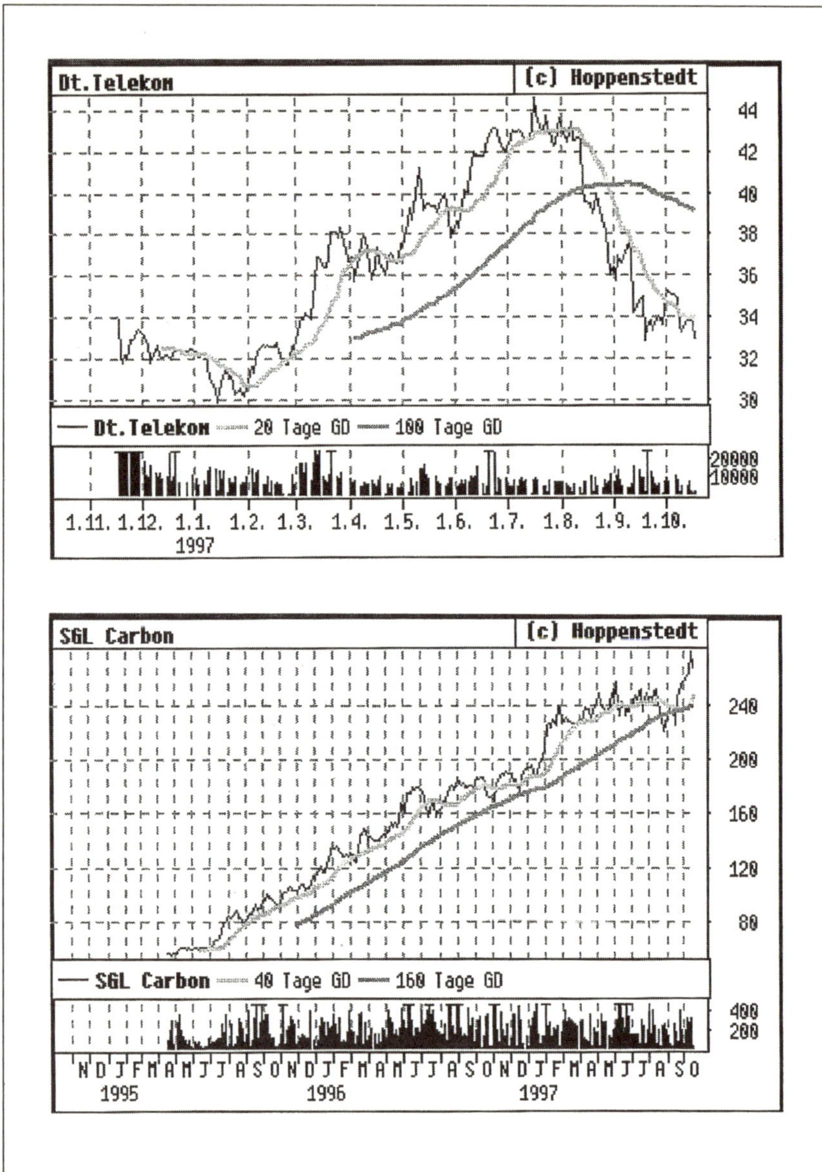

gisch geschulten Börsianer. Die Mechanismen und Zwänge, die mit der Heranführung eines neuen Unternehmens an die Börse oder der Ausgabe einer Optionsanleihe verbunden sind, haben ihm häufig Spekulationsmöglichkeiten beschert, wie sie der normale Durchschnittsanleger nicht einmal erahnt.
Hier bewahrheitet sich deutlich, was im Verlauf dieses Buches immer wieder herausgestellt wurde: Erfolgreich ist der an der Börse, der die Marktmechanismen durchschaut und gelernt hat, um mehrere Ecken zu denken. Im Zusammenhang mit Neuemissionen kann dies so weit gehen, daß dem Börsianer schon Geld in der Kasse klingelt, bevor er auch nur eine Mark auf den Tisch gelegt hat. Gewinnen, noch bevor man überhaupt für seinen Einsatz bezahlt – das klingt gerade angesichts der ansonsten im Börsengeschäft vorherrschenden, eher strengen Abrechnungsregeln für die meisten wie eine Chimäre.

Aktienemissionen

Bei einer Aktienneuemission wie kürzlich die der Telekom erhält der Anleger die Möglichkeit, sich zu einem festgelegten Preis – dem Ausgabepreis bzw. Emissionskurs – an einem bis dahin nicht an der Börse notierten Unternehmen zu beteiligen. Das Konsortium – das ist die Bank oder Bankengruppe, die die Neuemission durchführt – legt diesen Ausgabepreis auf der Basis der bisherigen und der für die Zukunft erwarteten Ertragssituation des Unternehmens fest. Dabei ist man bestrebt, den Preis so zu bemessen, daß er den Interessen des neuen Unternehmens an einer reibungslosen Unterbringung (Plazierung) der Aktien und einem angemessenen, nicht zu niedrigen Preis und den Interessen des Anlegers am Erwerb von Aktien mit gutem Kurs- und Gewinnpotential entgegenkommt. Während der Zeichnungsfrist kann der Anleger eine bestimmte Stückzahl dieser Aktien über seine Bank zeichnen. Viele Neuemissionen

waren in den achtziger Jahren aber so begehrt, daß die zur Verfügung stehenden Stücke nicht ausreichten, um alle Interessenten zu bedienen. Häufig wurde und wird die Zeichnungsfrist daher schon nach wenigen Stunden oder Tagen vorzeitig abgebrochen, und nur jene Anleger, die ein Konto bei der emissionsführenden Bank haben oder anderweitige »besondere Beziehungen« dorthin unterhalten, kommen in den Genuß der Zuteilung. Aber auch dann muß man sich nicht selten mit einem Bruchteil der tatsächlich gezeichneten Stücke zufriedengeben – ohne daß man von den Banken in der Regel genau erfährt, nach welchen Kriterien denn nun eigentlich die Zuteilung auf die verschiedenen Anleger erfolgt ist. Es dürfte einige Herren auf der höheren Ebene des Bankmanagements geben, die sich in den goldenen Jahren der Emissionstätigkeit eine ebenso goldene Nase verdient haben – wie gesagt, ohne jegliches Risiko.
Besonders gewitzte Börsianer, die über genügend Kapital verfügen, halten aus den zuletzt genannten Gründen bei den verschiedenen federführenden Großbanken oder deren selbständigen regionalen Zweigstellen zumindest kleinere Depotkonten, um im Falle des Falles auf eine insgesamt zufriedenstellende Zuteilungsquote zu kommen.
Einige Tage nach der erfolgten Zuteilung beginnt dann der eigentliche Börsenhandel mit der »neuen Aktie«. Je attraktiver nun das Unternehmen und der Emissionskurs erscheinen, desto eher sind jene Börsianer, die bei der Zeichnung nicht zum Zuge gekommen sind, bereit, auch noch in den ersten Handelstagen zu höheren Kursen einzusteigen. Das kann den Kurs in diesen Tagen so in die Höhe reißen, daß es sich für den Erstzeichner bereits lohnt, seine Papiere gleich wieder zu veräußern. Da andererseits auch die konsortialführenden Banken – nicht zuletzt aus Gründen ihres eigenen Renommees – daran interessiert sind, den Aktienkurs mindestens eine Zeitlang über dem Ausgabepreis zu halten, und also bei Bedarf diesen Kurs »pflegen« werden, ist ein kurzfristiges Investment, wenn denn der Ausgabe-

preis stimmt, häufig ein sehr lohnendes Geschäft. Leider muß man aber zugeben, daß der Run auf Neuemissionen in den letzten Jahren stark nachgelassen hat. Ein Grund dürfte darin liegen, daß die Banken die Emissionspreise häufig derart hoch angesetzt haben, daß man die Aktie auf mittlere Sicht bereits als ausgereizt einstufen kann.

Verdienen ohne Geldeinsatz

Ein besonderes Bonbon ergibt sich in manchen Fällen aus der Möglichkeit, Neuemissionen auch schon vor der ersten Börsennotiz »per Erscheinen« handeln zu können. Dieser Handel findet außerbörslich auf dem sogenannten grauen Markt statt und unterliegt daher nicht den sonst strengen Bestimmungen der Börsenaufsicht.
Wenn die Einschätzung des Kurspotentials der neuen Aktien es geraten erscheinen läßt, spricht für den erfahreneren Börsianer nichts dagegen, sich an solchen bis zur endgültigen Abrechnung quasi kostenlosen Spekulationen gelegentlich zu beteiligen. Meistens muß der Anleger aber bei der Bank eine Erklärung des Inhalts unterschreiben, die aufgegebenen Stücke nicht vor der erfolgten Abrechnung wieder zum Verkauf stellen »zu wollen«. Sie sollten sich von einer solchen Unterschrift aber nicht davon abhalten lassen, die per Erscheinen erworbenen Papiere dennoch zu verkaufen, wenn Ihnen ein Verkauf vor der Rechnungslegung günstig erscheint. Auch in diesem Fall verletzen Sie ja keineswegs die durch die Unterschrift eingegangene »Verpflichtung«, insofern Sie keineswegs zugesagt hatten, daß die Stücke nicht verkauft »werden«, sondern nur, daß Sie zum Zeitpunkt der Unterschriftsleistung nicht die Absicht hatten, sie vorzeitig veräußern »zu wollen«. Es dürfte im übrigen ohnehin kaum eine Bank geben, die unter Hinweis auf eine solche Er-

klärung dem Kunden das Verkaufsrecht wirklich streitig gemacht hätte.
Wie in Aktien, so kann ein Handel per Erscheinen grundsätzlich natürlich auch bei der Emission anderer Wertpapiere vorkommen. Besonders beliebt ist dieser Handel bei der Ausgabe von Optionsanleihen und der ihnen zugehörigen Optionsscheine. So war es 1987 zum Beispiel möglich, auf diese Weise den Optionsschein der AGAB aus der DG-Bank-Anleihe für 40 DM zu erwerben und einige Wochen später für das Doppelte zu verkaufen – noch ehe überhaupt eine Belastung des eigenen Kontos stattfand.

Wie man von der Ausgabepraxis japanischer Optionsanleihen profitiert

Eine andere Strategie ergibt sich aus der besonderen Ausgabepraxis japanischer Optionsanleihen. Wie bei Anleihen überhaupt sind die Schuldner von Optionsanleihen ja in besonderer Weise daran interessiert, ihre Anleihen für sie selbst möglichst preiswert, nämlich mit einem gegenüber der zum jeweiligen Zeitpunkt maßgebenden Durchschnittsverzinsung geringeren Zinssatz ausstatten zu können. Dies gelingt, wenn die an einer solchen Anleihe angehängten Optionsscheine besonders vielversprechend erscheinen. Nur dann gewährleisten sie ja einen Ausgleich für die angesichts der niedrigen Verzinsung der Anleihe eigentlich entgangenen Ertragsmöglichkeiten. Andererseits wissen Sie bereits aus den früheren Kapiteln, daß der Wert eines Optionsscheines immer von dem Kurs der diesem Optionsschein zugrunde liegenden Aktie abhängig ist.
Die Emissionspraxis japanischer Optionsanleihen geht nun in der Regel dahin, bei Ankündigung dieser Anleihen die Anleihebedingungen hinsichtlich des Zinssatzes nur ungefähr, aber noch nicht definitiv festzulegen. Gelingt es, vom Zeitpunkt der

Ankündigung einer solchen Anleihe bis zur endgültigen Festlegung der Konditionen den rechnerischen Wert der beigegebenen Scheine über eine Kurspflege des Aktienkurses stark zu erhöhen, kann der ursprünglich ins Auge gefaßte Zinssatz durchaus nach unten »revidiert« werden, ohne daß Gefahr bestünde, auf der Emission sitzenzubleiben.
Ein besonderes Augenmerk sollte man in solchen Situationen dann nicht auf die neuen, sondern auf möglicherweise bereits am Markt befindliche alte Optionsscheine derselben Gesellschaft legen. Sie dürften im Vergleich zu den »neuen« Scheinen im allgemeinen bessere Kennzahlen aufweisen, profitieren von der beschriebenen Kurspflege ebenfalls, aber sind nach Unterbringung der Emission und der dann ausbleibenden Kurspflege weit weniger anfällig für ein Abgleiten des Aktienkurses als die neuen. Sicherheitshalber sollte man jedoch auch diese Scheine besser rechtzeitig verkaufen, um für die nächsten »Emissionsspiele« finanziell gut gewappnet zu sein.

Arbitragegeschäfte – Gewinnen ohne Risiko

Welcher Börsianer hätte nicht schon einmal davon geträumt, eine Strategie zu entwickeln, mit deren Hilfe sich jedes Spekulationsrisiko ausschalten und ein Gewinn sicher vorhersagen ließe? Die gängigen Computerprogramme zur Analyse von Aktien und Trends haben denn auch dies eine Ziel durchweg gemeinsam: die wahrscheinlichste Kursentwicklung unter Zugrundelegung gegenwärtiger und vergangener Daten so präzise wie möglich vorauszubestimmen und dem Anleger verläßliche Kauf- und Verkaufssignale zu geben. Wie wir wissen, stoßen solche Programme indessen am Ende immer wieder auf dasselbe Problem: daß nämlich die Kurse von gestern und heute nie wissen, wohin sie sich morgen oder übermorgen bewegen.
Dennoch gibt es im Börsengeschäft durchaus auch sicherere als

rein spekulative Strategien, um Geld zu verdienen. In den Vereinigten Staaten, in denen computerunterstützte Kauf-und-Verkaufs-Programme mehr denn je den Börsenhandel bestimmen, werden solche Geschäfte täglich mit Millionensummen betrieben.
Auch der Devisenhandel hierzulande arbeitet zu einem erheblichen Teil nach diesem Prinzip: aus Preisunterschieden für dieselbe Ware (Devisen, Aktien, Edelmetalle usw.) durch Käufe und möglichst zeitgleiche Verkäufe Gewinn zu erzielen. Im Fachjargon nennt man dies »Arbitragegeschäfte«.
Auch wenn solche Geschäfte zugegebenermaßen für den Privatanleger nur sehr bedingt in Betracht kommen, weil er in der Regel weder über die Zeit noch über die dafür zwangsläufig notwendigen schnellen Informationsmittel verfügt, bieten ihm Arbitragegeschäfte in bestimmten, eingeschränkten Bereichen doch durchaus ernstzunehmende, quasi kalkulierbare Gewinnmöglichkeiten.
Wer schnell rechnen kann oder sich gar ein wenig mit einschlägigen Kalkulationsprogrammen auf dem Computer auskennt, kann sich hier ohne größere Anstrengung seine eigene Gewinnstrategie zurechtschneidern, um mit ein wenig Glück und Geduld der arg strapazierten »Kulisse« aus Maklern und Bankenvertretern an der Börse das eine oder andere Mal ein Schnippchen zu schlagen.

Devisenarbitrage: Geschäfte nur für die ganz Großen

Schon an den Größenordnungen wird deutlich, daß im Devisenhandel, in dem tagtäglich nahezu eine Milliarde Mark bewegt wird, kein Platz ist für Arbitragegeschäfte des kleinen Mannes. Wer 10 Millionen Dollar zum Preis von 1,7550 Mark einkauft und in der Lage ist, sie wenige Minuten später für nur einen halben Pfennig mehr an einen anderen weiterveräußern zu können,

der hat an diesem Geschäft bereits 50 000 Mark (ohne Berücksichtigung eventueller Gebühren) verdient. Dies einige Male am Tag erfolgreich durchexerziert, brächte allein schon mehr in die Kassen, als selbst der erfolgreichste Kleinaktionär im Normalfall im Verlauf von Jahren an der Börse einstreichen dürfte.
Wo andere an der dritten oder vierten Stelle hinter dem Komma schon kräftig verdienen, geht der Durchschnittsanleger – auch wegen der bei ihm zuletzt immer noch stark ins Gewicht fallenden hohen Transaktionsgebühren – in aller Regel leer aus.
Der Handel läuft hier, unabhängig von Tages- und Nachtzeiten, rund um den Erdball. Und offenbar scheint das Geschäft für die Kulisse ganz prächtig zu blühen. Nicht umsonst sind die bei Reuters gegen viel Geld von Banken und berufsmäßigen Händlern angemieteten Seiten, über die sie ihr Angebot an Devisen und ihre Nachfrage weltweit verbreiten, die unschlagbaren Renner dieser Nachrichtenagentur. In hektischen Zeiten flimmert es denn auch auf den entsprechenden Seiten ebenso hektisch in bunten Farben herum – ganz so, als seien sie das künstlerische Werk technikbesessener Animateure.

Effektenarbitrage: Chancen auch für kleine Leute

Ein wenig besser stehen die Chancen für den aufmerksamen Durchschnittsbörsianer dagegen schon bei der Ausnutzung von Preisdifferenzen auf Aktien, die an unterschiedlichen inländischen Börsen zum selben Zeitpunkt zu womöglich unterschiedlichen Kursen gehandelt werden. Arbitragemöglichkeiten ergeben sich dabei für ihn allerdings kaum aus dem Handel mit »schweren« Papieren. Bei den Standardwerten kommt es im Normalfall allenfalls zu Kursdifferenzen von zwei, drei oder gar vier Prozent, vor allem am Beginn einer Börsensitzung, an dem sich ein Markttrend mitunter erst allmählich durchsetzen kann. Eine solche Spanne reicht aber bestenfalls aus, um die anfallen-

den Kauf- und Verkaufsgebühren von gut zwei bis drei Prozent auszugleichen, die beim Privatanleger anders als beim Berufsarbitrageur voll zu Buche schlagen. Ohnehin dürften die berufsmäßigen Arbitrageure mit ihren vielfältigen Kommunikations- und Informationsmöglichkeiten längst in den Startlöchern sitzen, ehe überhaupt der Privatanleger vor dem Monitor seiner Bank den Sachbearbeiter anweisen kann, das Geschäft der Geschäfte zu machen. Bei Nebenwerten hingegen lohnt es sich schon, gelegentlich den Kurszettel aufmerksam zu studieren. Vor einiger Zeit zum Beispiel fiel auf, daß Aktien der Vereinigten Altenburger und Stralsunder Spielkartenherstellung an mehreren Tagen in Stuttgart und Berlin mit einer Kursdifferenz von gut zehn Prozent bezahlt wurden.
Ursache für diese ungewöhnlich hohe Differenz war ein größerer, über mehrere Tage zur Abwicklung gekommener Verkaufsauftrag an der Stuttgarter Börse, der den Kurs in diesem vergleichsweise umsatzschwachen Wert erheblich unter Druck gebracht hatte. Dies macht aber ein weiteres Handicap deutlich, dem der Privatanleger normalerweise ausgesetzt ist: Im Gegensatz zu den Händlern weiß er in den seltensten Fällen vom Vorliegen irgendwelcher größerer Kauf- oder Verkaufsaufträge und kann so immer erst sehr viel später auf unterschiedliche Kursentwicklungen reagieren. Die Ausnutzung von Insiderwissen, hierzulande noch ein Kavaliersdelikt, in den Vereinigten Staaten als kriminelle Handlung geahndet, macht sich bei uns offenbar recht gut bezahlt. Daß der berufsmäßige Arbitragehandel im angeführten Fall nicht funktioniert hat, mag daher eher als Versehen denn als Regel gelten.

Optionsscheinarbitrage: schöne Möglichkeiten für den schnellen Rechner

Interessant wird das Arbitragegeschäft für den Kleinanleger im

Grunde erst dort, wo Kursdifferenzen für ein und dasselbe Wertpapier von mehr als fünf Prozent vorkommen. Dies ist manchmal sowohl bei den Notierungen für Optionsscheine an den verschiedenen inländischen Börsen und zwischen inländischen und ausländischen Börsen als auch vor allem beim direkten Erwerb von Optionsscheinen im Vergleich zum Kauf der Scheine über den Erwerb der entsprechenden Optionsanleihe der Fall.
Wenn Sie den Kursteil der *Börsenzeitung* mit den ausführlichen Notierungen für Optionsscheine eine Zeitlang aufmerksam studieren, werden Sie feststellen, daß an manchen Tagen in zumeist relativ engen, das heißt umsatzschwachen Optionsscheinen Kursdifferenzen von 5, 10 oder gar mehr Prozent durchaus vorkommen können. Läßt sich eine solche Differenz etwa zwischen der Frankfurter und der Hamburger Börse über mehr als einen Tag feststellen, liegt die Wahrscheinlichkeit nahe, daß an der einen oder anderen Börse vergleichsweise umsatzstarke (vielleicht gar unlimitierte) Order vorliegen, die das normalerweise vorhandene Gleichgewicht außer Kraft setzen. Man könnte in solchen Fällen versuchen, einen streng limitierten Kaufauftrag knapp über der niedrigsten Kursnotierung in den Markt zu legen, um nach Erhalt der Scheine diese sogleich an der je anderen Börse mit einigen Prozenten Gewinn zu veräußern. Dies dürfte aber eher nur im Glücksfall gelingen.
Der gewiefte Arbitrageur bekommt nach einiger Zeit einen ganz guten Überblick darüber, welche Optionsscheine sich an welchen Börsen auf diese Weise in besonderem Maße für Differenzgeschäfte eignen. Ganz cool kalkulierende Börsianer geben in solchen Fällen auch schon einmal vorsorglich »Abstauberlimits« an die entsprechenden Börsen, um im Falle des Falles tatsächlich zum Zuge zu kommen.
Noch größer fallen häufig die Differenzen bei Notierungen von Optionsscheinen aus, die sowohl im Inland als auch im Ausland kotiert, das heißt zum Börsenhandel zugelassen sind. In den Niederlanden oder der Schweiz besitzen Optionsscheine auf in-

ländische, aber manchmal auch auf ausländische Aktienwerte häufig sehr viel geringere Aufgelder als die entsprechenden im Ausland gehandelten Scheine.
Will man solche Differenzen ausnützen, sollte man sich aber zuvor von seiner Bank ausdrücklich versichern lassen, daß und nach welcher Zeit solche im Ausland gekauften Papiere hierzulande veräußert werden können. Insbesondere ist sicherzustellen, daß es sich um dieselben Stücke mit entsprechend identischer Wertpapierkennummer handelt. Denn mit dem Anwachsen der Zeitspanne für die Ein- bzw. Umbuchung auf dem eigenen Depot wächst auch das normale Kursrisiko, dem der echte Arbitrageur, der zum selben Zeitpunkt kauft und wieder verkauft, ja gerade aus dem Wege gehen will.
Die interessanteste und auf die Dauer erfolgversprechendste Arbitragemöglichkeit für den Spekulanten mit mittlerer Depotgröße dürfte die dritte Variante darstellen. Optionsscheine des ursprünglichen Typs haben ja ihren Ursprung in den Optionsanleihen. Solche Anleihen werden zur Kapitalbeschaffung von einer Aktiengesellschaft herausgegeben, wobei die von der Gesellschaft garantierte Verzinsung der aufgenommenen Gelder unter der zum Zeitpunkt der Herausgabe üblichen Verzinsung am Kapitalmarkt liegt. Dafür sind der Anleihe eine bestimmte Anzahl von Optionsscheinen auf den Bezug von Aktien der Gesellschaft bis zu einem bestimmten Zeitpunkt zu einem festgelegten Preis – zumeist in Stück pro nominal 5000 Mark – beigegeben.
Der besondere Clou für den Arbitrageur besteht nun darin, daß sowohl die Anleihe mit den Optionsscheinen (Anleihe-cum) als auch ohne die Optionsscheine (Anleihe-ex) wie darüber hinaus die von der Anleihe abgetrennten Scheine jeweils für sich genommen an der Börse gehandelt werden können. Gelingt es also beispielsweise, eine Optionsanleihe-cum an einem Tag günstig zu erwerben, die Optionsscheine abzutrennen und diese sowie die Anleihe-ex in den folgenden Tagen zu einem günsti-

Beispiel:
Kauf von Optionsscheinen über die Optionsanleihe vs. direkter Kauf

Formel: Preis eines Optionsscheines über die Optionsanleihe:

$$\frac{(\text{Nominalbetrag} \times \text{Kurswert Anl.-cum} \times 1{,}0065^{*}) - (\text{Nominalbetrag} \times \text{Kurswert Anl.-ex} \times 0{,}9935^{*})}{100 \times \text{Anzahl der auf den Nominalbetrag entfallenden Optionsscheine}}$$

Rechnung: Kaufhof Opt.-Anl. 1986–98 (5 Scheine auf nom. 1000 DM)
Kurs Anl.-cum = 110, Anl.-ex = 73,25; Optionsschein 84 DM

$$\frac{(1000 \times 110 \times 1{,}0065) - (1000 \times 73{,}25 \times 0{,}9935)}{100 \times 5} = \text{DM } 75{,}88$$ im Vergleich zu 85,09 DM beim Direktkauf

Ergebnis: Der Anleger erwirbt den Schein um 12,13 Prozent günstiger über die Optionsanleihe bzw. kann ihn mit einem entsprechenden Arbitragegewinn gleich wieder veräußern

* Als Kauf- bzw. Verkaufsgebühren für die Anleihen werden 0,65 Prozent vom jeweiligen Kurswert zugrunde gelegt, für die Optionsscheine 1,30 Prozent.

gen Kurs wieder zu veräußern, hätte man gegebenenfalls erheblich gewonnen.
Wie die Beispielrechnung belegt, geht eine solche Transaktion tatsächlich gelegentlich auf, so daß selbst unter Berücksichtigung der einzukalkulierenden Gebühren immer noch ansehnliche Gewinne zurückbleiben.
Im angeführten Beispiel aus der Beispielrechnung ließ sich ein Arbitragegewinn von immerhin 12 Prozent auf die Optionsscheine erzielen. Wer hier also mit seinen Aufträgen zum Zuge gekommen ist, hätte unterm Strich bei vergleichsweise kleinem Risiko ganz groß verdient.

Umgehen Sie die Kulisse

Eine Schwierigkeit allerdings steht einem solchen Verfahren nicht selten entgegen. Wenn Sie die Notierungen für die Optionsanleihe-cum in Ihrer Zeitung genauer betrachten, werden Sie häufig nur Geld-, also Nachfragekurse finden, so daß es in der Regel schwer ist, mit Kaufaufträgen auch wirklich zum Zuge zu kommen. Dies hat einerseits damit zu tun, daß getrennte Optionsanleihen nicht wieder zusammengefügt werden können und also im Laufe der Zeit immer weniger Anleihen-cum gehandelt werden. Der Markt trocknet also allmählich aus, wenn das Emissionsvolumen relativ klein war und die Anleihe schon älter ist. Andererseits steht der Privatkunde natürlich auch hier immer in Konkurrenz zu den Händlern, die auf jede sich bietende Möglichkeit warten, dem Anleger die besten Gelegenheiten vor der Nase wegzuschnappen. Denn einen Vorteil besitzen die Händler: Sie wissen genau, welche Orders bereits im Markt liegen. So kann es dann häufig passieren, daß der Privatanleger mit seinem Limit den tatsächlichen Kurs nur um wenige Pfennigbeträge verfehlt und somit leer ausgeht – während sich der Händler ins Fäustchen lacht und die Papiere mit Blick auf die gewonnene Arbitragemöglichkeit frohgelaunt einsammelt. Daß dies eigentlich nicht korrekt ist, steht auf einem ganz anderen Blatt.
Als Privatanleger müssen Sie also schon einige Geduld aufbringen und Ihr Kauflimit sehr bedacht kalkulieren, damit Sie sich bei der Kursfindung durchsetzen können. Die Verwendung schneller Rechnersysteme, bestenfalls eines Computers, ist bei dieser Gewinnstrategie fast unerläßlich. Wenn es Ihnen dann allerdings das eine oder andere Mal tatsächlich gelungen ist, nach genauer Festlegung und regelmäßiger Überprüfung Ihrer Strategie mit Ihrem Anlageberater auf diese Weise abzukassieren, werden Sie von solchen vergleichsweise risikoarmen Arbitragegeschäften so schnell nicht wieder lassen und verstehen, was es heißt, das Spekulieren auch als eine Art Kunst verstehen zu können.

10 Kleine Tricks zur Geldvermehrung

Eigentlich ist es ein Widerspruch in sich selbst: spekulieren zu wollen, ohne für die auf diese Weise eröffneten Gewinnchancen auch Risiken einzugehen. Gerade im Börsengeschäft gilt doch allenthalben der Grundsatz, daß höhere Gewinnmöglichkeiten auf der einen Seite größere Verlustrisiken auf der anderen Seite bedingen.
Indessen haben die internationalen Kapital- und Finanzmärkte gerade in den letzten Jahren nichts unversucht gelassen, um Techniken und Instrumente zu entwickeln, mit deren Hilfe man Kurs- und Währungsrisiken bis zu einem gewissen Grad wenn nicht ganz ausschalten, so doch ganz erheblich verringern kann. Auf diesem Gebiet war Deutschland nach Auffassung internationaler Investoren bis vor kurzem noch ein Entwicklungsland. Doch die jahrelange emsig geführte Diskussion um die mangelnde Attraktivität des Finanzplatzes Deutschland ist nach der Einführung der inzwischen recht effektiv arbeitenden Deutschen Terminbörse stark zurückgegangen. Haben doch auch Großinvestoren, an denen die deutschen Börsen natürlicherweise sehr interessiert sind, nun ein ganzes Bündel funktionierender Instrumente in der Hand, um mittels Optionen, Futures und Optionen auf Futures ihre Risiken zu diversifizieren oder besondere Chancen des Marktes zu nutzen. Nicht alle diese Instrumente sind auch für den Anleger mit kleinerem oder mittlerem Depot gleichermaßen geeignet. Grundsätzlich aber ist auch der Gang an die Terminbörse für einen Privatanleger durchaus eine überlegenswerte Ergänzung seiner spekulativen Aktivitäten, vor allem dann, wenn es darum geht, aufgelaufene Gewinne

oder einen Wertpapierbestand vorübergehend gegen Verluste zu schützen.

Absicherungskonzeptionen

Natürlich ist auch die Absicherung eines spekulativen Vermögens mit einem verbleibenden Restrisiko verbunden: Die Absicherung selbst kostet ja Geld. Letztlich bleibt es daher immer auch ein Rechenexempel, ob es sich wirklich lohnt, dieses Geld für Absicherungskonzeptionen einzusetzen, oder ob man die einzusparende »Versicherungsprämie« für ein solches Geschäft nicht doch lieber gleich als zusätzlichen Puffer für die Abfederung möglicher Verluste betrachten sollte.

Genau weiß man es an der Börse ja nie: Besitzt die Aktie, die Sie kaufen wollen oder bereits (womöglich mit Gewinn) im Depot haben, auch für die übrigen Marktteilnehmer jenes Aufwärtspotential, das Sie sich allenthalben erhoffen, oder muß vorerst mit einer Korrektur nach unten hin und also mit einem (bestenfalls vorübergehenden) Kursverlust gerechnet werden?

Grundsätzlich haben Sie als Einsteiger zwei einfache Möglichkeiten, sich gegen solche Eventualitäten abzusichern: durch den Kauf einer Verkaufsoption oder aber durch den Verkauf einer Kaufoption auf den entsprechenden Wert. Je nach angenommenem Kursrisiko ist die eine oder andere Variante die günstigere Alternative. Am besten kann man sich das an einigen Rechenexempeln verdeutlichen. Dabei lassen wir der Einfachheit halber die jeweils anfallenden, bei einer exakten Berechnung auf jeden Fall einzukalkulierenden Kauf- und Verkaufsgebühren unberücksichtigt.

Kauf einer Verkaufsoption

Nehmen wir an, Sie seien auf einem angenommenen Kursniveau von 250 Mark am Kauf von A-Aktien interessiert, trauen dieser Aktie trotz des niedrigen Kurses aber immer noch etwa 20 Prozent Korrekturpotential zu. Für das Aktienpaket müßten Sie in diesem Fall insgesamt also 50 000 Mark bezahlen. Tritt die mögliche, aber keineswegs zwangsläufige Korrektur nun tatsächlich ein, hätten Sie bei einem Kurs von 200 rein rechnerisch 10 000 Mark verloren. Dieser Betrag kann nun als Grundlage für das Absicherungsgeschäft angesehen werden.

Als gewitzter Börsianer kaufen Sie sich beim Erwerb der A-Aktien eine entsprechende Anzahl von Verkaufsoptionen auf diese Aktie. Wie Sie aus früheren Kapiteln bereits wissen, haben Sie in diesem Falle das Recht (nicht aber die Verpflichtung) erworben, Ihre Aktien bis zu einem bestimmten Zeitpunkt zu einem festgelegten Preis (Basis) zu veräußern. Dafür müssen Sie freilich Ihrem Kontrahenten eine Prämie bezahlen. 200 Stück Verkaufsoptionen auf A-Aktien mit einer Basis von 250 kosteten dabei pro Stück 13 Mark auf den nächsten Fälligkeitstermin. Folgende drei idealtypische Fälle wären nun denkbar:

Fall 1: Der A-Kurs rutscht auf das Niveau von 200 ab.

Dadurch entstünde Ihnen ein rein rechnerischer Buchverlust von 10 000 Mark (Kaufpreis abzüglich aktuellem Kurswert). Dieser Verlust würde zu einem erheblichen Teil, wenn nicht gar völlig, durch die Gewinne ausgeglichen werden können, die Sie durch die Weiterveräußerung Ihres Optionsrechts im Normalfall erzielen dürften. Der »innere Wert« dieser Option läge nämlich im angenommenen Fall bereits bei 50 Mark, weil der Optionsrechtsinhaber ja die mit nur 200 Mark notierte Aktie immer noch zu 250 Mark verkaufen kann. Je nach Restlaufzeit bis zum Verfalltermin dürfte die erzielbare Prämie aber wohl eher bei 60 Mark liegen. Daraus errechnete sich nun ein Gewinn von knapp 10 000 Mark (Wiederverkaufspreis für die Optionen abzüglich

Kaufpreis = 12 000 abzüglich 2600), so daß Sie quasi mit einer Versicherungsprämie von zirka 5 Prozent Ihres Aktienbestandes (Kaufpreis für die Verkaufsoptionen versus Kaufpreis für die Aktien selbst in Prozent) Ihr Risiko abgedeckt hätten.

Fall 2: Der A-Kurs steigt auf 300.

In diesem Falle wäre Ihre Option je nach Restlaufzeit bis zum Verfalltermin wenig oder gar nichts mehr wert, so daß Sie die Prämie von 2600 Mark als verloren betrachten müssen.

Demgegenüber können Sie einen rechnerischen Gewinn auf Ihrem Depotkonto in Höhe von 10 000 Mark verbuchen, so daß Sie am Ende unter Einrechnung der bezahlten »Versicherungsprämie« immer noch mit 7400 Mark im Gewinn liegen.

Fall 3: Der A-Kurs verändert sich nicht.

Je näher der Verfalltermin rückt, desto geringer ist auch die bei einer Weiterveräußerung der Option noch erzielbare Prämie. In diesem Falle müßten Sie also schlechtestenfalls die Prämie endgültig verloren geben.

Aus dieser Modellrechnung resultiert: Eine Absicherung Ihrer Aktienbestände über Verkaufsoptionen lohnt sich in jedem Fall dann, wenn Sie von der Möglichkeit eines größeren Kursrutsches ausgehen. Sie brauchen dann nicht einmal ihre Aktien selbst zu veräußern, sondern hätten über die wieder verkaufte Verkaufsoption gewissermaßen nur Ihren Einstand von ursprünglich 250 auf 200 verbilligt. (Sind Sie auf dem zugrunde gelegten Kursniveau aber bereits im Gewinn, könnten Sie diesen Gewinn mit der entsprechenden Optionsstrategie absichern.) Erwarten Sic dagegen nur geringe Kursschwankungen, empfiehlt sich eher die zweite Variante von Sicherungsoptionen: der Verkauf einer Kaufoption.

Verkauf einer Kaufoption

Wie Sie wissen, verpflichten Sie sich beim Eingehen dieser Option, die in Ihrem Besitz befindlichen Aktien bis zum Verfalltermin zum angegebenen Basispreis an Ihren Kontrahenten zu liefern, so er dies verlangt.

Entsprechend der obigen Modellrechnung notiert eine solche Option für die A-Stammaktie bei einer Basis von 250 auf den folgenden Verfalltermin 13 Mark. Für die eingegangene Verpflichtung vereinnahmen Sie also in diesem Fall insgesamt 2600 Mark (200 x 13), das sind gut 5 Prozent Ihres Depotwerts in A-Aktien.

Auch hier sind grundsätzlich drei idealtypische Fälle denkbar:

Fall 1: Der A-Kurs rutscht auf 200.

Als rechnerischen Buchverlust auf Ihre Aktien notieren Sie 10 000 Mark. Dem steht die erhaltene Prämie in Höhe von 2600 Mark entgegen, verbleiben 7400 Mark Verlust.

Fall 2: Der A-Kurs steigt auf 300.

Sie werden die Aktien zum Preis von 250 Mark liefern müssen, wodurch Ihnen rein rechnerisch ein Gewinn von 10 000 Mark entgeht. Andererseits verbleibt Ihnen aber die ursprünglich vereinnahmte Prämie über 2600 Mark, so daß Sie im Grunde einen Gewinn von zirka 5 Prozent auf Ihren VW-Aktienbestand erzielt hätten.

Fall 3: Der A-Kurs bewegt sich nicht.

Ihr Kontrahent wird gegen Ende der Laufzeit kaum noch auf Lieferung der Stücke bestehen, weil die Prämie sich bis dahin weitestgehend abgebaut haben dürfte bzw. die Aktie zum selben Preis ebensogut direkt erworben werden könnte. Auch in diesem Fall hätten Sie – ohne jegliche Bewegung des Kurses – immerhin knapp 5 Prozent an Prämie vereinnahmt, also Gewinne erzielt.

Das Risiko dieser zweiten Absicherungsvariante ist für Sie zwar im allgemeinen gering, es kann sich indessen aber in bestimmten

Situationen auch einmal ganz kräftig zu Ihren Ungunsten verändern, soweit Sie sich nicht über die Terminbörse, sondern am immer noch bestehenden Frankfurter Aktienoptionsmarkt engagiert haben. Fällt nämlich der Aktienkurs von A während der Laufzeit der Option, in der Sie als Besitzer der Aktien »stillhalten« müssen, also kein Verkaufsrecht haben, müssen Sie gegebenenfalls erhebliche Verluste hinnehmen.

Eine letzte, nur im Grenzfall mögliche Rettung bestünde dann nur noch darin, sich mit seiner Bank in Verbindung zu setzen und sie zu bitten, mit Ihrem Kontrahenten Verhandlungen dahin gehend zu führen, daß er Sie aus Ihrer Lieferungsverpflichtung ihm gegenüber »entläßt«. Denn auch er wird im angenommenen Falle auf eine Lieferung ja ohnehin nicht bestehen wollen, so daß ihm durch diese Vertragsauflösung kein Schaden entstünde. Auf eine solche Prozedur haben sich die Banken in der Vergangenheit aber in der Regel nur sehr ungern eingelassen. Heute können Sie zudem auf die Hauptbörse bei Optionsgeschäften, die Deutsche Terminbörse, verweisen, über die es jederzeit möglich ist, eine einmal eröffnete Transaktion durch entsprechenden Abschluß eines Gegengeschäftes zu schließen und sich von allen möglichen weiteren Verlusten »freizukaufen«. Entsprechend findet der Handel am Aktienoptionsmarkt in Deutschland in den Werten, die auch als DTB-Optionen gehandelt werden, gar nicht mehr statt.

Mit den oben beschriebenen Strategien könnte sich ein Börsianer auch über den Kauf oder Verkauf von Optionen auf den Deutschen Aktienindex (DTB-DAX®-Optionen) gegen mögliche Kursverluste am Gesamtmarkt absichern. Das ist dann sinnvoll, wenn sein Depot aus überwiegend inländischen Werten besteht. Diese Strategie kann sich sogar noch als sehr viel effizienter erweisen als die Aktion in einzelnen Werten, weil dieser Markt in der Regel sehr liquide ist, so daß Sie als Anleger sicher sein können, jederzeit faire Preise für Ihre gekauften oder verkauften Kontrakte zu bekommen. Schließlich finden Sie an

Abb. 10.1: Preisnotierungen für A-Aktien Kauf- und -Verkaufsoptionen

Kontrakt		CALLS				PUTS			
		Letzt-bezahlt	Settle-ment	Volu-men	Offen. Kontr.	Letzt-bezahlt	Settle-ment	Volu-men	Offen. Kontr.
A- Aktie: Kassa 435,7 Schluß 435,0 Schluß Ibis 437,4									
Nov.	400	38,0	39,3	55		1,0	1,0	1	
	420	20,7	22,6	63		4,7	4,5	200	
	440	9,5	10,3	533		11,6	12,3	803	
	460	3,3	3,2	349		26,9	24,6	56	
	480		1,0			43,5	42,8	28	
	500		0,2			64,0	62,8	2	
Dez.	320		119,0				0,1		
	340		99,1				0,2		
	360	78,5	79,5	1		0,8	0,5	5	
	380	60,3	60,6	18		1,6	1,6	30	
	400	41,9	42,9	40		4,0	3,8	65	
	420		27,6			8,8	8,1	145	
	440	15,2	15,5	122		17,5	16,1	102	
	460	7,5	7,6	367		29,0	27,8	22	
	480	3,0	3,1	130		48,2	43,9	7	
	500	1,2	1,3	120			62,8		
Jan.	400		46,5			6,5	5,9	30	
	420	26,9	32,5	1		16,1	11,4	1	
	440	19,5	20,7	22		20,0	20,0	21	
	460	12,4	12,3	10			31,8		
März	380	62,0	68,5	10			5,7		
	400		53,0			10,5	9,6	4	
	420	34,5	39,5	4		18,0	16,0	5	
	440	27,4	27,6	37			24,7		
	460	18,3	18,7	116			36,0		
	480	11,9	12,3	107		50,0	50,1	5	
	500	7,9	8,2	54		67,0	65,3	10	
Juni	400	60,2	59,8	15			15,0		
	420		47,6				23,0		
	440		36,6				32,0		
	460	27,0	27,3	3			43,0		
	480	19,5	20,0	10			56,0		
	500		14,5				69,4		
	550		6,0				113,1		

der Terminbörse ohnehin ja nur Optionen auf die wichtigsten deutschen Standardwerte, so daß eine Einzelabsicherung in anderen Werten außer an dem einem Einsteiger nicht zu empfehlenden Aktienoptionsmarkt an der Deutschen Terminbörse in den meisten Werten überhaupt nicht möglich wäre. Gerechnet werden diese Optionen grundsätzlich nach demselben Verfahren wie in unserem Beispiel.

Währungsverlustrisiken sind schwer begrenzbar

Nach ähnlichem Muster wie oben verlaufen auch die wichtigsten übrigen Absicherungsmöglichkeiten. Wer etwa zum gegenwärtigen Zeitpunkt britische Anleihen kauft, um von der bestehenden Zinsspanne zwischen diesen und inländischen Anleihen zu profitieren, kann dies nicht ohne Rücksicht auf die mögliche Entwicklung der Devisenkurse tun.

Will er sich gegen einen Kursverfall des britischen Pfunds absichern, könnte er sich über den Kauf einer Verkaufsoption des britischen Pfunds die Möglichkeit offenhalten, bis zum Verfalltermin jederzeit seinen eigenen Währungsbestand aus seinem Anleihevermögen zu einem bestimmten Preis veräußern zu können. Bei einer angenommenen Basis von 2,85 DM pro Pfund Sterling müßte er für eine Laufzeit von zwölf Monaten dafür zum Beispiel aber immerhin etwa 15 Pfennig je Pfund bezahlen, das sind gut 5 Prozent vom angenommenen Kurs. Würde er also seine gesamten Beträge über diesen Zeitraum absichern wollen, ginge ihm auf diese Weise sogar mehr verloren, als er durch die Ausnutzung der Zinsspanne gewinnen würde.

Hinzu kommt dann noch die Gefahr eventueller Wechselkursanpassungen, die über Nacht die schönen Träume, mit hochverzinslichen Auslandsanleihen – womöglich noch über einen günstigen Wertpapierkredit, dessen Zinsen gegen die erhaltenen Zinsen steuerlich aufgerechnet werden – das sichere Ge-

Abb. 10.2: Devisenoptionen

£-Stg./DM: Ffm-Fixing 2,8269 Stand 16.10.1997, 13.00 Uhr

Kaufopt.	1 Monat	3 Monate	6 Monate	12 Monate
2,850	1,13-1,63	2,18-2,93	2,96-3,36	3,18-3,68
2,900	0,12-0,62	0,92-1,67	1,70-2,10	2,10-2,05
2,950	0,05-0,55	0,24-0,99	0,87-1,27	1,25-1,75

Verk.-Opt.	1 Monat	3 Monate	6 Monate	12 Monate
2,850	4,30-4,80	7,00-7,75	9,76-10,76	13,70-14,95
2,900	8,28-8,78	10,69-11,44	13,40-14,40	17,37-18,62
2,950	12,96-13,46	14,95-15,70	17,49-18,49	21,36-22,61

Prämie = Pfennige pro £; mitgeteilt von WestLB, Düsseldorf

schäft zu machen, schnell platzen lassen können. Das haben gerade Besitzer spanischer Anleihen zu spüren bekommen, die gegenüber der Durchschnittsrendite am deutschen Kapitalmarkt im Normalfall um bis zu vier Prozentpunkte höher rentierten. Bis die Kapitalverluste, die über die plötzliche Abwertung der Peseta um 10 Prozent entstehen wieder eingespielt sind, wird noch eine Weile ins Land gehen, so daß es auf längere Frist womöglich selbst bei einer solchen Renditedifferenz immer geboten erscheint, mögliche Marktentwicklungen nie aus dem Auge zu verlieren.

Hier wie in allen anderen Fällen ist die Absicherung immer wieder eine Frage solider Kalkulation mit allerdings recht vielen Unbekannten. Im letzten Beispiel etwa könnte es sein, daß ein weiterer Kursverfall der Peseta von einem etwaigen massiven Zinsrückgang begleitet wird. So könnte der Verlust, der im Vermögenbestand an spanischen Anleihen über den Kursverlust der Peseta entstünde, möglicherweise durch den aufgrund fallender Zinsen entstehenden Kursgewinn der Anleihen womöglich wieder ausgeglichen werden – ohne daß es dazu irgendeiner Absicherung bedurft hätte.

Steuern sparen mit System

Natürlich ärgert sich jeder Arbeitnehmer, wenn er sieht, wie im Zuge einer mühsam ausgehandelten Lohnerhöhung um das eine oder andere Prozent am Ende auf seinem Konto von jeder hinzuverdienten Mark kaum mehr übrigbleibt als ein paar Groschen. Die Sozial- und Krankenversicherung, aber auch der Fiskus sehen schon zu, daß beim einzelnen kein Höhenrausch aufkommen kann: 1 000 Mark Einkommenszuwachs brutto im Jahr aus unselbständiger Arbeit reduzieren sich so in den meisten Fällen sehr schnell auf netto kaum mehr als die Hälfte.
Auch dem Börsianer, der sich zu seinem regelmäßig verdienten Einkommen die einen oder anderen Zusatzeinkünfte über die Börse verschafft, geht es hier auf den ersten Blick nicht viel anders. Spekulationsgewinne unterliegen als solche grundsätzlich der Einkommensteuer, so daß auch ihm bei einem angenommenen Steuersatz von zum Beispiel 50 Prozent nicht mehr als die Hälfte der im Schweiße seines Börsianerangesichts erzielten Gewinne nach Steuern verbliebe.
Doch geben wir es hier einmal ganz unverblümt zu: Bei kaum einer anderen Steuerart gibt es so viele Möglichkeiten, auf ganz legale Weise seine erzielten Zusatzeinkünfte vor dem Zugriff durch das Finanzamt zu schützen, wie dies bei der Spekulationssteuer der Fall ist. Dies hängt im wesentlichen damit zusammen, daß die Definition dessen, was als (zu versteuernder) »Spekulationsgewinn« gilt, vom Gesetzgeber sehr großzügig formuliert worden ist. Der Börsianer, der sein Portefeuille auch unter solchen steuerlichen Gesichtspunkten mit Sorgfalt überwacht, gewinnt dabei mitunter mehr, als er durch manche waghalsige Börsenspekulation je erreichen könnte.

So tricksen Sie den Fiskus aus

Grundsätzlich zu versteuern sind alle Gewinne aus Wertpapiergeschäften, bei denen zwischen Anschaffung und Veräußerung nicht mehr als sechs Monate verstrichen sind oder die Veräußerung früher erfolgt als der Erwerb. Im Zuge der beabsichtigten Steuerreform soll dieser Zeitraum auf zwölf Monate ausgedehnt werden. Maßgebend ist nicht der Zeitpunkt der Verbuchung auf dem jeweiligen Verrechnungskonto, sondern die tatsächliche Wertstellung der vorgenommenen Transaktionen. Diese Regelung gilt für alle Arten von Aktien, für Optionsscheine und für Schuldverschreibungen ausländischer Emittenten.
Geklärt ist inzwischen auch die Behandlung von Gewinnen aus reinen Optionsgeschäften. Früher konnte man sich in Einzelfällen gegebenenfalls erfolgreich mit dem Hinweis gegen eine steuerliche Veranlagung von Gewinnen aus solchen Geschäften zur Wehr setzen, daß es sich dabei ja möglicherweise auch um Gewinne aus »Spiel und Wette« handeln könnte, die ihrerseits nun erklärtermaßen nicht einkommensteuerpflichtig sind. Die Ausweitung der sogenannten derivativen Geschäfte, zu denen Options- und Futures-Geschäfte gehören, wie sie auch an der Deutschen Terminbörse abgeschlossen werden, hat inzwischen aber dafür gesorgt, daß der Fiskus auf diesem Gebiet seine Schlafmützigkeit aufgibt. Konstruktionen von Optionsgeschäften, wie sie vor Jahren noch durch die Presse geisterten, die den Anlegern plötzlich völlig steuerfreie Zinseinnahmen und ähnliche Geschenke garantieren sollten, sind nun steuerlich nicht mehr durchzuhalten. Wer zu solchen Anlageformen rät, dürfte die Rechnung auf die Dauer sicher ohne den Fiskus gemacht haben. Hier geht es auch um Fragen einer gerechten steuerlichen Behandlung von Einkünften, bei denen die Einkünfte aus unselbständiger Arbeit gegenüber den Kapitaleinkünften ohnehin stark ins Hintertreffen geraten.
Grundsätzlich steuerfrei dagegen bleiben auch innerhalb der

sechsmonatigen Frist Spekulationsgewinne aus der Veräußerung von Schuldverschreibungen (Anleihen, Obligationen usw.) inländischer Emittenten.

Wichtig bei allem bleibt, daß die solchermaßen im Laufe eines Jahres realisierten Spekulationsgewinne gegen etwaige Spekulationsverluste aufgerechnet werden können – allerdings nur bis zur Höhe des insgesamt auf diese Weise erzielten und zu versteuernden spekulativen Einkommens. Daraus lassen sich nun verschiedene Strategien zur Minimierung möglicher steuerpflichtiger Spekulationsgewinne entwickeln.

Aufbau von Verlustreserven

Wenn im Laufe eines Kalenderjahres höhere Spekulationsgewinne erwartet werden können bzw. sich bis zum Ende des Jahres solche realisierten Gewinne angesammelt haben, empfiehlt es sich, eine Art »Verlustreserve« zu bilden.

Wertpapiere, bei denen Sie ohnehin schon im Verlust liegen, bei denen zusätzlich aber auch noch die Gefahr besteht, daß ein etwa angenommenes »Stop-Loss«-Limit erst nach Ablauf des Spekulationszeitraums erreicht werden dürfte, verkaufen Sie vorsorglich. Der entstandene Verlust kann dann gegen die im selben Jahr entstandenen Gewinne aufgerechnet werden: Er reduziert Ihr zu versteuerndes Einkommen aus Spekulationsgewinnen.

Andere Wertpapiere, die unter denselben Voraussetzungen ebenfalls beträchtlich im Minus liegen, von denen Sie aber glauben, daß sie sich im Laufe der Zeit wieder erholen werden, sollten Sie gegebenenfalls ebenfalls verkaufen, um sie am folgenden Tag wieder zurückzukaufen. Auch dadurch füllen Sie Ihren »Verlustvortrag« für den Fall aller Fälle ganz gezielt auf.

Optionen zur Überbrückung der Spekulationsfrist

Eine andere Strategie empfiehlt sich bei Wertpapierpositionen, die innerhalb des Spekulationszeitraums bereits erhebliche Kursgewinne aufweisen und nun – möglicherweise nur wenige Wochen vor Ende der Frist – abzustürzen drohen. Im Normalfall würde man solche Papiere umgehend verkaufen, um die aufgelaufenen Gewinne zu sichern. Besser verführe man freilich, wenn man diese Positionen über den Ablauf der Spekulationsfrist hinaus halten könnte und den Gewinn über den Kauf einer Verkaufsoption absichert, wie dies oben gezeigt worden ist.
Angenommen, Sie hätten 100 X-Aktien zum Preis von 200 Mark erworben, der Aktienkurs läge kurz vor Ablauf der Spekulationsfrist bei 250 und droht aufgrund zu erwartender schlechter Unternehmensergebnisse in den Folgetagen und eines ähnlich ungünstigen Umfelds massiv abzustürzen.
Würden Sie die Aktien sofort veräußern, fielen als zu versteuernder Spekulationsgewinn darauf 5000 Mark an – bei einem Steuersatz von 50 Prozent blieben Ihnen davon lediglich 2500 Mark.
Statt dessen kaufen Sie 100 Stück Verkaufsoptionen auf diese Aktien zum nächstmöglichen Termin mit einer Basis von 250 zum Stückpreis von beispielsweise 13 Mark. Wie Sie wissen, haben Sie auf diese Weise gegen eine Prämie von 1300 Mark das Recht erworben, Ihre 100 X-Aktien bis zum angegebenen Optionstermin jederzeit zum vereinbarten Preis von 250 Mark an Ihren Kontrahenten bzw. an die Terminbörse zu verkaufen.
Tritt der befürchtete Fall ein und fällt der X-Kurs etwa auf 200 zurück, könnten Sie nach Ablauf der Spekulationsfrist Ihre Aktien in aller Ruhe Ihrem Kontrahenten andienen. Diese 5000 Mark Gewinn müssen Sie auf keinen Fall mehr versteuern. Freilich wäre in diesem Fall die bezahlte Prämie von 1300 Mark gegenzurechnen, so daß Ihnen immerhin noch 3700 Mark verblieben.

Sie könnten natürlich auch daran denken, die Aktien auf dem ermäßigten Niveau nun doch noch zu behalten und statt dessen lediglich die Verkaufsoption weiterzuveräußern: Der dabei aufgrund des Kursverlustes der Aktie und des gleichzeitigen Anstiegs der Prämie für die Verkaufsoption erzielte Gewinn von vielleicht 5000 Mark wäre dann bestenfalls – je nach endgültiger Rechtsprechung in der umstrittenen Steuerfrage – ebenfalls nicht zu versteuern.

Im Falle eines wider Erwarten eintretenden Kursanstiegs der Aktie auf zum Beispiel 300 wäre Ihre Verkaufsoption dagegen im Regelfall nahezu wertlos, so daß Sie die bezahlte Prämie abschreiben müßten. Demgegenüber können Sie aber durch den hinausgezögerten Verkauf der X-Aktien selbst zum Stückpreis von nunmehr 300 Mark insgesamt 10 000 Mark Spekulationsgewinn völlig steuerfrei vereinnahmen. Am Ende bleibt Ihnen also nach Abzug der gezahlten Prämie für die Verkaufsoption ein steuerfreier Gewinn von 8700 Mark.

Im letzten Fall einer etwa gleichbleibenden Kursentwicklung dagegen verfiele der Wert Ihrer Option mit dem Näherrücken des Optionstermins am Ende der Laufzeit überproportional. Da Sie auch in dieser Situation nach Ablauf der Spekulationsfrist Ihre Kursgewinne realisieren können, ergäbe sich bei einem angenommenen Kurs von 250 Mark ein nicht zu versteuernder Gewinn von 3700 Mark. Verkaufen Sie allerdings Ihre Option recht frühzeitig weiter, erhalten Sie möglicherweise noch einen erheblichen Teil der gezahlten Optionsprämie zurück, so daß sich auf diese Weise Ihr Gesamtgewinn wiederum erhöhen könnte.

Solche Rechnungen erscheinen auf den ersten Blick kompliziert, gehören aber, wenn man sich die Sache einmal ganz klargemacht hat und in solche Regionen der Spekulation als Einsteiger hineinwachsen will, zum Salz in der Suppe erfolgreicher Spekulation. Dabei ist es freilich wichtig, sich immer am neuesten Stand der Steuergesetzgebung und Rechtsprechung zu orientieren, um nicht hinter Strategien herzulaufen, die wenig Aussicht haben, am Ende höchstrichterlich abgesegnet zu werden.

So vermeiden Sie Steuerfallen

Im Gegensatz zur Versteuerung von Zins- und Dividendeneinkünften, bei denen jetzt noch die angeführten, großzügig bemessenen Freigrenzen gelten, sind Spekulationsgewinne und -verluste innerhalb der Halbjahresfrist auf jeden Fall in der Steuererklärung als Mehr- oder Mindereinkommen wirksam. Dabei sollte man gegenüber dem Finanzamt größte Sorgfalt üben, um jederzeit den Nachweis führen zu können, ob bestimmte Wertpapierpositionen und die dabei aufgelaufenen Gewinne unter die »Spekulationssteuer« fallen.
Bei der Feststellung, ob die Spekulationsfrist am Tage der Abrechnung (Wertstellung) tatsächlich überschritten war, geht das Finanzamt nämlich in der Regel zuungunsten des Steuerzahlers davon aus, daß die zuletzt gekauften Wertpapiere in ein und demselben Depot immer die zuerst wiederverkauften sind. Man kann sich hier mit einem kleinen Trick helfen, indem man seine Bank anweist, später gekaufte Papiere desselben Unternehmens bzw. mit derselben Kennummer auf einem Unterdepot zu verbuchen. Dann ist immer klar, was man wann gekauft und wieder verkauft hat. In diesem Fall müssen Sie Ihre Bank grundsätzlich anweisen, bei späteren Teilverkäufen die entsprechenden Bestände zunächst immer dem Depot zu entnehmen, in dem früher gekaufte Stücke verwaltet werden, deren Anlagezeitraum dann über die Spekulationsfrist hinausreicht.
Wenn man große Wertpapierbestände verwaltet oder ohnehin zu denen gehört, die in einem schnellen Hinundherschieben von Beständen und häufigen Umschichtungen ihr Börsenheil suchen, sollte man dringend mehrere solcher Depots führen. Man könnte diesen Depots dann zudem auch systematisch Werte mit

unterschiedlicher Fristigkeit zuordnen, sie also nach langfristigen, mittelfristigen und kurzfristigen Anlagezeiträumen ordnen.

Niedrigzinsanleihen sind höchst rentabel

Zinsen auf festverzinsliche Wertpapiere sind einkommensteuerpflichtig, soweit sie die angegebenen Freigrenzen von derzeit 6 100 Mark für Ledige und 12 200 Mark für Verheiratete überschreiten. Da andererseits bei inländischen Emittenten Kursgewinne auch innerhalb des Spekulationszeitraums nicht zu versteuern sind, empfiehlt es sich, grundsätzlich Schuldverschreibungen mit niedrigem Zinssatz den hochverzinslichen vorzuziehen. Der Zinsnachteil wird dabei bekanntlich durch den geringeren Erwerbskurs solcher Schuldverschreibungen ausgeglichen, der im Normalfall über die bis zum Ende der Laufzeit zu verzeichnenden Kursgewinne eine Gesamtrendite im jeweils üblichen Rahmen garantiert. So tritt die scheinbar paradoxe Situation ein, daß eine nominal höher verzinsliche Anleihe einem Anleger nach Steuern eine mitunter erheblich geringere Rendite gewährt als eine niedriger verzinsliche.
Der kritische Börsianer sollte diese und andere durch neuere Steuergesetzgebungen das Börsengeschäft möglicherweise beeinträchtigenden Sachverhalte bei all seinen Entscheidungen also grundsätzlich immer mitbedenken. Als Erfolg zählt schließlich das, was am Ende unter dem Strich herauskommt, und das ist einzig und allein der verbliebene Gewinn – nach Steuern.

Abb. 10.3: Kursnotierungen und Renditekennziffern öffentlicher deutscher Anleihen

Öffentliche Anleihen

Zins	Laufzeit	16.10.97	15.10.97	Rend.
Bundesrepublik Deutschland (F)				
6 v. 86	1998	101,11b	101,16b	3,667
6 v. 86 II	2016	99,78b	100,50b	6,013
5,625 v. 86	2016	95,40b	96,15b	6,037
6 v. 86 III	1998	101,83b	101,92b	4,108
6,375 v. 88	1998	100,67b	100,72b	3,587
6,25 v. 88	1998	100,83b	100,86b	3,640
6,125 v. 88	1998	101,00b	101,03b	3,608
6,5 v. 88	1998	101,53b	101,57G	3,756
6,75 v. 88	1998	102,07b	102,13b	3,876
6,75 v. 88 II	1998	102,25bB	102,33b	3,945
6,375 v. 88 II	1998	102,30b	102,41G	4,158
6,375 v. 88 III	1998	102,40b	102,52b	4,214
6,5 v. 89	1999	102,57b	102,70b	4,236
6,75 v. 89	1999	102,98G	103,11b	4,231
7 v. 89	1999	103,43G	103,58b	4,282
7 v. 89 II	1999	103,76b	103,92b	4,328
6,75 v. 89 II	1999	103,62G	103,82b	4,430
7 v. 89 III	1999	104,52b	104,73b	4,487
7 v. 89 IV	1999	104,64b	104,86b	4,529
7,125 v. 89	1999	105,14b	105,38b	4,569
7,25 v. 90	2000	105,45b	105,72b	4,627
7,75 v. 90	2000	106,66b	106,92b	4,655
8,75 v. 90	2000	109,48b	109,78b	4,751
8,5 v. 90	2000	109,47b	109,81b	4,840
9 v. 90	2000	111,20b	111,58bG	4,904
8,875 v. 90	2000	111,32b	111,66b	4,919
9 v. 91	2001	111,91b	112,27b	4,936
8,375 v. 91	2001	110,75b	111,16bG	5,007
8,25 v. 91	2001	111,11b	111,47b	5,052
8 v. 92	2002	111,63b	112,01b	5,168
7,25 v. 92	2002	108,77b	109,11b	5,215
7,125 v. 92	2002	108,34b	108,74b	5,232
6,75 v. 93	2003	106,78b	107,20b	5,283
6,5 v. 93	2003	105,66b	106,13b	5,318
6 v. 93	2003	103,37b	103,86b	5,315
6,25 v. 94	2024	101,00b	101,90b	6,167
6,25 v. 94ex	2024	19,50T	19,88B	6,433
6,75 v. 94	2004	107,48b	107,87b	5,386
(FRN) v. 94	2004	99,17b	99,17b	
7,5 v. 94	2004	111,75b	112,20b	5,448
7,375 v. 95	2005	111,06b	111,52b	5,467
6,875 v. 95	2005	108,19bG	108,66b	5,508
6,5 v. 95	2005	105,95b	106,44b	5,557
6 v. 96	2006	102,74b	103,18bG	5,566
6 v. 96II	2006	102,75b	103,21bG	5,567
6,25 v. 96	2006	104,34b	104,80bC	5,504
6 v. 97 I	2007	102,45b	102,97b	5,643
6 v. 97Iex	2007	59,58G	60,03G	5,777
6 v. 97 II	2007	102,50b	103,08b	5,649
6 v. 97IIex	2007	57,86T	58,41T	5,788
6,5 v. 97	2027	104,03b	104,09b	0,194
6,5 v. 97ex	2027	15,45b	15,81T	6,484
ERP-Sonderv. (F)				
8 v. 92	2002	111,07b	111,43G	5,178
6,75 v. 93	2003	106,33b	106,86b	5,380
F.Dt.Einheit (F)				
8,75 v. 90	2000	109,88b	110,23b	4,015
8,5 v. 91	2001	110,58b	110,94bG	4,960
8,75 v. 91	2001	112,67b	113,02b	5,027
8 v. 92	2002	110,75b	111,13b	5,110
Treuhandanstalt (F)				
7,75 v. 92	2002	110,83b	111,18b	5,210
7,375 v. 92	2002	109,38b	109,72b	5,231
7,125 v. 93	2003	108,29b	108,72b	5,271
6,5 v. 93	2003	105,51b	105,96b	5,305
6,875 v. 93	2003	107,30b	107,80b	5,329
6,625 v. 93	2003	106,12b	106,58b	5,343
6 v. 93	2003	103,20b	103,70b	5,364
6,25 v. 94	2004	104,70b	105,10b	5,347
6,75 v. 94	2004	107,25b	107,63b	5,395
7,5 v. 94	2004	111,56b	111,99b	5,438
Ausgleichsfonds Währungsumstellg. (F)				
(FRN) v. 91	96/35	100,45G	100,10b	
Entschädigungsf. (F)				
v. 95	2008	66,00G	66,00G	
Fundierungs-schuldv. (F)				
£-Teil.		78,50G	78,50G	
3 90 I £	96-10	62,65-T	62,65-T	11.976
[illegible]		80,80G	80,30G	

Zins	Laufzeit	16.10.97	15.10.97	Rend.
7,75 v. 94	2004	112,70b	113,15b	5,500
Postschatz-anweisungen (F)				
6,75 v. 93	1999	102,83b	103,00b	4,327

Länder und Städte

Zins	Laufzeit	16.10.97	15.10.97	Rend.
Länderschatzanw. (F)				
6,25 1 v. 96	2006	103,80b	104,12b	5,685
6 2 v. 97	2007	101,80b	102,17G	5,734
Bayern (M)				
6,5 v. 96	2006	106,20-G	106,20-G	
6 v. 96	2006	101,70b	102,35b	
Berlin (F)				
6,5 v. 88	1998	101,30G	101,35b	4,251
6,75 v. 89	1999	103,70G	103,85b	4,605
Chemnitz (F)				
5,75 v. 94	2001	102,10G	102,65b	5,036
Dresden (F)				
6,125 v. 93	2003	103,30b	103,40G	5,471
Hamburg (F)				
7 v. 89	1999	103,70G	103,80G	4,399
Hessen (F)				
6,5 v. 88	1998	101,40b	101,40b	4,257
Leipzig (F)				
6,25 v. 93	2003	104,25b	104,50b	5,399
Mecklenbg.-Vorp.(F)				
6,875 v. 95	2005	106,90G	107,25G	5,759
München (F)				
7,5 v. 94	2004	110,85G	111,25G	5,603
(FRN) v. 95	2005	100,00G	100,00G	
6,5 v. 95	2005	105,05b	105,35b	5,699
6,625 v. 95	2005	105,85G	106,15G	5,698
Niedersachsen (F)				
6,5 v. 86	1998	100,60b	100,70G	3,860
6,25 v. 93	2003	104,37G	104,92b	5,362
6,75 v. 94	2004	106,94G	107,56G	5,437
7,5 v. 95	2005	111,47G	112,09G	5,526
6,75 v. 05	2005	107,15b	107,77G	5,604
6,625 v. 96	2006	106,28G	106,92G	5,654
Nordrh.-Westf. (F)				
6,25 v. 88	1998	100,85b	100,90G	4,042
(FRN) v. 92(D)	2001	99,75G	00,75G	
(FRN) v. 97	2007	96,25G	96,40G	
Rheinland-Pfalz (F)				
6,25 v. 96	2006	102,85G	103,50b	5,795
6 v. 96	2006	101,25G	101,65b	5,795
6,125 v. 96	2004	104,50-T	104,50-T	6,261
Sachsen (F)				
6,125 v. 93	2003	103,50b	103,50b	5,432
Sachsen-Anhalt (F)				
5,75 v. 95	2000	102,50G	102,65G	4,844
5,75 v. 97(45)	2007	99,75G	100,15G	5,775
5,75 v. 97(46)	2007	99,73b		5,782
Schlesw.-Holst. (F)				
6,5 v. 86*	1998	101,70b	101,70G	3,639

Spezial-Institute

Zins	Laufzeit	16.10.97	15.10.97	Rend.
KfW (F)				
6,125 88	1998	100,90G	100,90b	3,780
7 89	1999	103,35G	103,50G	4,386
7,125 89	1999	104,00G	104,15G	4,474
(FRN) 89	1999	99,75b	99,70b	
8,75 90	2000	109,20b	109,50b	4,834
8,5 91 I	2001	110,75b	111,15b	5,075
8,5 91 II	2001	111,60G	112,05G	[illegible]

11 Computerunterstützte Spekulation: Sonderchance für schnelle Trader

In den Tagen nach dem 19. Oktober 1987 haben wir es alle sehr deutlich erleben können: wie da jede Bewegung an den größten Finanzmärkten der Welt von New York über Tokio bis London fast sekundengleich entsprechende Reaktionen an den übrigen Finanzplätzen auslöste; wie jede gewichtige, gerade eben erst von den Nachrichtenagenturen verbreitete Äußerung irgendeines Wirtschafts- und Finanzministers zur Entwicklung von Dollar, Yen oder DM gleich hektische Kursbewegungen an den internationalen Devisenmärkten auslöste; wie sich eine krisenhafte, zuweilen psychopathisch anmutende Stimmung innerhalb kürzester Zeit rund um den ganzen Erdball verbreitete – ohne daß irgendwer diesem Treiben ein Ende bereiten konnte.
Über die elektronischen Medien sind die einzelnen Finanzplätze rund um den Globus zu einem einzigen Finanzmarkt zusammengewachsen. Computer sind nicht mehr wegzudenken aus den Börsensälen, den großen Devisenabteilungen der Bank- und Finanzinstitute, den Händler- und Maklerbüros – ja bald vermutlich nicht einmal mehr vom Schreibtisch des aktiven privaten Börsianers, der an den »Segnungen« der neuen Technologien teilhaben will.
Denn in der Tat kann der »Kollege Computer« im Börsengeschäft inzwischen sehr vielfältige Aufgaben übernehmen, von der reinen Informationsbeschaffung über Datenfernleitung, Telefon oder Btx über die Datenverwaltung und Depotüberwachung mittels intelligenter Programme bis hin zur Wertpapieranalyse und der Aufbereitung charttechnischen Materials.

Spekulieren mit Programm: Analyse und Verwaltung von Wertpapieren per Computer

Für die wirklich Professionellen unter den Börsianern, die institutionellen Anleger, die Verwalter großer Vermögensbestände, die Chefanalysten und Anlageberater in den oberen Etagen unserer ersten Adressen, ist dies selbst hierzulande kaum noch eine Frage: Der »Börsencomputer« zur Vereinfachung der Vermögensverwaltung, zur Unterstützung der eigenen Dispositionen, ja sogar zur umfänglichen Wertpapieranalyse und schnellen, aktuellen Entscheidungsfindung hat hier auf allen Ebenen des Managements längst Einzug gehalten und gewinnt immer mehr an Bedeutung.

An Software auf diesem Gebiet ist vieles inzwischen vorhanden, was das Herz eines engagierten Börsianers erfreuen kann. Inzwischen sind solche Programme – ganz zu schweigen von den Computern selbst – so preiswert geworden, daß sich auch viele mittlere und kleinere Anleger mit Recht fragen, ob sich die Anschaffung solcher Programme und eines entsprechenden Computers nicht auch für sie lohnen würde.

Eines läßt sich mit Sicherheit auch heute schon sagen. Den alten Typus des Börsianers, der mit der neuen Technik nichts anfangen kann oder will und sich ausschließlich auf seinen eigenen Sachverstand und sein Urteilsvermögen verläßt, wird es auch in ferner Zukunft noch geben. Und er muß, was seine spekulativen Erfolge betrifft, auf mittlere bis längere Sicht keineswegs schlechter liegen als seine computertechnisch versierten Kollegen.

Dennoch ist es wahrscheinlich, daß immer mehr Börsianer sich der Unterstützung eines Computers bedienen werden, um schneller, besser und gezielter jeweils gegebene spekulative Möglichkeiten nutzen zu können. In manchen Fällen sogar, etwa bei Arbitragegeschäften, ist ein intelligentes Computerprogramm geradezu Voraussetzung dafür, eine mitunter nur kurzfristig gegebene Chance schnell ausfindig zu machen und danach zu handeln. Doch auch im normalen Börsengeschäft kann der Computer dem mittleren und kleinen Anleger zweifelsohne sehr nützliche Dienste leisten.

Der Nutzen für den privaten Börsianer

Da ist zuallererst die von den meisten Programmen in mehr oder weniger ausgeklügelten Varianten angebotene Möglichkeit zur differenzierten Depotverwaltung.
Wer eine größere Anzahl von Wertpapieren ständig im Auge behalten will und dabei die in früheren Kapiteln herausgestellten Indikatoren (prozentualer Gewinn oder Verlust auf den Einzelwert und das Gesamtdepot, Entfernung bis Kursziel oder bis zum angenommenen »Stop-Loss«-Limit usw.) regelmäßig neu zu berechnen hat, kann dabei schon ganz schön ins Schwitzen geraten. Einfacher ist es, sich hier eines Computers zu bedienen, der alle notwendigen Daten nach Aktualisierung der jeweiligen Kurse in Sekundenschnelle neu zu berechnen vermag.
Für solche Prozeduren benötigen Sie nicht einmal ein eigenes Wertpapierverwaltungsprogramm – mit einigen mathematischen Vorkenntnissen lassen sich alle einschlägigen Kalkulationsprogramme (etwa *Excel*) ganz nach den eigenen Bedürfnissen zu komplexen Verwaltungsprogrammen zurechtschneidern. Sie können dann solche Programme und erst recht die meisten professionellen Programme sogar anweisen, Ihnen bei Erreichen eines bestimmten Kursziels (nach oben oder unten) etwa automatisch Verkaufsmeldungen anzuzeigen – damit Sie ja nicht den von Ihnen angenommenen optimalen Ausstiegszeitpunkt übersehen.
Wer es noch komfortabler haben und sich die Mühe der täglichen Kurseinlesung ersparen möchte, kann die Aktualisierung der Kurse auch mittels Telefon und angeschlossenem Modem

bzw. Akustikkoppler (für die Verbindung zum Computer) automatisch vornehmen lassen. Freilich sollten sie hier überlegen, ob sich ein solcher Luxus für Sie wirklich lohnt; denn neben den anfallenden Postgebühren für die Nutzung von Modem oder Akustikkoppler zahlen Sie auch noch die Nutzungsgebühren für die je aufgerufene Datenbank, über die Sie die aktuellen Kurse erhalten.

Die zweite Möglichkeit eines sinnvollen, ohne Einschränkung vorteilhaften Einsatzes des Computers ist seine Nutzung als eine Art Börsenbeobachter.

Wenn Sie häufig statt mit Aktien mit Optionsscheinen spekulieren oder gar nach einer gewissen Börsenerfahrung auch das eine oder andere Mal mit Optionen auf Aktien, dann ist es nicht nur unerläßlich, die für die Beurteilung der gekauften Werte maßgebenden Kennzahlen ständig zu überwachen, um bei Bedarf schnell reagieren zu können; auch die Erkennung einer günstigen Gelegenheit aus einer Vielzahl von möglichen Alternativen leistet Ihr Computer schneller, besser und fehlerfreier, als Sie es selbst könnten.

Es wäre mit den oben angeführten herkömmlichen Kalkulationsprogrammen ohne größere Schwierigkeit möglich, sich Tabellen mit den wichtigsten, für die Bewertung von Optionsscheinen maßgebenden Kennzahlen anzulegen und diese nach von Ihnen selbst festgelegten Auswahlkriterien sortieren zu lassen. Theoretisch könnten Sie auf diese Weise nach manueller oder automatischer Eingabe der aktuellen Kurse in Sekundenschnelle eine Rangfolge zwischen Hunderten von Optionsscheinen herstellen, um danach ebenso zügig Ihre Dispositionen zu treffen.

Grundsätzlich gilt: Je komplexer und komplizierter die vorzunehmenden Berechnungen sind, um zu einer Kauf- oder Verkaufsentscheidung zu kommen, desto nützlicher ist auch der Einsatz des Computers selbst. Bei der Beurteilung von Optionen oder gar von Arbitragemöglichkeiten kommen Sie kaum ohne

dieses Hilfsinstrument aus: Hier gewährt die schnelle automatische Berechnung und die nach eigenen Kriterien vorgenommene gezielte Auswahl von Anlagealternativen dem schnellen Trader ganz erhebliche Chancen.
Die dritte wichtige Einsatzmöglichkeit des Computers durch den privaten Börsianer ergibt sich aus der Grafikfähigkeit der meisten Geräte und den heute zumeist vorhandenen farblichen Darstellungsmöglichkeiten der Bildschirme.
Was wir in den früheren Kapiteln im Zusammenhang mit der charttechnischen Analyse von Einzelwerten bzw. des Gesamtmarktes kennengelernt hatten, läßt sich hier – statt mit Bleistift, Radiergummi und Lineal an zumeist überholten und daher nachgezeichneten Charts – ganz aktuell am Bildschirm vollziehen.
Ob Sie ein eingefleischter Chartist oder ein Anhänger der Point-and-Figure-Methode sind, ob Sie Chartverläufe, Durchschnittslinien, Formationen und die vielen anderen möglichen technischen Indikatoren lediglich zur Absicherung Ihrer ansonsten hauptsächlich nach fundamentalen Gesichtspunkten erfolgten Dispositionen betrachten wollen – in allen Fällen leistet Ihnen dabei der Computer kaum ersetzbare Dienste.
In dieser sekundenschnellen gezielten Aufbereitung von aktuellem Datenmaterial liegt zweifelsohne auch die Stärke der meisten Börsenanalyseprogramme, die der einzelne Börsianer auch mit erheblichen Computerkenntnissen kaum je selbst anfertigen könnte.
Kommen zu den grafischen Darstellungsmöglichkeiten durch die entsprechende Software schließlich noch Analyseprogramme hinzu, die auch fundamentale Daten berücksichtigen und nach selbstgewählten Gesichtspunkten unter einer Fülle von Wertpapieren diejenigen mit dem größten Kurspotential aussuchen können, stehen Sie als Börsianer den eingangs erwähnten ganz Großen in kaum etwas nach.

Grenzen der computerunterstützten Spekulation

Allerdings sollten Sie sich, zumals als Einsteiger mit vergleichsweise wenig Börsenerfahrung, von Ihrem Computer auch keine Wunder versprechen. Er ist ein technisches Hilfsmittel und als solches vor allem bei häufigen Transaktionen und ab einer gewissen Mindestgröße des zu verwaltenden Portefeuilles von erheblichem Nutzen. Wer nicht mehr als durchschnittlich insgesamt 20 000 bis 30 000 Mark an der Börse investiert, für den dürfte sich die Anschaffung eines Börsencomputers mit entsprechender Software in aller Regel nicht lohnen.
Doch auch in allen anderen Fällen ist es notwendig, daß Sie sich über die sehr unterschiedliche Güte der angebotenen Börsenprogramme persönlich ein Bild machen können, und zwar nicht allein anhand der Beschreibungen und Versprechungen aus den Prospekten. Viele Softwarehäuser bieten heute schon die Möglichkeit an, entsprechende Demonstrationsversionen ihrer Programme gegen eine geringe Gebühr zu Hause am eigenen Computer in aller Ruhe testen zu können. Wenn Sie 500, 1 000 oder gar noch mehr Mark für ein solches Programm auf den Tisch legen sollen, sollten Sie nicht dic Katze im Sack kaufen und auf angebliche »Trefferquoten« hereinfallen, die Ihnen im Ernstfall niemand nachweisen kann. Möglicherweise stellt sich nämlich bei der Anwendung heraus, daß sich das Programm für Ihre individuellen Bedürfnisse gar nicht eignet.
Eines kann der Computer ohnehin nicht – wie wir am Crash 1987 und den kleineren oder größeren Kursturbulenzen danach in den doch so computerhörigen Vereinigten Staaten am praktischen Beispiel glänzend vorexerziert bekommen haben –: die zukünftige Entwicklung der Börse bzw. eines Einzelwertes mit Sicherheit prognostizieren. Analyseprogramme bieten dem Börsianer Alternativen an, über die er am Ende immer noch selbst entscheiden muß. Wer glaubt, der Computer könne einem über die tatsächlich gegebenen erheblichen Erleichterungen ei-

gener Analysen hinaus auch noch Entscheidungen abnehmen und todsichere Tips produzieren, der verkennt das wirkliche, immer auch von psychologischen Momenten mitbestimmte Geschehen an der Börse vollends. Die sind aber nun, wie wir aus den Sozialwissenschaften wissen, am allerwenigsten in mathematisch exakt zu definierenden Operationen beschreibbar, so daß hier nach wie vor gilt, worüber der eine oder andere Anbieter seiner »todsicheren« Programme gern hinwegtäuschen will: Solange es die Spekulation an der Börse überhaupt geben wird, bleibt der Mensch auch hier das letzte Maß aller Dinge.

12 Lehrstücke frei Haus: drei kleine Geschichten

Ein guter Börsianer, der mit Sachverstand und einer erheblichen Portion Skepsis seine Börsengeschäfte betreibt, ist nicht nur – vielleicht nicht einmal in erster Linie – an Strategien interessiert, die ihm einen möglichst großen Gewinn versprechen. Mindestens ebensosehr wird er sich darum bemühen, aus den eigenen Fehlern und denen der anderen zu lernen, um Verluste in Grenzen zu halten. Gelingt es ihm, auch nur einen wesentlichen Teil der sich daraus ergebenden »Vermeidungsstrategien« bei seinen Entscheidungen konsequent zu befolgen, hat er auf diese Weise womöglich schon mehr verdient, als es auf den ersten Blick scheint. Denn die Vermeidung von Verlusten zählt am Ende in seiner Bilanz immer auch als Gewinn.

Um welche typischen Fehler es dabei gehen kann, läßt sich am ehesten an einigen praktischen Fällen aus dem Börsenalltag illustrieren. Herr Meier, Hänschen Müller und Luise Schulze sind dabei Namen, die durch die Namen wirklicher Personen beliebig austauschbar wären. So wie ihnen ergeht es am Anfang ihrer Börsenkarriere leider sehr vielen frsichgebackenen Spekulanten. Es käme also darauf an, aus ihrem Fehlverhalten Rückschlüsse zu ziehen für das eigene Handeln, ohne erst für entsprechende Fehler Lehrgeld zahlen zu müssen.

Wie Herr Meier seinen Kopf verlor

Nehmen wir also zunächst den Fall von Hans Meier. Bis Ende 1985 hatte er noch nichts mit der Börse im Sinn. Er sparte und sparte und brachte sein mühsam im Laufe der Jahre zusammen-

getragenes Kapital dorthin, wo es die meisten Menschen hierzulande im Alter von fünfzig, sechzig Jahren bringen würden: aufs Sparkonto.
Immerhin hatte er es auf diese Weise zu einem Geldvermögen von 20 000 Mark mit Zins und Zinseszinsen gebracht – eine ganz schöne Summe für ihn, mit der er und seine Frau sich ein wenig unabhängiger fühlen konnten von den normalen finanziellen Sorgen des Alltags. Wenn jemand von ihnen krank war oder das Haus, das sie besaßen, repariert werden mußte – das eine wie das andere war in den letzten Jahren tatsächlich leider schon fast die Regel geworden –, hatten sie neben ihrem kleinen Einkommen immer noch die »eiserne Reserve« im Rücken. Das machte sie froh.
Natürlich las Herr Meier auch Zeitung. Immer wieder hatte er da von Leuten gehört, die im Zuge des nun drei Jahre anhaltenden Wirtschaftsaufschwungs ihr Geld an die Börse gebracht hatten und dabei offenbar fast »über Nacht« reich geworden waren. Von horrenden Gewinnen war da die Rede, von einer Verdoppelung, ja einer Verdreifachung des eingesetzten Kapitals. Meier rechnete und fand schließlich heraus, daß auch er eigentlich mehr für sein Geld bekommen müsse als diese paar Groschen Zinsen auf seinem Sparkonto am Ende des Jahres. Also ging er zu seiner Bank, um sich beraten zu lassen, wie auch er von der weltweiten Aktienhausse »vielleicht nur für zwei, drei Monate!« profitieren könnte.
Der junge Anlageberater war natürlich sehr angetan von Herrn Meier. Jetzt konnte er seinem Abteilungsleiter endlich einmal beweisen, was in ihm steckte. 20 000 Mark standen also fürs erste zur Disposition: »Das ist doch schon ein Betrag, mit dem man arbeiten kann.« Meier verstand diese Bemerkung als Lob.
Worin aber sollte man nun investieren? Herr Meier dachte an irgendwelche Werte aus der deutschen Chemie, der Autoindustrie, Siemens usw. Immer wieder hatte er davon gelesen. Sein Anlageberater winkte nur ab: Die waren ihm alle schon zu sehr »gekommen«; 5, 10 Prozent Kursgewinn – mehr wollte er diesen

Aktien auf ein halbes Jahr gar nicht mehr zubilligen. Das war denn Herrn Meier in der Tat viel zuwenig – für das Risiko, das er bei dieser Spekulation eingehen würde.
Doch der Anlageberater war um eine Alternative gar nicht verlegen. Also zog er aus seiner Schublade eine »Analyse« hervor. »Finnland«, hieß es da in großen Lettern, »die Börse mit dem größten Nachholbedarf in Europa!« Und Herr Meier wurde überhäuft mit Daten, Kennzahlen, Kursprognosen und Gewinnaussichten, die ihm – soweit er sie so schnell richtig einzuschätzen verstand – die Sprache verschlugen. »Ich selbst«, sagte der Mann, »investiere jetzt nur noch dort. Denn sehen Sie doch, was kann Ihnen bei diesem geringen Kurs-Gewinn-Verhältnis – hier zum Beispiel diese Versicherungsperle Pohjola – eigentlich schon groß passieren?« Klar, daß Herr Meier nun kaum noch nein sagen konnte.
Also orderte er (»wennschon – dennschon«) für 20 000 Mark Pohjola, billigst, ultimo gültig – daß ihm diese einmalige Chance auch ja nicht entginge. 110 Finnmark kostete sie noch in jenen Tagen, da konnte er glatt mit einer Verdoppelung rechnen.
Nach drei Tagen war der Kurs bereits auf 125 geklettert, und er kletterte weiter – ohne daß Meier die Ausführung seines Auftrags bestätigt bekam. Dann endlich, nach knapp vierzehn Tagen, traf die Bestätigung doch noch ein: Abrechnungskurs 130. Der erste Schock bei Herrn Meier ging vorüber, als er sah, wie die Aktie von Woche zu Woche tatsächlich immer neue Höhen erklomm. Inzwischen nämlich hatten auch andere Börsenjournale Finnland entdeckt. Und schwarz auf weiß war da allenthalben über »seine« Aktie zu lesen: Erstes Kursziel: 260! Meier rechnete und rechnete – er ärgerte sich nur, daß er nicht über mehr Geld verfügte. Sein Berater muß ihm seinen Wunsch von den Augen abgelesen haben. Jedenfalls bot er ihm bald darauf an, einen »Effektenkredit« einzurichten mit der Möglichkeit, nochmals bis zum Doppelten des selbst eingebrachten Betrages disponieren zu können. Also kaufte Hans Meier für

weitere 20 000 Mark Pohjola – diesmal allerdings schon für 160 Finnmark das Stück.
Doch wie entsetzt waren sie alle, als sie sahen, daß die Aktie in den folgenden Tagen und Wochen nun gar nicht mehr richtig vom Fleck kommen wollte. Eine »Konsolidierung«, beteuerte der Anlageberater. Zunächst sah es wohl auch danach aus. Aber ein paar Wochen später kam der Kurs dann doch noch unter die Räder: 150, 140, 130, 110 – Meier bekam schlaflose Nächte und sah sein Ende gekommen.
Und wieder war es der junge Anlageberater, der ihn zu beruhigen versuchte. »Verbilligen!« lautete jetzt seine Devise – und Meier tat, wie ihm geraten, orderte das drittemal für denselben Betrag (billigst, ultimo – wie gehabt) und bekam seine Papiere schließlich noch einmal für 130 das Stück. Unter Einrechnung aller Kosten hatte er schließlich für 60 000 Mark Pohjola-Aktien gekauft zum Durchschnittspreis von 145 Finnmark. Jetzt wartete er nur noch aufs Glück. »Bei 150 geb' ich alles heraus!« schwor er sich – da half nur noch Beten.
Doch es kam, wie es kommen mußte. Die Aktie erreichte in den folgenden Wochen nicht mehr ihr Hoch, sondern fiel – mit dem übrigen finnischen Aktienmarkt – dorthin zurück, wo sie hergekommen war. Als sie dann einen Tag lang tatsächlich unter 100 notierte, wurde es Meier zuviel: Er bekam Angst und stieg aus – von seinen 20 000 Mark Eigenkapital waren am Ende nach Rückzahlung des Kredits kaum mehr als ein paar Mark übriggeblieben. »Hebeleffekt«, hatte sein Anlageberater doch immer gesagt, »durch den Hebeleffekt der eingebrachten Effektenkredite vergrößern Sie Ihre Gewinnchancen erheblich!« Nur diesmal hatte der Hebel in der falschen Richtung gewirkt.

Fazit: Übermut kommt vor dem Fall

Herr Meier hätte nie so hoch »setzen« dürfen. 20 000 Mark als einziges Barvermögen wären besser zur Hälfte aufs Sparkonto

gegangen, die andere Hälfte hätte er dann immer noch in höher verzinslichen Anleihen oder ähnliches investieren können. Um wenigstens mit einem Bein an der Börse zu sein, hätte er bestenfalls 5000 Mark spekulativ anlegen dürfen.
Der zweite gravierende Fehler war, daß sich Herr Meier von seiner Bank ohne Not zu einem Effektenkredit überreden ließ. Der Hebeleffekt solcher Kredite nach oben hin ist zwar sehr verführerisch, der Hebel kann aber, wie man sieht, auch nach unten hin ausschlagen.
Der dritte Fehler betrifft das ausgewählte Börsenengagement. Sowohl die Börse Helsinki selbst als auch der ausgesuchte Einzelwert sind für größere Transaktionen viel zuwenig liquide. Der Fachmann sagt auch, sie seien zu »eng«, und er mißt dies an den durchschnittlichen Tagesumsätzen, die an der Börse bzw. in einem Einzelwert erreicht werden. Die »Enge« des Marktes führt dann dazu, daß in Phasen, in denen alle einen bestimmten Wert haben wollen, die Kurse nach oben katapultiert werden, in entgegengesetzten Phasen aber, wenn alle ihre Gewinne mitnehmen wollen, man aus dem Wert kaum noch oder nur mit erheblichen Kursverlusten herauskommt. Der spanische und portugiesische Aktienmarkt erlebten solche Ausverkaufssituationen in den Wochen nach dem Crash vom 19. Oktober 1987 auf ähnliche Weise wie die meisten übrigen engen Börsen in jenen Tagen. Wer in einem engen Wert oder Markt unlimitierte Aufträge erteilt – dies war ein weiterer Fehler von Herrn Meier und seinem unerfahrenen Anlageberater –, schaufelt sich ohne Not sein eigenes Grab.
Schließlich hätte Herr Meier sein Engagement selbst bei seinem vergleichsweise geringen Anfangskapital auf verschiedene Einzelwerte verteilen müssen, um unerwarteten Risiken aus dem Wege zu gehen: nie alles in einen einzigen Wert, nie alles an einer einzigen Börse, nie alles verfügbare Kapital auf einmal! Hätte er diese ersten Grundsätze der Spekulation nicht mißachtet, wäre es ihm mit Sicherheit besser ergangen.

Was Hänschen nicht lernt ...

Selbstkontrolle und -kritik ist auch für den Börsianer der erste Weg zur Besserung. Konnten wir in der vorangegangenen Geschichte Hans Meier beobachten, wie er sich Schritt für Schritt durch den einseitigen Aufbau seines Depots, durch die Aufnahme überhöhter Kredite und durch eine unbedachte Konzentration auf einen einzelnen, noch dazu sehr engen Markt sein eigenes Börsianergrab schaufelte, geht es diesmal um andere, nicht weniger grundlegende Fehler der Spekulation: um das Verhalten des typischen Spielers. Nennen wir ihn hier der Anschaulichkeit halber, um seine Jugendlichkeit zur vollen Geltung zu bringen, Hänschen Müller.
Hänschen war eigentlich jemand, dem es von Anfang an schwerfiel, sich eine eigene Meinung zur Börse zu bilden. Statt dessen verließ er sich lieber auf die zahlreichen Analysen, Empfehlungen, Tips und Prognosen, wie sie ihm Woche für Woche aus dem Munde der wirklichen oder vermeintlichen Börsenexperten auf den Tisch flatterten. Denn Hänschen las viel; es gab kaum eine Börsenzeitschrift, kaum Börsenbriefe und Anlagedienste, die er nicht abonniert hatte – da kamen im Laufe des Monats schon einige hundert Mark an Gebühren zusammen. Hänschen war mithin alles in allem mit Informationen reichlich versorgt.
Und zu Beginn seines jungen Börsianerlebens Anfang 1987 lag er damit auch ganz gut im Rennen. Da hatte er schon im Januar auf Anraten seiner Bank und der einen oder anderen besorgten Stimme aus der Finanzwelt auf Goldminenaktien gesetzt und daran bis zu seinem glücklichen Ausstieg Mitte April ganz kräftig verdient. Ganz stolz war er darauf – und sein Anlageberater stand ihm darin um nichts nach –, sein erstes Engagement so bravourös gemanagt zu haben. Beide führten sie diesen Erfolg auf ihre fachkundige Analyse und ein richtiges Gespür für den Trend an der Börse zurück. Doch seit jenen Tagen wollte ihnen nichts mehr so recht gelingen. Regelmäßig um neun telefonier-

ten sie miteinander und besprachen die Strategie des Tages. Hänschen versorgte seinen Berater mit den neuesten Tips und Gerüchten aus seinen Anlagediensten, jener fügte die morgendlich eingeholte Einschätzung seiner zentralen Anlageberatungsstelle aus Frankfurt und die neuesten Nachrichten von Reuters hinzu. So war an einem Tag die spanische Börse ihr Favorit, an einem anderen Tag waren es kanadische und australische Rohstoffwerte, am dritten Tag sorgten sie sich um das möglicherweise bevorstehende »Sommerloch«, gaben die einen oder anderen unsicheren Kantonisten in Hänschens Depot vorsichtshalber heraus, um tags darauf angesichts eindeutiger »Chartsignale« wieder andere Werte zu ordern. Sichtlich fiel es Hänschen schwer, eine Zeitlang einmal nicht voll investiert zu sein. Die erste Frage an seinen Anlageberater war immer wieder, was man denn heute »unbedingt« machen müsse. Der war natürlich um eine Antwort selten verlegen – schließlich wuchs die Anerkennung seiner Vorgesetzten für ihn nicht zuletzt mit der Höhe der durch ihn veranlaßten Umsatztätigkeit seiner Kunden. So kam es, daß Hänschens Depot durchschnittlich eher mehr als zwanzig Einzelwerte umfaßte. Denn Hänschen hatte Angst, irgendeine günstige Gelegenheit zu verpassen.

Natürlich stellte Hänschen Müller zwischendurch sein Depot auch das eine oder andere Mal völlig glatt. Sein Anlageberater half ihm dabei. Wenn die Sorgen um den weiteren Verlauf der Weltkonjunktur, der Zinsen und des Dollars wieder einmal überhandnahmen, schickte der seine Kunden regelmäßig aus allen Werten hinaus, um sie eine Woche später, nachdem sich die Ängste gelegt hatten, wieder zu neuen Engagements anzuregen. Dabei meinte es sein Berater nicht einmal schlecht. Er hatte einen heißen Draht zu allen möglichen Analysen, Händlern und selbsternannten Auguren, telefonierte stundenlang täglich für seine Kunden in der Weltgeschichte herum – was ihm fehlte, war nur eine eigene, nicht an bloßen Tagesereignissen orientierte Meinung zum Börsengeschehen und natürlich eine Menge Er-

fahrung. Darin stimmte er leider mit Hänschen Müller fast nahtlos überein.
Es versteht sich von selbst, daß Hänschen es schwer hatte, seine vielfältigen Dispositionen, Neu- und Umorientierungen mit den Anforderungen an eine vernünftige Depotüberwachung in Einklang zu bringen. Die Kauf- und Verkaufsaufträge kamen bisweilen schneller, als es seine Kapazitäten zuließen. Auf diese Weise verlor er bald den Überblick über den Stand seines Engagements. Er wußte zwar, daß er einiges von den Frühjahrsgewinnen wohl wieder losgeworden war – doch einen genauen Überblick hatte er nicht. Als er dann schließlich kurz vor den Ferien endlich Zwischenbilanz zog, staunte er doch, wie weit seine Gewinne inzwischen aufgezehrt waren.
»Was tun?« fragte Hänschen entsetzt seinen Anlageberater. Jetzt wollte er nur noch auf Werte setzen, die er für längere Zeit halten konnte und die jeder Gefährdung des Aktienmarktes von vornherein widerstanden. So kamen sie beide sehr schnell auf ihre erste Glückssträhne zurück: die Goldminenaktien. Die hatten nach einer monatelangen Konsolidierungsphase Anfang August tatsächlich schon wieder ihre Topkurse erreicht – was lag da eigentlich näher, als anzunehmen, daß sie nunmehr ihren stürmischen Aufschwung aus dem Frühjahr fortsetzen würden?
»Wenn etwas sicher ist gegen mögliche Gefährdungen des Marktes«, so stand es schwarz auf weiß in den Anlageempfehlungen seiner Bank, »dann alles, was mit Edelmetallen, Edelsteinen und anderen ›konjunkturresistenten‹ Anlagen zu tun hat!« Und sein Anlageberater unterstrich diese Einschätzung noch mit seinen jüngsten Informationen direkt vom Börsenparkett: »Auch die Japaner setzen seit einigen Monaten massiv aufs Gold – was meinen Sie, wo am Ende des Jahres dann erst der Goldpreis und unsere Minenaktien stehen?« Schließlich gestand er ihm, was Hänschen nun in der Tat sehr überraschte, sich in dieser Frage (auch im eigenen Interesse) schon einmal

bei einem bekannten Börsen-Guru erkundigt zu haben. Der schwöre seit einigen Wochen angesichts der gegebenen Konstellationen von Mars und Jupitermonden nur noch auf Gold. Für Hänschen war das der letzte, entscheidende Anstoß, sein Portefeuille endgültig wieder auf Goldminenwerte umzustellen. Nun konnte er in aller Ruhe seinen Urlaub antreten.
Als er aus den Ferien zurückkam, war in der Tat auch noch nichts geschehen. Seine Minenaktien hatten zwar alle um 10 bis 15 Prozent an Boden verloren, doch das schien eine der üblichen Konsolidierungsphasen zu sein – zu seiner Beruhigung hatte die Bank auch die übrigen Kunden inzwischen fast völlig auf Gold »umgepolt«.
Am 19. Oktober hätte Hänschen dann beinahe seinen Berater umarmt; stand also der Crash doch vor der Tür. Nun mußte das Gold ja aufgrund der an den Weltbörsen allenthalben zu beobachtenden Panik an Boden gewinnen und die bei 500 Dollar je Unze gesichtete Widerstandszone flugs nach oben durchbrechen – und wie würden dann erst ihre Minenwerte aussehen. Die Anlageberater in seiner Bank klopften sich bei diesem Gedanken schon kräftig gegenseitig auf die Schulter. Doch das vermeintliche Glück war, wic jedermann weiß, nur von sehr kurzer Dauer. Der Goldpreis schnellte nicht – wie allgemein angenommen – angesichts der aufkommenden Ängste und den zwischendurch immer wieder mit dem Börsenkrach 1929 verglichenen Entwicklung massiv in die Höhe, sondern machte nur eben einmal einen kleinen Hüpfer nach oben, um gleich wieder in die Knie zu gehen. Zugleich purzelten die seit fast einem Jahr schon arg hochgerechneten Goldminenwerte schneller als die übrigen Aktien. Ja einige – von den Goldexperten seiner Bank gerade kurz zuvor hoch favorisierten – »Junior-Minen« verloren innerhalb weniger Wochen beinahe zwei Drittel ihres ursprünglichen Werts. Im Durchschnitt jedenfalls hatten sich die Kurse der Goldminenaktien bis Anfang November, gemessen am Londoner Goldminenindex, beinahe halbiert. Das war ein

Erwachen für Hänschen. Er hatte auf Sicherheit gesetzt und war dennoch betrogen.

Fazit: Wer wagt, muß nicht gewinnen

Hänschen hat seine ersten, für ihn offenbar zu schnell gekommenen Gewinne leichtfertig wieder verspielt. Von den Anfangserfolgen verwöhnt, sah er die Börse sehr schnell nur noch als »Einbahnstraße«. Er mußte gewinnen und verlor dort, wo sich nicht innerhalb kürzester Zeit ein Erfolg einstellen mochte, schnell die Geduld. Dabei übersah er, daß diese Rastlosigkeit mit jeder neuerlichen Umschichtung seines Depots über die anfallenden Gebühren nicht ihn, sondern nur seine Bank reicher machte.

Der zweite gravierende Fehler war, daß Hänschen und sein Berater über kein wirklich zu Ende gedachtes Anlagekonzept verfügten. Weil er nie aufgrund eigener gründlicher Analysen zu Entscheidungen gekommen war, stand er immer nur halbherzig hinter seinen Dispositionen und ließ sich schnell zu neuen, ebenso unbedachten Engagements überreden.

Die Vielzahl von Informationen, über die Hänschen Müller tatsächlich verfügte, konnte er zuletzt gar nicht mehr richtig bewerten. Eine kritische Distanz zu dem, was er da tagtäglich an Daten, Einschätzungen, Prognosen, Empfehlungen, Tips und Gerüchten zu verarbeiten suchte, ging ihm dabei völlig ab. Vor allem verwechselte er bald das eine leicht mit dem andern – ohne sich etwa jemals die kritische Frage zu stellen, wer eigentlich was, wann und warum mit welchem möglichem Eigeninteresse empfahl. Dies war vielleicht sein entscheidendster Fehler.

Luise Schulzes Zitterpartie

Wenden wir uns am Ende unserer kleinen Geschichten um gravierende Anleger- und Anlagefehler einem Fall zu, der das spekulative Verhalten eines oberflächlich an Charts orientierten, aber dennoch eher nach Gefühl handelnden Börsianers an einem idealtypischen Anlagezyklus demonstriert. Weil unter den Spekulanten heutzutage natürlich nicht nur die Männer immer die Dummen sind, nehmen wir hier zur Abwechslung den Fall der erfolgreichen Kauffrau Luise.

Luise Schulze spielte schon seit einiger Zeit mit dem Gedanken, einen Teil ihres Geldes an die Börse zu bringen. Ihre kleine Boutique war längst aus den »roten Zahlen« heraus, so daß sie es wagen konnte, sich mit einem Teil ihrer Rücklagen in einem anderen Metier zu versuchen. Eigentlich durfte dabei ja auch nicht allzuviel schiefgehen. Die Börsenentwicklung der letzten Jahre war, gemessen am stetigen Anstieg der repräsentativen Marktindizes, ja offenbar für den Anleger ein einziges Zuckerschlecken gewesen. Schade nur, daß sie erst jetzt dazu kommen konnte.

Luise war für den Einstieg ins Börsenleben gar nicht so schlecht präpariert. Ihr Gesprächspartner bei der Sparkasse hatte ihr seit Wochen verschiedenstes Informationsmaterial mitgegeben. Sie hatte von fundamentalen und technischen Analysen gehört, war aus der regelmäßigen Lektüre von Wirtschaftsnachrichten über den Verlauf der Konjunktur, den Dollarkurs und die Entwicklung der Zinsen gut informiert, konnte den einen oder anderen Chart in den wesentlichsten Zügen verstehen und beobachtete schon eine Zeitlang den Verlauf einer Autoaktie, die seit Jahr und Tag kontinuierlich an Boden gewonnen hatte – ohne daß sie sich bislang zum Einstieg entschließen konnte. Endlich, in den Börsenjournalen und Unternehmensprospekten waren soeben wieder die erheblichen Wachstumsperspektiven der Automobilindustrie herausgestellt worden, war es soweit. Luise wagte den Sprung ins Wasser – und prompt begann eine Zitterpartie.

Folgen wir also dem Gedankengang einer frischgebackenen Börsianerin, wie er auf diese oder ähnliche Weise beim Einstieg ins Börsenleben eher der Normalfall als die Ausnahme sein dürfte:

① Kurs 770: Tatsächlich, erstklassige Zahlen, solide Wachstumsaussichten. Bei dem niedrigen KGV müßte ein Kursgewinn von 30 Prozent schnell drin sein. Der Anlageberater sagt, die Japaner hielten bei dem Wert schon die Hand auf. Kann man sich vorstellen: deutsche Spitzentechnologie. Also, jetzt muß ich's versuchen: »Bitte, sofort 300 Stück ordern!«

② Kurs 800: Hab' ich ja gesagt. Wunderschön, An- und Verkaufsgebühren schon nach drei Tagen verdient. Mensch, wenn der Wert die 800 erst einmal knackt – kein Widerstand mehr bis 1 100. Nur gut, daß ich noch reingekommen bin. Ist ja richtig spannend.

③ Kurs 770: Muß denn das sein – gleich beim ersten Versuch? Aha, wahrscheinlich eine typische Konsolidierung.

④ Kurs 730: Nein, das gibt's doch nicht, die fällt ja noch weiter, schon 7 Prozent inklusive Gebühren verloren. Wohin soll das nur führen? Hätte ich das gewußt ... Bei der nächsten Erholung steig' ich wieder aus.

⑤ Kurs 760: Gott sei Dank, was bin ich erleichtert. Dies Auf und Ab an der Börse ist wohl doch nichts für mich. Steck' ich doch lieber das Geld in mein Geschäft. Aber bis zum Einstiegsniveau warte ich noch mit dem Verkauf.

⑥ Kurs 700: Um Himmels willen, die fünf Weisen prognostizieren ein geringeres Wachstum, und jetzt fällt auch noch der Dollar (Greenspan soll schon von 1,30 Mark für den Dollar in naher Zukunft geredet haben) – dann rauschen ja die Autoaktien mit Sicherheit in den Keller – bei der Exportabhängigkeit. Was soll ich nur tun? Bald komm' ich gar nicht mehr raus!

⑦ Kurs 670: Ich versteh' das Ganze nicht mehr: diese Aktie, ein KGV von nicht einmal 8. Ist denn das Ausland blind? In den USA müßte der Kurs gut doppelt so hoch notieren, und erst in Japan ... Nein. Jetzt nur die Ruhe bewahren, da hilft nur eine vernünftige Strategie. Wenn ich noch mal dieselbe Anzahl zu diesem Kurs nachkaufen würde, brauch' ich gerade noch 5 Prozent Kursanstieg bis zum durchschnittlichen Einstand. Eigentlich wollte ich das Geld ja für die neue Ladeneinrichtung verwenden ... doch da hilft alles nichts: »Kaufen Sie noch einmal für mich 300 Stück nach!«

⑧ Kurs 630: Ich kann's nicht mehr sehen, wieder 5 Prozent abgesackt. Wenn's so weitergeht, kann ich nicht mehr. Wo bleiben denn nur die Japaner?

⑨ Kurs 600: Was sagt der Berater, die Engländer geben? Die Zinsen steigen, und der Dollar sackt noch weiter ab? O nein, jetzt will ich nicht mehr: »Alles bestens verkaufen!«

⑩ Kurs 630: Ist doch nicht möglich, hätt' ich doch nur nicht auf diesen jungen Burschen gehört. Jetzt ist es zu spät.

⑪ Kurs 660: Mensch, die springt doch tatsächlich wieder an, die erste Widerstandslinie schon wieder gebrochen. Hab' ich ja gleich gesagt, Wachstumswert! Und der Dollar erholt sich ebenfalls wieder. Soll ich's noch mal versuchen? Jetzt oder nie: »Kaufen Sie vom restlichen Geld alles wieder zurück!«

⑫ Kurs 600: Ich halt's nicht mehr aus, Gerüchte um Devisenskandal im Vorstand des Unternehmens? Ist wohl doch nur ein Wert wie jeder andere. Wenigstens hat die Unterstützungslinie gehalten – jetzt hilft nur noch eines: Zähne zusammenbeißen und durch!

⑬ Kurs 590: Die 600er-Linie durchbrochen, das Ausland verkauft, der Dollar marschiert in den Keller. Ich hab' einfach kein Glück, es hat keinen Zweck: »Hilfe! Rausgeben, alles bestens, nur raus! Nie wieder Börse!« Was für eine schlechte Anlageberatung, hätten doch wissen müssen, wie es um dieses Unternehmen in Wirklichkeit steht. Ja, ja, haben wohl doch nur ihre Umsätze im Kopf...

⑭ Kurs 660: Das schafft die Aktie doch nie, bei den miesen Aussichten. Sollen ja mächtige Schwierigkeiten im USA-Geschäft auf sie zukommen. Gut, daß ich nicht investiert bin. Doch wie war das noch mit den Optionen: Da könnt' ich ja auch auf einen Kursverfall spekulieren?! Vielleicht ein paar kleine Beträge als Verkaufsoption – das wär' eventuell was ...

⑮ Kurs 720: Hab' ich ja gleich gewußt, mächtige Widerstandszone, die 730 packt die doch nie. Wenn ich jetzt ein paar hundert Stück Verkaufsoptionen erwerbe und die Aktie nur um 10 Prozent absackt, da bekomme ich ja fast meine Verluste wieder heraus: »Bitte, kaufen Sie für mich 1 000 Stück Verkaufsoptionen zum nächsten Termin, Basis 700, 10 Mark das Stück. Jetzt weiß ich, wie man's macht! Und legen Sie gleich einen Verkaufsauftrag für diese Option, ultimo gültig, für 40 Mark in den Markt – wenn der Aktienkurs bei 650 steht, ist mein Geld ja mindestens das Vierfache wert ...«

⑯ Kurs 760: O nein, warum steigt denn die Aktie wieder? Gerade hat es doch noch geheißen, die Automobilindustrie stünde vor dem sicheren Abschwung. Mein Gott: Die Option ist ja nach einer Woche kaum noch die Hälfte wert. Und wenn der Kurs nun noch weiter steigt: Wohin soll das denn noch führen? Nein, diese Aufregung: »Bloß verkaufen, verkaufen! Mit der Börse hab' ich nichts mehr im Sinn! Und übrigens – mein Geschäftskonto bei Ihnen, das lösen Sie mal gleich auch mit auf. Schließlich wäre es Ihre Pflicht gewesen, mich vor dem entstandenen Schaden zu schützen. Rein rechtlich ist das mit Forderungen aus Optionsgeschäften ja anscheinend ohnehin so eine Sache ... hätten Sie die überhaupt je mit mir abschließen dürfen?«

Fazit: Ein Schritt vorwärts, zwei zurück

Luise Schulze hat übersehen, daß die Börse keine Einbahnstraße sein kann. Einem Kursanstieg folgt nach längeren oder kürzeren Perioden immer wieder eine Zeit der Konsolidierung mit einer entsprechenden Seitwärtsbewegung der Kurse oder auch eine ausgeprägte technische Reaktion. Wichtig ist, daß der mittelfristige Gesamttrend stimmt – dann könnte man grundsätzlich auch größere Schwächephasen eines Wertpapiers ohne Nervosität überstehen. Charttechnisch betrachtet dürfte Luise auf einem Niveau eingestiegen sein, das angesichts der Entfernung zur 200-Tage-Linie von über 30 Prozent ohnehin als eher zu hoch angesehen werden mußte. Der zuvor eingetretene schnelle Kursanstieg mußte erst einmal »verdaut« werden und ließ eine bevorstehende Konsolidierung erwarten.
Die Verbilligung des Einstands nach über 15 Prozent Verlust war eine durchaus sinnvolle Entscheidung; eine Alternative wäre die Auflösung des Engagements auf etwa diesem Niveau gewesen (hartes »Stop-Loss«). Das Nachkaufen kann aber nur dann richtig sein, wenn man sich über die damit verbundenen Gefahren im klaren und bereit ist, das Engagement weiter zu tragen.
Als Chartistin hätte Luise mit dem ersten Verkauf warten müssen, ob die bei 600 verlaufende 200-Tage-Linie hält. Von einem »nachhaltigen Durchbruch« (= mindestens 3 Prozent über mehr als drei Tage) konnte selbst beim Kurs von 590 noch nicht die Rede sein. Ihr kurzfristiger Wiedereinstieg mit dem nachfolgenden Wiederverkauf waren eher Panikreaktionen.
Der Umstieg der Börsianerin nach der erfolgten Neuorientierung und die Spekulation auf einen nunmehr fallenden Aktienkurs waren von der Sache und vom Timing her ebenfalls wenig durchdacht: Angesichts der zur Verfügung stehenden Mittel muß ein Investment von 10 000 Mark für Optionen als viel zu hoch eingeschätzt werden. Überhaupt war nach dem inzwischen

wieder erreichten Kursniveau von 720 und der auf dieser Höhe offenbar nur geringen Widerstände die Richtung, die der Aktienkurs nehmen würde, keineswegs so klar, wie sie bei einem Engagement im risikoreichsten Bereich der Spekulation, den Optionen, sein sollte.

13 So vermeiden Sie typische Anlagefehler

Das in den kleinen Geschichten des vorangegangenen Kapitels karikierte Fehlverhalten noch unerfahrener Börsianer läßt sich, systematisch ergänzt und geordnet, zu einem ganzen Bündel vermeidbarer Anleger- und Anlagefehler erweitern.
Am normalen Ablauf eines Börsenengagements orientiert, erhält man auf diese Weise sechs Fehlerbereiche, die man sich auch als »gestandener Börsianer« gelegentlich immer wieder vor Augen führen sollte. Denn nichts ist so schädlich im Alltag der Spekulation wie die Gewöhnung an eingefahrene, möglicherweise gar nicht mehr als Gefahrenquellen erkannte Verhaltensweisen.

Allgemeine Fehler

Sie ergeben sich im wesentlichen aus der persönlichen Disposition, gewissen Charakterzügen und dem gewöhnlichen Alltagsverhalten des noch unerfahrenen Börsianers und sind mitunter nur in einem längeren Prozeß der kritischen Selbstbeobachtung und -kontrolle korrigierbar:

- Spekulieren nach Gefühl statt nach Vernunft,
- Ungeduld,
- Starrsinn,
- Euphorie,
- Leichtgläubigkeit,
- Vertrauensseligkeit,
- übertriebener Pessimismus,

- übertriebener Optimismus,
- Angst vor Verlusten:
  - sie nicht hinnehmen können,
  - sie nicht wahrhaben wollen,
  - für sie die Schuld bei anderen suchen,
  - sie durch immer höhere Engagements auf Kredit und durch ungezügeltes »Nachkaufen« (Verbilligen) ungeschehen machen wollen,
- Gewinne allein dem eigenen Können zuschreiben,
- Verluste allein der eigenen Unfähigkeit zuschreiben,
- Übermut nach Gewinnen,
- Selbstmitleid nach Verlusten,
- Uninformiertheit,
- Überinformiertheit,
- mangelnde Urteilsfähigkeit in wirtschaftlichen, politischen und »börsenpsychologischen« Fragen,
- die zyklischen Bewegungen von Kursverläufen (Trends) des Einzelwerts sowie des Gesamtmarkts ignorieren,
- immer nur mit dem Trend (zyklisch) spekulieren,
- zu früh gegen den Trend (antizyklisch) spekulieren,
- die Börse als »Einbahnstraße« verstehen,
- an jeder Spekulation teilhaben müssen,
- immer investiert sein müssen,
- immer voll investiert sein müssen,
- Spekulation auf Kredit in der Endphase einer Hausse,
- Spekulation nur aus Eigenmitteln am Beginn einer Hausse,
- sich für den besten aller Börsianer halten,
- sich für den schlechtesten aller Börsianer halten,
- aus eigenen und den Fehlern anderer nicht lernen können,
- zu früh gegenüber der Bank auf eigene Rechte, insbesondere Auskunftsrechte und Schadenersatzansprüche verzichten.

Fehler bei der richtigen Auswahl

Hier geht es um Fehler, die bei der Analyse eines Aktienwerts beziehungsweise des jeweiligen Unternehmens und der nachfolgenden Entscheidungsfindung vorkommen:

- zu große Eilfertigkeit,
- ungenaue Analyse der mittel- bis längerfristigen Wachstumsperspektiven des Unternehmens unter Berücksichtigung des gesamtwirtschaftlichen Umfelds,
- übergenaue »Expertenanalyse« der fundamentalen Daten eines Unternehmens ohne Rücksicht auf deren mögliche Relativierung bei gegenläufigem Börsentrend,
- Überschätzung des Kurs-Gewinn-Verhältnisses und anderer Kennzahlen eines Aktienwerts oder des Gesamtmarkts für die Beurteilung einer möglichen Unterbewertung bzw. eines bald ausgeglichenen »Nachholbedarfs«,
- Hinnahme ungesicherter Daten,
- Handeln aufgrund von Gerüchten und bloßen »Insiderinformationen«,
- ungeprüfte Übernahme von Empfehlungen anderer, ohne zu fragen, wer was, wann, warum mit welchem möglicherweise vorhandenem Eigeninteresse empfiehlt,
- fehlende Berücksichtigung der möglichen Marktenge eines Wertes, gemessen am durchschnittlichen Umsatzvolumen, der Marktkapitalisierung und dem aktuellen Streubesitz.

Fehler beim richtigen Timing

Nach der Entscheidung für einen bestimmten Wert muß es darum gehen, den optimalen Einstiegszeitpunkt zu finden, der sich aus der jeweiligen Gesamtsituation der Börse und ihrer kurz- bis mittelfristigen Perspektive wie aus der technischen

Verfassung des Einzelwerts ergibt. Entsprechendes gilt für die Wahl des optimalen Ausstiegszeitpunkts:

- zu früher Einstieg/Ausstieg,
- zu später Einstieg/Ausstieg,
- zu schneller Kauf/Verkauf aufgrund von Reaktionen auf vorübergehende, tagesaktuelle Ereignisse,
- Ignorieren der charttechnischen Gesamtsituation,
- Ignorieren der charttechnischen Situation des Einzelwerts,
- fehlerhafte charttechnische Analyse,
- Unterschätzung der charttechnischen Analyse,
- Überschätzung der charttechnischen Analyse,
- Hineintappen in eine »Bullenfalle« oder »Bärenfalle«,
- Nichtwartenkönnen auf den optimalen Zeitpunkt,
- den Kursen nachlaufen
  - durch ständige Erhöhung der Limits im Kauf,
  - durch ständige Herabsetzung der Limits im Verkauf,
- auch noch die letzten möglichen 10 Prozent Kursanstieg ausreizen wollen,
- Gewinne bei problematisch gewordener Marktlage nicht mitnehmen,
- Aufbau/Abbau einer größeren Gesamtposition auf einen Schlag, insbesondere in engen Märkten.

Fehler bei der Auftragsvergabe

Sie lassen sich leicht beheben, wenn man sich an bestimmte, schnell einübbare Verfahren hält:

- mangelhafte Diversifizierung (Streuung) hinsichtlich
  - der Auftragshöhe (alles auf einmal oder sukzessive),
  - der Art des angegebenen Kurslimits (ein und/oder kein Limit, Staffellimits, gezielte Aufträge zur Ausführung zum Eröffnungs-, Kassa- oder Schlußkurs),
  - der Höhe des angegebenen Kurslimits (zu hoch/zu niedrig),

  - des ausgewählten Börsenplatzes (Börse mit regelmäßig hohen oder regelmäßig geringen Umsätzen im jeweiligen Wert, bevorzugte Auslandsbörsen Frankfurt und Düsseldorf oder andere Regionalbörsen),
  - der ausgewählten Ausführungsart (vorbörslich, nachbörslich, hauptbörslich, auf dem normalen Handelsweg oder telefonisch, im amtlichen Handel, dem geregelten Markt oder dem Freiverkehr),
- Billigst-/Bestens-Order in zu engen Märkten (außer im Grenzfall bei tagesgültigen Kleinstaufträgen),
- mangelnde Berücksichtigung der aktuellen, möglicherweise veränderten Tagessituation,
- Zurückschrecken vor gegebenenfalls auch mehrfachen Änderungen einmal aufgegebener Limits,
- Verzicht auf ausdrückliche Kontrollwiederholung der aufgegebenen Order durch den annehmenden Sachbearbeiter bei telefonischer Auftragsvergabe,
- keine eigene Buchführung über die aufgegebene Order mit den einschlägigen Angaben wie
  - eindeutig identifizierbarer Wertpapiertitel,
  - Stückzahl,
  - Limits,
  - Gültigkeitsdauer,
  - Börsenplatz,
  - Name des annehmenden Sachbearbeiters,
  - genauer Annahmezeitpunkt.

Fehler beim Aufbau des Depots

Die Angemessenheit ergibt sich aus einer Gewichtung der Einzelpositionen nach Risikograden und Kurschancen und sollte als oberstes Prinzip immer dem Grundsatz folgen: Bestandserhaltung geht vor Gewinn!

- Weniger als drei Werte im Depot,
- mehr als acht bis zehn Werte im Depot,
- fehlende Risikostreuung/einseitige Zusammensetzung
  - nach Branchen,
  - nach Ländern,
  - nach Währungen,
  - nach Risikograden, gemessen an der unterschiedlichen natürlichen Schwankungsbreite der Kurse: bei festverzinslichen Wertpapieren je nach Restlaufzeit und garantiertem Zinssatz, bei Aktien je nach Dividendenrendite, bei Optionsscheinen und Optionen je nach Restlaufzeit bzw. Fälligkeitstermin, rechnerischem Hebel und vorhandenem Aufgeld,
- mangelnde Liquidität wegen hundertprozentiger Ausschöpfung aller verfügbaren Mittel,
- zu hoher Kreditanteil (bei Depotverpfändung als einziger Sicherheit besteht die Gefahr, bei eintretenden Kursverlusten »nachschießen« zu müssen oder »liquidiert« zu werden).

Fehler bei der Depotüberwachung

Die Fehler, die sich hier einschleichen, haben häufig damit zu tun, daß sich der Normalanleger nicht die Zeit nimmt oder nehmen kann, seine Transaktionen sorgfältig zu begleiten. Je größer das mit dem Engagement an der Börse verbundene Risiko ist, desto gewissenhafter muß sich der Spekulant seiner Buchhaltung annehmen, um nicht den Überblick zu verlieren und bei Bedarf schnell reagieren zu können:

- keine übersichtliche Buchführung mit differenzierten Dispositionsangaben über
  - Stückzahl,
  - Kaufzeitpunkt,
  - Ende der Spekulationsfrist,
  - durchschnittlichen Kaufkurs,
  - bezahlten Gesamtbetrag,
  - angenommenes und den Marktgegebenheiten angepaßtes Kursziel,
  - prozentuale Entfernung bis zum Kursziel,
  - angenommenes und den Marktgegebenheiten angepaßtes »Stop-Loss«-Limit,
  - aktuellen Börsenkurs,
  - aktuellen Gesamtwert der Einzelposition,
  - aktuellen prozentualen Gewinn-Verlust-Stand der Einzelposition und des Gesamtdepots,
- fehlende regelmäßige Aktualisierung der Zahlen,
- keine Berücksichtigung der Spekulationsfristen,
- Verzicht auf eventuelle Absicherungsmöglichkeiten
  - gegen Kursverluste
  - oder Währungsverschiebungen.

Wenn Sie sich diese Übersicht von Zeit zu Zeit immer wieder vergegenwärtigen und sie bei fortgeschrittenen Erfahrungen durch Ihre eigenen Beobachtungen und persönlichen Anlagefehler ergänzen, gewinnen Sie im Umkehrschluß eine Art Checkliste für angemessenes Börsenverhalten. Es ist auch durchaus sinnvoll, im Laufe der Zeit einmal eine Art Rangliste aufzustellen mit jenen Fehlern, für die Sie offenbar besonders anfällig sind.

Gleichwohl sei vor einer allzu schematischen Handhabung einer solchen Negativliste gewarnt. Denn natürlich kommt es gelegentlich vor, daß sich ein ursprünglicher Anlegerfehler plötzlich ins Gegenteil verkehrt. Wer etwa trotz eingegangener schlechter Nachrichten über ein Unternehmen einfach auf »stur« schaltet, weil er von seinem Gefühl her an eine mittelfristige positive Wende »glaubt«, vergeht sich zwar an den Grundprinzipien einer vernünftig motivierten Spekulation, kann aber durch überraschend eintretende Veränderungen im nachhinein nicht selten recht bekommen.

Das Handeln nach Gefühlen stellt sich in der Regel allerdings als sehr wetterwendisch heraus, insofern das, was uns unser Bauch heute sagt, morgen schon wieder passé sein kann. In kritischen Börsenphasen führt eine Orientierung an Emotionen dazu, daß ein Börsianer schnell äußerst kalte Füße bekommt, weil nun kein rationaler Grund sichtbar ist, an seinen Entscheidungen weiterhin festzuhalten. Daraus ergibt sich am Ende häufig nur noch ein einziges Chaos, aus dem im normalen Leben manchmal zwar auch gute Dinge erwachsen, im Leben eines Börsianers aber überwiegend Verluste.

14 Sichere Wege zum Erfolg

Die alten Hasen unter den Börsianern wissen darum nur zu gut: Es ist eine Sache, eine möglichst erfolgversprechende Anlagestrategie, ein differenziertes Analyseverfahren, ein komplexes Bewertungsmodell zu entwickeln und bis in die kleinsten Feinheiten am grünen Tisch auszuarbeiten – eine ganz andere aber, sich bei den tatsächlich zu treffenden Entscheidungen konsequent danach zu richten.
Das Abweichen von den eigentlich als richtig erkannten allgemeinen Regeln hat offenbar häufig durchaus gewichtige Gründe. Denn in der Tat gilt an der Börse, was im übrigen Leben schon immer gegolten hat: daß das zukünftige Verhalten von Menschen aufgrund der in der Vergangenheit gemachten Erfahrungen zwar nach ähnlichen Mustern verläuft und daher im allgemeinen verläßlich vorausgesagt werden kann, aber im Einzelfall immer wieder neue, bislang unbeachtet gebliebene Momente hinzukommen können, die uns Menschen zu völlig anderen Verhaltensweisen veranlassen. Theorien über den optimalen Börsenerfolg sind insofern nichts anderes als Denkmodelle, die, wenn sie erfolgreich sein sollen, ständig neu an der Wirklichkeit überprüft werden müssen; es sind idealtypische Konstruktionen, mit denen man seinem Handeln als Börsianer eine Richtung gibt.

Flußdiagramm für die konkrete Entscheidung

Einen in ähnlicher Weise idealtypischen Charakter wie Strategien haben auch die in früheren Kapiteln ausführlicher dargestellten Analysemethoden bei der konkreten Anlageentscheidung. Die Untersuchung eines Aktienwertes nach fundamentalen, technischen, charttechnischen und anderen Faktoren haben wir als Voraussetzung angesehen für eine vernünftige Wahl. Und genauso, wie es unvernünftig wäre, ohne jegliche Strategie einfach an der Börse »drauflloszuspekulieren«, ebenso unvernünftig wäre es, bei der Auswahl der einzelnen Werte die entwickelten Gesichtspunkte völlig beiseite zu lassen. Vor diesem Hintergrund ist das abgebildete Flußdiagramm für eine konkrete Anlageentscheidung als eher schematisches Hilfsmittel zu verstehen. Es ruft in Erinnerung, welchen unterschiedlichsten Einflüssen die Kursentwicklung an der Börse im Normalfall ausgesetzt ist und wie der Entscheidungsfindungsprozeß des Börsianers im Einzelfall aussehen könnte. Wenn Sie das Diagramm als idealtypisches (!) Schema betrachten, ergeben sich daraus konkrete Handlungsanleitungen für die vernünftige Auswahl Ihres spekulativen Investments.
Ausgangspunkt ist die Erfahrung, daß die Börse in den Kursen die zukünftige Entwicklung vorwegzunehmen versucht. Wer diese Entwicklung auf ein bis eineinhalb Jahre einigermaßen richtig einschätzen kann, hat damit den halben Gewinn bereits in der Tasche.
Das Diagramm selbst ist hierarchisch geordnet: Der Entscheidungsfindungsprozeß verläuft von oben nach unten und durchläuft dabei verschiedene Sequenzen, an deren Ende immer wieder die Frage auftaucht, ob angesichts der gewonnenen Resultate gekauft oder besser nicht gekauft werden sollte. Entsprechend abgewandelt, ließe sich das Modell auch ohne Schwierigkeiten auf Verkaufsentscheidungen anwenden. Kommt man zum Beispiel bei seiner Globalanalyse des wirt-

schaftlichen, politischen und psychologischen Umfelds jeweils zu einer klar negativen Einschätzung, kann man im Normalfall auf eine weitere Analyse des ins Auge gefaßten Einzelwerts verzichten, bis sich die in der Globalanalyse festgestellte Situation grundlegend ändert. Der Fall, daß sich ein einzelner Wert gegen einen starken negativen Gesamttrend auf die Dauer durchsetzen könnte, bleibt an der Börse immer ein Grenzfall. Von einem Engagement in dieser Phase wäre unter Sicherheitsgesichtspunkten auf jeden Fall vorerst abzusehen.
Innerhalb der angenommenen Hierarchie sind die auf den verschiedenen Ebenen ausgeführten Entscheidungskriterien alternativ zu bewerten. Negative Einzelergebnisse (–) sind solche, die, grundsätzlich und isoliert betrachtet, auch einen eher negativen Einfluß auf die Kursentwicklung an der Börse mit sich bringen würden. Das Umgekehrte gilt entsprechend für positive Ergebnisse. Überwiegt am Ende einer Sequenz die eine oder andere Seite ganz deutlich, müßte dies auf eine ebenso deutliche Beantwortung der Entscheidungsfrage hinauslaufen.
Gleichbleibende Ergebnisse (=) sind solche, die im Normalfall eher keinen Einfluß auf die Kursentwicklung ausüben sollten. Allerdings darf man die ermittelten Zahlen nicht mit der Bewertung selbst verwechseln. Eine erwartete gleichbleibende hohe Dividendenrendite wäre also zum Beispiel in dem entsprechenden Feld II.1 nicht unter »=«, sondern eher unter »+« einzutragen, während eine erwartete gleichbleibende niedrige Dividendenrendite entsprechend eher unter »–« einzutragen wäre.
Die Sequenz III wird der noch wenig erfahrene Börsianer in der ersten Zeit am besten zusammen mit seinem Anlageberater erarbeiten können, da ihm manche der dort angeführten Indikatoren nur schwer zugänglich sein dürften. Doch nach einiger Übung mit diesem Schema werden Sie auch als Einsteiger hier in der Lage sein, wenigstens die ersten vier Gesichtspunkte anhand eines Ihnen vorliegenden Chartverlaufs angemessen einzuschätzen und für Ihre konkrete Anlageentscheidung nutzen zu

Abb. 14.1: Flußdiagramm zur Kaufentscheidung am Aktienmarkt (idealtypisch)

I. Globalanalyse: Das wirtschaftliche, politische und psychologische Umfeld

a) Wirtschaftsaussichten — **international** — **national** — **Kaufen?**

Wirtschaftswachstum
Inflationsrate
Zinsentwicklung
Währungssituation
Konjunkturelle Phase

−	=	+

Die Wirtschaftsaussichten in den kommenden 12 bis 18 Monaten sind:

international	**negativ** ○	**gleichbleibend** ○	**positiv** ○	**Ja/Nein**
national	**negativ** ○	**gleichbleibend** ○	**positiv** ○	

b) Entwicklung des politischen Umfelds

Ost-West-Beziehungen
Verschuldungsprobleme
Internationale Krisenherde
Politische Stabilität im Anlageland
Ungelöste Konflikte im Anlageland
Allgemeines politisches Klima im Anlageland

−	=	+

Das politische Umfeld in den kommenden 12 bis 18 Monaten ist:

international	**negativ** ○	**gleichbleibend** ○	**positiv** ○	**Ja/Nein**
national	**negativ** ○	**gleichbleibend** ○	**positiv** ○	

c) Entwicklung des allgemeinen psychologischen Umfelds im Anlageland

Stimmung in der Wirtschaft
Konsumklima
Stimmung an der Börse
Auslandsinteresse

−	=	+

Das allgemeine psychologische Umfeld im Anlageland ist gegenwärtig:

negativ ○ — **gleichbleibend** ○ — **positiv** ○ — **Ja/Nein**

II.1 Fundamentalanalyse — **Ausgewählte vs. andere**

Branchen
Wachstumsaussichten
Exportabhängigkeit
Ergebnis je Aktie
Dividendenrendite

−	=	+

Die Aussichten der ausgewählten im Vergleich zu anderen Branchen sind:

schlechter ○ — **gleich** ○ — **besser** ○ — **Ja/Nein**

II.2 Fundamentalanalyse — **Einzelwert vs. Branchendurchschnitt**

Wachstumsaussichten
Exportabhängigkeit
Ergebnis je Aktie
Dividendenrendite

−	=	+

Die Aussichten des ausgewählten Einzelwerts im Vergleich zur Branche sind:

schlechter ○ — **gleich** ○ — **besser** ○ — **Ja/Nein**

III. Technische/charttechnische Analyse des Einzelwerts

Allgemeiner Börsentrend
Primärtrend des Einzelwerts
Sekundärtrend des Einzelwerts
Entfernung von wichtigen Durchschnittslinien
Übrige Indikatoren (Momentum, rel. Stärke, Übergekauft/Überverkauft-Oszillator usw.)

−	=	+

Die technische/charttechnische Situation ist gegenwärtig:

ungünstig ○ — **neutral** ○ — **günstig** ○ — **Ja/Nein**

Gegenwärtiges Gesamturteil:

können. »Nur Mut!« heißt die Devise – auch in der Spekulation ist noch kein Meister vom Himmel gefallen.

Selbsterkenntnis als Erfolgsrezept

Wichtiger aber noch für ein erfolgreiches Agieren an der Börse als die bewußte Planung einer Spekulation, wie man sie in grober Orientierung mit Hilfe des obigen Schemas vornehmen könnte, ist die Beachtung einiger im Laufe dieses Buches immer wieder angesprochener Erfahrungstatsachen. Doch auch wenn der Einsteiger dies von einer Einführung in die Börsenspekulation möglicherweise erwartet, ein goldenes, allgemeingültiges Regelsystem für den sicheren Erfolg an der Börse kann es schon aus Gründen der Sache nicht geben.

»Spekulieren« heißt in die Zukunft schauen, das zu Erwartende richtig einschätzen und angesichts dieser Erwartungen seine Entscheidungen angemessen treffen. Nicht ein hehrer Kanon von penibel einzuhaltenden Regeln, goldenen Tips oder unerschütterlichen Börsenweisheiten bestimmt über den Erfolg oder Mißerfolg einer Spekulation, sondern eher das Gegenteil davon: die systematische Vermeidung gravierender Fehler!

Lassen Sie sich von den Börsen-Gurus, die angeblich die einzig wahren Erfolgsrezepte besitzen und Sie gerne – freilich gegen Entrichtung eines mitunter sehr ansehnlichen Obolus – an ihren verschlungenen Eingebungen teilhaben lassen, nicht irritieren: Was die (zumeist selbsternannten) Auguren in diesem Metier den Einsteigern oft ohne jedes Stirnrunzeln als exklusive Methode verkaufen, gleicht häufig genug einer mit großem psychologischem Einfühlungsvermögen hergerichteten Mogelpackung, zuweilen grenzt all dies sogar an Betrug. Ich kenne manche dieser häufig ganz netten Leute persönlich. Wenn ich mit ihnen spätabends nach einem Seminar, einer ge-

meinsam bestrittenen Vortragsveranstaltung oder nach meinen Fernsehsendungen das eine oder andere Glas Wein genießen darf, steht ihnen nicht selten ein spitzbübisches Lächeln auf der Stirn. Bei solchen Gelegenheiten wird dann auch schon mal Tacheles geredet, wenn der andere sieht, daß einem in diesen Dingen nichts vorgemacht werden kann. Sie glauben nicht, wie schnell diese Menschen dann auch bereit sind, vom hohen Roß herunterzusteigen ...
Was man indessen dem noch »jungen« Börsianer neben einer Reihe von einfachsten, konkreten Verhaltensgeboten mit auf den Weg geben kann, liegt auf einem ganz anderen Gebiet. Es betrifft ihn selbst, seinen Charakter, seine Beobachtungsgabe, seine typischen, sich in Börsendingen manchmal verheerend auswirkenden Neigungen und Schwächen. Nur wer sich selbst in seinen Reaktionen, seinen Gefühlen, seinem Denken und Handeln kritisch durchschaut, ist auch in der Lage, bewußt zu agieren und begangene Fehler auf die Dauer zu korrigieren. Auf diesem Hintergrund lassen sich mindestens vier aus eigener Erfahrung gewonnene Grundsätze gewinnen, die zusammengenommen tragfähige Verhaltensmuster ergeben für einen dauerhaften Erfolg an der Börse.

Skepsis statt Leichtgläubigkeit

In Börsendingen gibt es fast keine Informationen, die nicht durch den Filter des Informanten oder seiner Helfershelfer in irgendeiner Weise subjektiv eingefärbt wären.
Ob die Empfehlungen Ihres Börsendienstes oder Ihres Anlageberaters, die Unternehmensanalysen oder Marktstudien renommierter Adressen, die Insiderinformationen direkt vom Börsenparkett oder aus den Vorstandsetagen der Unternehmen, ja selbst die Nachrichten auf den Monitoren der Agenturen oder die gerade frisch aufbereiteten Zahlen aus einer

Bilanzpressekonferenz – alle sprechen sie ihre eigene Sprache. Und die ist mehr oder weniger bewußt immer auch mitbestimmt von den offensichtlichen oder verborgenen Eigeninteressen des jeweiligen Informanten.
Eine Bank, die eine bestimmte Aktie massiv empfiehlt, hat mit Sicherheit schon einen erheblichen Teil ihrer Eigendepots mit dem ach so hervorragenden Wert ausgestattet. Vielleicht aber auch ist sie gerade dabei, diesen Wert insgeheim abzustoßen, und betreibt ihre Kurspflege nur mit Blick auf eine möglicherweise noch reichere Ernte. Oder ist sie – bei Neuemissionen – Mitglied, gar Führer des Konsortiums, das die neuen Aktien des Unternehmens an der Börse zu einem möglichst »guten« Kurs einführen will und je nach Erfolg daran über die vereinbarten Provisionen ganz erheblich verdient?
Beispiele für solche am wohlverstandenen Eigeninteresse orientierten Anlageempfehlungen ließen sich auch mit Blick auf die anderen zentralen Vermittler von Börseninformationen massenhaft nennen. Man schaue sich auf diesem Hintergrund einmal die Verkaufsempfehlungen eines in Düsseldorf erscheinenden Tip(p)dienstes an, der gern von sich behauptet, zu den erfolgreichsten Börsenjournalen Europas zu zählen. Wenn er donnerstags auf den Markt kam, hatten manche der von ihm empfohlenen Werte tags zuvor bereits schon kräftig angezogen, vor allem wenn die Empfehlungen sich auf marktenge, auf Kauf- und Verkaufsentscheidungen häufig sehr schnell reagierende Titel bezogen, wie dies etwa bei Optionsscheinen sehr schnell der Fall sein kann. Wer da wohl mit Wissen auf die bevorstehenden Empfehlungen bereits vorgekauft haben mag, kann man nur raten: vielleicht die Tante des Onkels vom Neffen des Freunds ... Ein kritischer Börsianer macht sich auf solche »Zufälligkeiten« jedenfalls seinen eigenen Reim.
Da der kritische Finanzjournalismus hierzulande noch wenig Fuß gefaßt hat, nimmt die Öffentlichkeit solche sich manch-

mal schon am Rande der Legalität bewegenden Zusammenhänge kaum wahr. Um so mehr sind Sie als Börsianer selbst aufgefordert, alle Informationen, die Sie erhalten, immer auch danach zu befragen, wem sie gegebenenfalls besonders nützlich sein könnten, und skeptisch zu bleiben.

Kontrolle statt Vertrauen

Wie Sie Informationen und Empfehlungen grundsätzlich immer auf ihren Wahrheitsgehalt hin überprüfen sollten, bevor Sie in der einen oder anderen Weise entscheiden, so sollten Sie auch Ihre unmittelbaren Auftragnehmer, die Sachbearbeiter Ihres Bankinstituts, kontrollieren. Einem anderen Vertrauen entgegenbringen zu können gerade in Dingen, die manche zu den sensibelsten Bereichen zwischenmenschlicher Beziehungen zählen, dem Geld, ist eine schöne Sache. Mit Ihrem Anlageberater sollten Sie allerdings nicht allzu vertraut sein. Unfehlbar ist niemand, am wenigsten noch der, der im mühsamen Geschäft um Umsätze und Provisionen tagtäglich Millionenbeträge bewegt.
Überprüfen Sie alles, was Sie im Zusammenhang mit Ihrem Börsenengagement kontrollieren können. Lassen Sie sich, wenn Sie Zweifel an der Ordnungsmäßigkeit der Orderabwicklung haben, Nachweise erbringen. Setzen Sie sich, wenn viel auf dem Spiel steht, mitunter auch mit den Händlern, der Maklerkammer, dem Vorstand einer Börse, der Korrespondenzbank Ihres Geldinstituts oder einem kritischen Fachjournalisten in Verbindung, um die Auskünfte, die man Ihnen erteilt, auf ihre Stichhaltigkeit hin abzuklopfen. Wenn jemand Fehler macht, gar einen finanziellen Schaden anrichtet, ist er nur allzugern bereit, die Schuld auf andere zu schieben. Lassen Sie sich hier nicht mit windigen Pauschalerklärungen abspeisen und zum schnellen Verzicht auf möglichen Schaden-

ersatz oder eine Wiedergutmachung in anderer Form bewegen, sondern bleiben Sie bis zur Klärung Ihrer berechtigten Zweifel am Ball.

Zurückhaltung statt Euphorie

Eine verheerende Wirkung auf noch unerfahrene Börsianer haben häufig allzu schnelle spekulative Erfolge gleich zu Beginn ihrer Börsenkarriere. Geld verdirbt den Charakter, heißt es im Volksmund. Hier gilt: Schnell erzielte Gewinne führen häufig zur Leichtfertigkeit.
Wie Verluste verarbeitet werden müssen, damit man die Lehren, die daraus folgen, auch nachhaltig zieht, so sollte man auch seine großen Gewinne in Ruhe verdauen, ehe sie für erneute Transaktionen eingesetzt werden.
Der Gegner des Börsianers ist hier im schlechtesten Fall eine gewisse Art Raffsucht: immer noch (und sehr schnell!) mehr haben zu müssen als das, was man glücklicherweise schon hat. Im besseren Fall ist es einfach nur jener Übermut, jene Euphorie, die sich angesichts plötzlich erzielter Erfolge fast zwangsläufig einstellen muß. Dabei werden die folgenden Engagements häufig nicht mehr so gründlich vorbereitet wie die bisherigen, man wird waghalsiger, übersieht selbst eindeutige Warnzeichen, ist bereit, größere Risiken einzugehen mit dem (scheinbar) leichthändig gewonnenen Polster.
Wer das Risiko liebt, ist nach unserem Verständnis nicht – wie viele Ratgeber erstaunlicherweise immer wieder behaupten – der geborene Börsianer: Er ist ein Scharlatan, der in diesem Verhalten an der Börse umkommen wird, weil er den Wert des Geldes nicht angemessen einschätzen kann. Überlassen wir also die Freude am Risiko jenen, die über Mangel an Geld nicht zu klagen brauchen: den Snobs und Dandys einer überkommenen, im Luxus badenden Randgruppe der Gesellschaft.

Dem ernsthaften Börsianer ist das Gehabe dieser Leute und ihre lockere Beziehung zum Geld eher ein Greuel.
Der Gefahr, nach einer Glückssträhne nicht übermütig zu werden, entgehen Sie leichter, wenn Sie versuchen, sich in solchen Situationen eine Weile völlig von der Börse zurückzuziehen. Aus der Distanz werden Sie am ehesten jene Zurückhaltung und Sorgfalt wiedergewinnen, die den erfolgreichen Börsianer auszeichnen.

Langmut statt Aktionismus

Der letzte Grundsatz betrifft Ihre Geduld im Umgang mit einmal gewonnenen Einsichten und getroffenen Entscheidungen. Langmut statt Aktionismus heißt hier die Devise. Doch dies ist nicht zu verwechseln mit jener Art Sturheit, mit der auf eine Entwicklung gehofft wird, die sich bei kritischer Betrachtung längst als unrealistisch herausgestellt hat. Geduld, Gelassenheit im Börsengeschäft meint, daß Sie sich davor hüten müssen, Ihre nach kritischen Studien gewonnenen Auffassungen schon deshalb über Bord zu werfen, weil die augenblickliche Stimmung einmal gegen Sie ist.
Die ewig Zittrigen, die bei jeder kleinsten unerwarteten Bewegung des Marktes gleich umdisponieren und schlaflose Nächte bekommen, werden an der Börse nicht lange ausharren. Je beweglicher nämlich der Markt, je größer ist bei ihnen dann auch die Gefahr, auf dem falschen Fuß erwischt zu werden.
Erst wenn Sie wirkliche Fehler in Ihrer Strategie erkennen, ist es Zeit, den liebgewordenen Vorstellungen und Zielvorgaben den Rücken zu kehren. Aktionismus dagegen hilft nur denen, die an den kurzfristigen Transaktionen am meisten verdienen: den Banken, den Brokern, denen, die kassieren, ganz gleich, wie sich der Markt auch immer bewegt.

Zehn Gebote für den kritischen Börsianer

Freilich wäre eine bloß allgemeine Orientierung an den oben vorgestellten zentralen Verhaltensgrundsätzen allein wenig erfolgreich, wenn sie nicht in ebenso kritisch orientierte Verhaltensweisen in der Praxis des Börsenalltags einmünden würde. Die sich daraus ergebenden wichtigsten Gebote lassen sich, etwas schematisiert, in zehn Punkten zusammenfassen.

① Informieren Sie sich gründlich und aus verschiedenen Quellen, bevor Sie sich eine eigene Meinung bilden, aber unterscheiden Sie zwischen wichtigeren (kursrelevanten) und unwichtigeren (kursneutralen) Informationen!
Die Schwierigkeit des Börsianers besteht heute – von Investments an einigen, vor allem kleineren ausländischen Märkten abgesehen – weniger darin, überhaupt an Informationen zu kommen, als vielmehr darin, aus der Fülle der angebotenen Informationen zwischen verläßlichen und unzuverlässigen wie zwischen relevanten und irrelevanten Nachrichten zu unterscheiden.
Wie Uninformiertheit auf die Dauer gesehen den sicheren Tod des Spekulanten an der Börse bedeutet, wird Überinformiertheit dann zum Problem, wenn sie den Börsianer vor lauter Bedenken davon abhält, überhaupt noch zu einer auch über Durststrecken hinweg tragfähigen Entscheidung zu kommen; oder ihn im Gegenteil zum ständigen Wechsel der Positionen je nach augenblicklicher Stimmungslage an der Börse veranlaßt. Nicht umsonst heißt es im Börsengeschäft, daß die professionellen Börsianer, die Händler auf dem Parkett, die Anlageberater und die mit Insiderwissen umfänglich ausgestatteten Spekulanten häufig genug gerade zu den Erfolglosesten unter den Börsianern gehören.

② Analysieren Sie Ihr mögliches Investment in Ruhe und

nach allen Regeln der Kunst, ehe Sie den ersten Auftrag erteilen, aber werden Sie darüber nicht zum blinden Anhänger eines einzigen Analyseverfahrens!
Es ist ein Märchen, zu glauben, daß die Börse nur jenen Erfolge beschert, die mit einem ganzen Stab von Experten die Märkte, Meinungen und Gewinnchancen zu analysieren vermögen. Jedermann kann im Prinzip an der Börse gewinnen, wenn er die Sache mit Vernunft, Verstand und einer gewissen Portion analytischer Begabung betreibt. Darauf beruhen gerade der besondere Reiz und die Chancen der Börsenspekulation für den mittleren und kleinen Anleger. Welche Gesichtspunkte hier bei der Analyse zu berücksichtigen wären, haben wir am Anfang dieses Kapitels im abgedruckten Flußdiagramm noch einmal zusammengetragen. Wer denken kann, kann all diese Verfahren mit ein wenig Mühe und gutem Willen erlernen.

③ Machen Sie sich einen Plan, aber seien Sie flexibel genug, ihn bei Bedarf auch zu verwerfen!
Wenn man über keinerlei Strategien verfügt, wie man in welcher Situation handeln würde, kann es sein, daß man von den manchmal sehr schnell wechselnden Trends an der Börse überrollt und zu bedenkenlosen Aktionen hingerissen wird. Ein guter Börsianer denkt deshalb nicht nur das Wahrscheinlichste und das Mögliche vorweg, sondern kalkuliert selbst mit dem eigentlich Unmöglichen.
Solche Strategien erfüllen den Zweck, die eigenen Börsenaktivitäten auf ein vernünftiges Gedankenkonzept hin zu ordnen und sein Handeln einem kritischen Maßstab zu unterwerfen. Wenn man in einem solchen Konzept auch den schlimmsten Fall als mögliche Entwicklung vorausgedacht hat, bieten Strategien einem zudem eine herrliche Medizin gegen schlaflose Nächte.

④ Schauen Sie weniger auf die Erzielung möglichst großer Gewinne als auf die Vermeidung größerer Verluste, aber

passen Sie Ihre Zielprojektionen veränderten Gegebenheiten rechtzeitig an!
Dieses Gebot erfordert von den meisten ein Umdenken. Denn strenggenommen verlangt es vom Börsianer weniger die Entwicklung und Beachtung von Gewinnstrategien als die von Verlustvermeidungsmethoden. Die auf diese Weise im wahrsten Sinne des Wortes verkehrte Perspektive lenkt die Aufmerksamkeit des Börsianers zwangsläufig in die richtige Richtung. Sie macht ihn vorsichtiger bei der Auswahl seiner Engagements und unempfindlicher gegen die Ad-hoc-Mentalität vieler Möchtegernspekulanten.

⑤ Streuen Sie Ihr Risiko, selbst wenn ein bestimmtes Investment über Nacht goldene Berge verheißt, und gewichten Sie Ihr Portefeuille nach dem Grad der Ihnen größer erscheinenden Chancen!
Dies ist eine logische Folgerung aus dem letzten Gebot. Auf kurze Sicht mag eine konsequente Streuung des Risikos nach den in den früheren Kapiteln dargestellten Gesichtspunkten zwar aktuelle Gewinnmöglichkeiten mindern; auf die Dauer ist ein solches Verfahren aber wegen der weitaus geringeren Anfälligkeit des eigenen Portefeuilles für unvorhersehbare negative Entwicklungen der eindeutig erfolgreichere Weg.

⑥ Achten Sie auf eine ausreichende Barreserve als Risikokapital, aber setzen Sie sie auch im Notfall ein, um die ins Wanken geratene Struktur Ihres Depots zu verbessern!
Es hat wenig Sinn, auf einem soliden Kassenbestand zu bestehen, wenn er nicht für den Zweck, für den er angelegt ist, auch eingesetzt wird. Allerdings sollte man mit einer solchen Verausgabung nicht zu leichthändig umgehen. Wird der »Notgroschen« nicht nur zum Nachkaufen, also zum Verbilligen bestimmter Positionen, sondern auch für kurzfristige Tradings benutzt, muß man zusehen, die Kasse nach einer gewissen Zeit auch tatsächlich wieder aufzufül-

len. Ansonsten ginge der Effekt eines solchen Sicherungsinstruments verloren. Je größer das zu verwaltende Depot insgesamt ist, desto nachhaltiger sollte man auch die Einhaltung dieses Grundsatzes beachten.

⑦ Bauen Sie im Zuge einer eindeutigen Hausse Ihr kreditfinanziertes Spekulationskapital kontinuierlich ab, aber stocken Sie es gegen Ende einer Baisse auch in kleinen Schritten vorsichtig wieder auf!
Von seiner auf Sicherheit bedachten Mentalität her ist der traditionelle deutsche Anleger bekanntlich wenig geneigt, sein Geld an die Börse zu bringen. Um so weniger noch kann er sich anfreunden mit dem Gedanken, an der Börse gar mit geliehenem Geld zu agieren. Was in anderen Ländern an der Tagesordnung ist, ist hierzulande eher suspekt. Es ist aber nur eine Frage der Klugheit, in bestimmten (eindeutigen) Situationen Geld aufzunehmen, um mit diesem Geld wiederum Geld zu verdienen. Im unternehmerischen Lebensalltag ist dies eine übliche, vernünftige Methode, um Gewinnmöglichkeiten zu optimieren. An der Börse ist diese Methode aber nicht weniger vernünftig, sofern – und dies ist allerdings die entscheidende Bedingung – die Chancen gegenüber den Risiken nach ausgiebiger, kritischer Prüfung um ein Vielfaches größer erscheinen. Das ist im normalen Verlauf eines Börsenzyklus gegen Ende einer längeren, einschneidenden Abwärtsbewegung in der Regel der Fall. Schwierig bleibt allerdings auch hier immer wieder das richtige Timing, die Einschätzung des Zeitpunkts, an dem sich der vielleicht über Jahre hinweg zu beobachten gewesene Trend tatsächlich nachhaltig dreht.

⑧ Üben Sie Selbstdisziplin, und setzen Sie dabei mehr auf Skepsis, Kontrolle, Zurückhaltung und Langmut statt auf Leichtgläubigkeit, Vertrauen, Euphorie und Aktionismus!
Diese Gesichtspunkte wurden im vergangenen Abschnitt ausgiebig erläutert. Sie verlangen vom Börsianer, daß er

sein eigenes Anlageverhalten kritisch begleitet und aus den begangenen Fehlern nachhaltige Schlüsse zieht für sein zukünftiges Handeln.

⑨ Verlieben Sie sich in eine schöne Frau, einen schönen Mann, aber seien Sie niemals verliebt in das Risiko an der Börse!
Natürlich kann auch ein Spieler, den das Risiko von der Natur der Sache her reizt, gelegentlich Glück haben an der Börse. Und ein wenig Spielleidenschaft steckt womöglich in jedem eingefleischten Spekulanten. Doch Geld ist ein zu kostbares Gut, um es auf dem Börsenparkett zu verschleudern. Die, die es (offenbar) übrig haben, sollten sich konsequenterweise gleich ins Kasino begeben. Dort können sie ihre Liebe zum Risiko dann ganz hautnah erleben: Gewinn oder Verlust werden ihnen nach jedem Einsatz sofort präsentiert.

⑩ Bedenken Sie diese Gebote von Zeit zu Zeit immer wieder, aber denken Sie daran, daß es auch noch andere vernünftige Grundsätze gibt, die man zwar lehren kann, am besten aber immer noch aus eigener kritischer Beobachtung und Erfahrung der Sache gewinnt!

Die große Chance, in der Kunst des Spekulierens erfolgreich zu sein

Die Überschrift des Vorworts zu dieser Einführung ins Börsengeschäft, *»Zur Kunst des Spekulierens«*, führt am Ende auf den Kerngedanken dieses Buches zurück: daß nämlich nichts so falsch wäre wie die Vorstellung, wonach in erster Linie das Glück für den Erfolg an der Börse verantwortlich sei. »Kunst« kommt von »Können«, und wer als vernunftbegabtes Wesen lernfähig ist, kann es auch auf diesem Gebiet zu großer Meisterschaft bringen. Wer vernünftig agiert und seine Entscheidungen statt mit Gefühl mit Verstand vorbereitet und dabei ein hohes Maß an Flexibilität, Sicherheitsbewußtsein und kritischer Selbstbeobachtung an den Tag legt, kann auf die Dauer an der Börse nur zu den Gewinnern gehören.

Anhang

Kleines Börsenlexikon für Einsteiger

Abgeld – 1. Bei der Ausgabe neuer festverzinslicher Wertpapiere gegebenenfalls sich ergebender Abschlag, meistens in Prozent ausgedrückt, um den der Ausgabekurs unter dem entsprechenden Normpreis, in der Regel dem Nennwert, liegt (Disagio), Gegenteil: Aufgeld/Agio. **2.** Beim Handel mit Optionsscheinen der zumeist in Prozent angegebene Betrag, um den der Bezug der Aktie über den gekauften Optionsschein billiger ist als der direkte Kauf dieser Aktie. Gegenteil: Aufgeld.

Abschlag – Bei Börsenkursen der rein rechnerische Kursrückgang aufgrund einer vorgenommenen Ausschüttung (Dividendenabschlag) am Tage der Auszahlung oder nach Fortfall des Bezugsrechts (Bezugsrechtsabschlag). Die Kurse werden an diesem Tage »ex Div(idende)« bzw. »ex B(ezugsrecht)/ex BR« notiert.

Abzinsung – Abzinsungspapiere sind Wertpapiere (z. B. bestimmte Formen von Sparbriefen, Bundesschatzbriefen usw.), bei denen der Anleger den für die gesamte Laufzeit vereinbarten Zins von vornherein vom Erwerbspreis abziehen kann.

ADL – Vgl. Advanced/Decline-Line.

Adjustierung – Die Zurückrechnung oder Berichtigung eines Aktienkurses vor einer oder mehreren Kapitalerhöhungen, der Auszahlung einer Dividende o. ä., um einen angemessenen Vergleich der neuen Kurse mit den früheren zu ermöglichen.

Adresse – In der Finanzwelt Ausdruck für Geldnehmer.

Advanced/Decline-Line (ADL) – Trendindikator. Die ADL umfaßt alle an einem Tag steigenden Einzelwerte einer Börse im Verhältnis zu den fallenden Werten des jeweiligen Marktes. Je nach Berechnungsmethode (a) als Verhältniszahl ausgedrückt (z. B. 4:3), (b) als Nettowert (Anzahl der gestiegenen – Anzahl der gefallenen Aktien), gekoppelt mit einer Durchschnittsberechnung für eine bestimmte Anzahl von Tagen, oder (c) als fortlaufende Addition des sich ergebenden Nettowerts.

AG – Vgl. Aktiengesellschaft.

Agio – 1. Aufgeld, meistens in Prozent ausgedrückt, um das z. B. der Ausgabekurs eines festverzinslichen Wertpapiers über einem bestimmten Normpreis, in der Regel dem Nennwert, liegt. Gegenteil: Disagio/Abgeld. Die Erhebung eines solchen Aufgelds dient der »Feineinstellung« der tatsächlichen Verzinsung zum Zeitpunkt der Ausgabe der Wertpapiere und führt tendenziell zu einem niedrigeren als dem nominell vereinbarten Zinssatz. Gegenteil: Abgeld/Disagio. **2.** Beim Handel mit Optionsscheinen der zumeist in Prozent angegebene Betrag, um die der Bezug der Aktie über den gekauften Optionsschein teurer ist als der direkte Kauf dieser Aktie. Gegenteil: Disagio.

Aktie – Wertpapier, das ein Anteilsrecht an einer Aktiengesellschaft verbrieft (z. B. Stimmrecht in der Hauptversammlung, Recht auf Dividende, Recht auf Bezug junger Aktien bei Kapitalerhöhungen). Der äußeren Form nach besteht eine A. aus Mantel, Dividendenscheinbogen und Erneuerungsschein zum Bezug neuer Dividendenscheinbögen. Den verbrieften Rechten nach unterscheidet man die am häufigsten vorkommenden Stammaktien von den Vorzugsaktien, die gegenüber den »Stämmen« gesonderte Bedingungen beim Stimmrecht, der Höhe der Dividendenzahlungen oder bei der Auflösung der Aktiengesellschaft verbriefen und daher bei der Kursnotierung je nach garantiertem Recht von der Höhe der Notierung für die Stammaktien abweichen können. Hinsichtlich der Übertragbarkeit der verbrieften Rechte auf andere werden die am einfachsten übertragbaren Inhaberaktien von Namensaktien unterschieden, die nur nach den von der Aktiengesellschaft gegebenenfalls festgelegten Bedingungen – bei vinkulierten Aktien nur nach vorheriger Genehmigung – weiterveräußert werden können. Schließlich stehen die jungen, noch nicht voll dividendenberechtigten Aktien den alten Aktien gegenüber.

Aktienanalyse – Das nach verschiedenen Methoden und Gesichtspunkten durchgeführte Verfahren zur Bewertung der Kurschancen einer Aktie bzw. der Ertragskraft des entsprechenden Unternehmens. Dabei werden bestimmte Kennzahlen erarbeitet, denen je nach Anlageschule ein unterschiedliches Gewicht beigemessen wird. So legen die sogenannten Fundamentalisten ihr Hauptaugenmerk auf den Verlauf der Konjunktur, den Auftragseingang, die Höhe der Zinsen, die Preisstabilität, die Auslastung der Unternehmenskapazitäten, das Kurs-Gewinn-Verhältnis, den Cash-flow und die Rendite einer Aktie. Die Monetaristen interessieren sich vor allem für Fragen nach der Höhe der Geldmenge, der Inflation, des Zinsniveaus (Zinskurve, Realzinsen, Zinsdifferenzen usw.). Die Techniker dagegen versuchen anhand von Kursverläufen und Daten über die Höhe der zustande gekommenen Umsätze typische Formationen u. ä. zu erkennen, die sie als Signale für den Kauf oder Verkauf einer

Aktie interpretieren. Die Psychologen schließlich untersuchen insbesondere das gegebene Konsumverhalten, die Entwicklung des Geschäftsklimas sowie die allgemeine Stimmung unter den professionellen wie den nichtprofessionellen Börsianern.

Aktienfonds – Die von einer Kapitalanlagegesellschaft (Investmentgesellschaft) verwalteten Vermögen, die ausschließlich oder überwiegend in Aktien angelegt sind.

Aktiengesellschaft (AG) – Unternehmen, deren Gesellschafter (Aktionäre) über den Kauf von Aktien am Grundkapital dieses Unternehmens beteiligt sind. Für Verbindlichkeiten des Unternehmens haften die Gesellschafter bis zur Höhe ihrer Beteiligung, nicht aber mit ihrem übrigen Vermögen. Ziel und Zweck einer Aktiengesellschaft ist es, über die Ausgabe von Aktien erhebliche Kapitalsummen für Investitionen o. ä. zu besorgen und das Unternehmensrisiko auf viele Schultern zu verteilen. Die Mitwirkungsrechte an Entscheidungen des Unternehmens beschränken sich für den Aktionär im wesentlichen auf seine (mögliche) Stimmabgabe in der Hauptversammlung, auf der über die Mitglieder des Aufsichtsrates, die Verwendung des Bilanzgewinns und die Entlastung von Vorstand und Aufsichtsrat entschieden wird.

Aktienindex – Kennzahl, die die Kursentwicklung eines Aktienmarktes oder eines bestimmten Teilmarktes (Branchen o. ä.) repräsentativ widerspiegeln soll. Je nach Berechnungsmethode und Umfang der einbezogenen Werte ist der eine Index aussagekräftiger als ein anderer. Wichtige A.-indizes in der Bundesrepublik: FAZ-Index der *Frankfurter Allgemeinen Zeitung*, der während der Börsensitzung laufend ermittelte DAX®-Index (Deutscher A.), der Index der *Börsenzeitung* sowie die Aktien- und Branchenindizes der Commerzbank und der Westdeutschen Landesbank. Für Börsianer, die auf einen Index mit Hilfe von Optionsscheinen oder Optionen spekulieren, ist es gegebenenfalls von entscheidender Bedeutung, ob der entsprechende Index bei anfallenden Dividendenzahlungen um entsprechende Beträge »bereinigt« (arrondiert) wird oder nicht. So ist der FAZ-Index ein reiner Kursindex, der bei vorgenommenen Dividendenzahlungen diesen Dividendenabschlag auch als Kursrückgang registriert; demgegenüber ist der DAX®-Index ein Performance-Index, in dem die Bardividende so berücksichtigt wird, als ob sie im entsprechenden Wert wiederangelegt worden wäre.

Aktienkapital – Das Grundkapital einer Aktiengesellschaft (auch: Nenn- oder Nominalkapital), an der ein Aktionär im Verhältnis des Nennbetrags seiner Aktien zu diesem Kapital beteiligt ist. Vgl. genehmigtes/gezeichnetes Kapital.

Aktienmarkt – Der Markt, an dem der gesamte Handel in Aktien in und außerhalb der eigentlichen Börse stattfindet. Er bildet neben dem umsatzstärkeren Anleihemarkt (Rentenmarkt) den zweiten wichtigen Teil des Wertpapierhandels. Man unterscheidet dabei in der Bundesrepublik den börslichen vom außerbörslichen Handel sowie zwischen den drei Marktsegmenten des amtlichen Handels, des geregelten Markts und des (geregelten und ungeregelten) Freiverkehrs; hinzu kommt der Markt für Optionen an der Deutschen Terminbörse.

Aktiensplit – Die Teilung (Splitting) einer Aktie oder eines Investmentanteils in zwei oder mehrere Aktien bzw. Anteile soll die optische Attraktivität der jeweiligen Werte nach einem möglicherweise erheblichen Kursanstieg erhöhen.

Aktionär – Eigentümer von Aktien. Vgl. Aktiengesellschaft.

Aktiva – Die auf der linken, Aktivseite der Bilanz ausgewiesenen Vermögenswerte eines Unternehmens, im wesentlichen das Anlagevermögen (Grundstücke, Gebäude, Maschinen, Beteiligungen usw.) und das Umlaufvermögen (Bankguthaben, Kassenbestände, ausstehende Forderungen usw.).

alte Aktien – Im Gegensatz zu den jungen, neu herausgegebenen A. voll dividendenberechtigte Aktien eines Unternehmens. Aus diesem Grund notieren sie in der Regel über dem Kurs der jungen A., die ihrerseits nur so lange separat an der Börse gehandelt werden, wie dieser Unterschied besteht.

American Stock Exchange (AMEX) – Neben der New York Stock Exchange (NYSE) eine der bedeutendsten US-Wertpapierbörsen.

AMEX – Abkürzung für American Stock Exchange.

Amortisationsanleihen – Anleihen, deren Rückzahlung (Tilgung) nicht einmalig am Ende der Laufzeit, sondern – möglicherweise nach einer bestimmten rückzahlungsfreien Zeit – in gleichbleibenden Raten erfolgt.

amtliche Notiz – Vgl. amtlicher Handel, amtlicher Makler.

amtlicher Handel – Der umfangreichste an den deutschen Börsen durchgeführte Handel in solchen Wertpapieren, die nach einem festgelegten, strengen Verfahren zu diesem Handel zugelassen sind. Insbesondere unterliegen solche Unternehmen, deren Aktien in diesen Handel eingeführt werden sollen, einer strengen Publikationspflicht. Für die Kursfestsetzung in diesem Handel sind der Vorstand der jeweiligen Börse unter Mitwirkung der vereidigten, amtlichen Makler zuständig. Die entsprechenden Notierungen (amtliche Notiz) werden im amtlichen Kursblatt der Börse veröffentlicht.

amtliche Makler – Amtlich bestellte und vereidigte Kursmakler, die für die Kursfeststellung im amtlichen Handel zuständig sind und einer besonders strengen Beaufsichtigung unterliegen. Sie vermitteln Börsengeschäfte, dürfen – im Gegensatz zu den freien Maklern – Eigengeschäfte aber nur in begrenztem Umfang tätigen.

Anlagevermögen – Das auf der Aktivseite der Bilanz ausgewiesene und in der Regel längerfristig gebundene Vermögen an Grundstücken, Gebäuden, Maschinen, Beteiligungen usw.

Anleihe – Sammelbegriff für festverzinsliche Schuldverschreibungen mit vertraglich fixierter Tilgung, die den Schuldnern langfristige Finanzierungsmittel bereitstellen und wegen ihrer besonders guten Besicherung auch als »mündelsichere« Anlagen gelten. Man unterscheidet öffentliche Anleihen (Staat, Bund, Post, Bank, Kommunen u. ä.) von Industrieanleihen (Industrieobligationen) und Anleihen von Hypothekenbanken (Pfandbriefe). Je nach Güte (Bonität) des Schuldners und allgemeinem Zinsniveau schwanken die Kursnotierungen für solche Anleihen.

Annuitätsanleihen/(-bonds) – Anleihen, deren Rückzahlung (Tilgung) nicht einmalig am Ende der Laufzeit, sondern – möglicherweise nach einer bestimmten rückzahlungsfreien Zeit – in gleichbleibenden Raten erfolgt, wobei diese Raten einen im Laufe der Rückzahlung abnehmenden Zinsanteil und den im Laufe der Zeit zunehmenden Tilgungsanteil umfassen.

Anteilschein (= Investmentzertifikat) – Wertpapier, das einen Anteil an einem Fonds einer Kapitalanlagegesellschaft (Investmentgesellschaft) verbrieft. Der Wert dieses Anteils bemißt sich aus dem Kurswert des jeweiligen Fondsvermögens zuzüglich irgendwelcher noch ausstehender Forderungen, Bezugsrechte o. ä. geteilt durch die Summe der Anteilscheine. Vgl. Investmentfonds (-gesellschaft/-zertifikate).

Arbitrage – Die Ausnutzung unterschiedlicher Preise für denselben Gegenstand zum selben Zeitpunkt an verschiedenen Finanzplätzen. So kann der über schnellste Informationsmittel verfügende Börsianer gelegentlich dieselbe Aktie an der Börse X um einige Prozentpunkte günstiger erwerben, als er sie zum selben Zeitpunkt an der Börse Y verkaufen kann.

Aufgeld – Vgl. Agio.

Aufsichtsrat (AR) – Der AR ist das für die Überwachung der Geschäftsführung einer Kapitalgesellschaft zuständige, bei Aktiengesellschaften von der Hauptversammlung und – je nach Beschäftigtenzahl der Unternehmung – von der Belegschaft gewählte Organ.

Ausführungsanzeige – Die Mitteilung der Bank an ihren Kunden über die erfolgte Ausführung seines Börsenauftrags.

Ausgabekurs – Vgl. Emissionskurs.

Ausgabepreis – Der Preis, zu dem ein Anteil an einem Investmentfonds erworben werden kann. Die Höhe dieses täglich ermittelten Preises ergibt sich aus dem jeweiligen Börsenwert des Fondsvermögens geteilt durch die Summe der umlaufenden Anteile zuzüglich einer Verkaufsprovision. Gegensatz: Rücknahmepreis.

Auslandsanleihen – Festverzinsliche Wertpapiere, die entweder im Ausland herausgebracht (emittiert) werden und auf ausländische Währung lauten oder auch die von ausländischen Schuldnern in Deutschland emittierten und auf DM lautenden Anleihen.

Ausschüttung – Alle an die Teilhaber eines Unternehmens vorgenommenen Zahlungen wie Dividenden, Boni, Gratisaktien usw.

außerbörslicher Handel – Der außerhalb der eigentlichen Börsensitzung und der Verantwortung der Börsenvorstände durchgeführte Handel mit Wertpapieren (z.B. in der Vor- oder Nachbörse, aber auch im außerbörslichen Telefonverkehr). Vgl. Aktienmarkt.

Aussetzen der Kursnotierung – In besonderen Fällen, z.B. kurz vor der Bekanntgabe wichtiger Unternehmensinformationen, kann der Börsenvorstand beschließen, den Handel in einem Wertpapier für einen gewissen Zeitraum auszusetzen, um allen Börsenteilnehmern die gleiche Chance einzuräumen, ihre Dispositionen den möglicherweise entstandenen gravierenden Veränderungen anzupassen.

Ausstattung – Die im Zuge der Ausgabe (Emission) einer neuen Anleihe festgelegten Bedingungen über die Höhe der Verzinsung, der Laufzeit, der Tilgung usw.

B – »Brief« als Kurszusatz, besagt, daß zum angegebenen Kurs nur Verkaufsangebote im entsprechenden Wertpapier vorlagen, ein Umsatz mangels Nachfrage aber nicht zustande kam. Gegensatz: Geld.

b – »bezahlt« als Kurszusatz (Abkürzung: b, bz, bez); besagt, daß zum angegebenen Kurs alle vorliegenden Aufträge abgewickelt werden konnten.

Bärenfalle – (engl. = *bear trap*). Eine Falle, in die der mit fallenden Kursen rechnende Anleger aufgrund seiner technischen Chartanalysen bzw. der dabei ermittelten Verkaufssignale hineintappt, insofern diese sich nachträglich als Fehleinschätzung erweisen. Gegensatz: Bullenfalle.

Baisse – Sinken der Wertpapierkurse einzelner Marktbereiche oder des Gesamtmarktes über einen mittleren bis längeren Zeitraum. Gegenteil: Hausse.

Bankenkonsortium – Eine zu einem bestimmten Zweck, meistens der Herausgabe neuer Wertpapiere (Emission) o.ä. gegründete Gesellschaft von Banken.

Bardividende – Ausschüttungsbetrag nach Abzug der durch die Körperschaftssteuer anfallenden Belastung, die der Privatanleger in seiner Steuererklärung als Steuervorauszahlung geltend machen kann.

Basispreis – Der bei Abschluß eines Optionsgeschäftes vereinbarte Preis, zu dem der Käufer bzw. Verkäufer einer Option den optierten Gegenstand (Wertpapier, Devise) bis zum Optionstermin von seinem Kontrahenten kaufen bzw. an ihn verkaufen kann. Vgl. Option, Call, Put.

Basiswert – Der Gegenstand, auf den sich im Optionshandel die abgeschlossenen Verträge bzw. Kontrakte beziehen, z. B. eine bestimmte Aktie, eine Unze Gold, ein Aktienindex o. ä.

Basket-Optionsschein – Eine spezielle Art von Optionsscheinen, die nicht zum Bezug eines bestimmten Wertes (einer Aktie, einer Devise usw.), sondern eines Korbs solcher Werte berechtigen.

bB – Vgl. bezahlt, Brief.

bear trap – Vgl. Bärenfalle.

behauptet – Börsentendenz, bei der es zu keinen größeren Kursveränderungen kommt. Vgl. Börsentendenzen.

Belegschaftsaktien – Aktien, die den Angehörigen einer Gesellschaft überlassen werden, um deren Teilhabe am Unternehmen über vermögensbildende Maßnahmen zu fördern.

Beleihungswert – Der rein rechnerische Betrag, der sich unter Zugrundelegung bestimmter, meistens in Prozent der jeweiligen Wertpapierkurse angegebener Beleihungsgrenzen ergibt und bis zu dessen Höhe ein etwa aufgenommener Kredit des Anlegers gedeckt ist.

Berichtigungsaktien – Ohne Zuzahlung in einem bestimmten Verhältnis zu den alten Aktien an den Altaktionär ausgegebene neue Aktien.

Berufshandel – Zum B. gehören jene Personen bzw. Institutionen, die mit dem Handel an der Börse berufsmäßig zu tun haben, also Makler, Händler, Bankenvertreter usw. Vgl. Kulisse.

bestens – Ausdrücklicher Zusatz bei der (unlimitierten) Aufgabe einer Verkaufsorder, wenn der Anleger bereit ist, jeden sich am Markt zum gegebenen Zeitpunkt herausbildenden (»bestmöglichen«) Kurs zu akzeptieren, um auf jeden Fall zu einem Verkaufsabschluß zu kommen. An den deutschen Börsen gehen diese Aufträge den limitierten Aufträgen vor.

bezahlt – Als Kurszusatz: b, bz, bez; besagt, daß zum angegebenen Kurs alle vorliegenden Aufträge abgewickelt werden konnten.

bezahlt Brief – Als Kurszusatz: bB, bzB, bezB; besagt, daß zum angegebenen Kurs alle unlimitierten Verkaufsaufträge und jene Verkaufsaufträge, deren Limit darunter lag, vollständig, die zum festgestellten Kurs limitierten Verkaufsaufträge aber nur teilweise ausgeführt werden konnten, weil weiteres Angebot vorlag.

bezahlt Geld – Als Kurszusatz: bG, bzG, bezG; besagt, daß zum angegebenen Kurs alle unlimitierten Kaufaufträge und jene Kaufaufträge, deren Limit darunter lag, vollständig, die zum festgestellten Kurs limitierten Kaufaufträge aber nur teilweise ausgeführt werden konnten, weil weitere Nachfrage bestand.

Bezugsangebot – Das im Zuge der Ausgabe neuer (junger) Aktien öffentlich verbreitete Angebot zum Erwerb dieser Aktien einschließlich der festgelegten Bedingungen.

Bezugsbedingungen – Die genauen Umstände, unter denen eine Kapitalerhöhung und das damit verbundene Bezugsangebot stattfindet.

Bezugsfrist – Der Zeitraum, innerhalb dessen das Bezugsrecht ausgeübt oder über die Börse verkauft werden kann.

Bezugskurs – Der zum Bezug der neuen (jungen) Aktien festgelegte Kurs.

Bezugsrecht – Das einem Aktionär zustehende Recht, bei einer Kapitalerhöhung eines Unternehmens mit neuen Aktien bedacht zu werden, und zwar im Verhältnis seines bisherigen Anteils am Grundkapital zur vorgenommenen Erhöhung. Wird z. B. ein Kapital von 10 Millionen Mark auf 12 Millionen Mark heraufgesetzt, kann der Altaktionär auf zehn »alte« zwei »neue/junge« Aktien zu einem von der Gesellschaft festgelegten Kurs beziehen; das Bezugsverhältnis beträgt in diesem Falle 10 : 2. Macht er von dem Angebot dagegen nicht Gebrauch, kann er die ihm zustehenden Bezugsrechte über die Börse veräußern. Der Veräußerungsgewinn ist dann die Entschädigung für den Kursverlust, den er auf seinen Aktienbesitz nach Bezugsrechtsabschlag hinnehmen muß und der dadurch entsteht, daß sich der Kurswert aller bisher ausgegebenen Aktien zusammengenommen aufgrund der vorgenommenen Kapitalerhöhung auf eine höhere Anzahl von Aktien verteilt.

Bezugsverhältnis – **1.** Beim Bezug junger Aktien das Verhältnis zwischen bisherigem Grundkapital und Kapitalerhöhung. Vgl. Bezugsrecht.
2. Bei Optionsanleihen die Anzahl der Bezugswerte (Aktien o. ä.), die mit den entsprechenden Optionsscheinen bezogen werden können. Vgl. Optionsscheine, Optionsanleihe.

bG – Vgl. bezahlt Geld.

Bid – Der vom Käufer nachgefragte Preis (Kurs), zu dem dieser bereit ist, die entsprechenden Wertpapiere o. ä. zu erwerben. Vgl. Geld, Geldkurs.

billigst – Ausdrücklicher Zusatz bei der (unlimitierten) Aufgabe einer Kauforder, wenn der Anleger bereit ist, jeden sich am Markt zum gegebenen Zeitpunkt herausbildenden (»günstigsten«) Kurs zu akzeptieren, um auf jeden Fall zu einem Kaufabschluß zu kommen. An den deutschen Börsen gehen diese Aufträge den limitierten Aufträgen vor.

Blue Chips – gebräuchliche Bezeichnung für Aktien von großen, international bekannten und weltweit bedeutenden Unternehmen.

Börsenaufsicht – Die Überwachung der Börsensitzung durch den Vorstand der Börse bzw. durch die staatlich bestellten, im Auftrage der obersten Aufsichtsbehörde (Landesregierung) tätig werdenden Aufsichtspersonen (Börsenkommissar). Bei gravierenden Verstößen oder aus besonderem Anlaß kann die Landesregierung die Börse schließen, bei zu erwartenden schwerwiegenden Gefahren für die Gesamtwirtschaft kann eine solche Weisung auch die Bundesregierung erteilen.

Börsenbericht – Der laufende oder nach Abschluß der Sitzung von den Nachrichtenagenturen, den Kursmaklerkammern o. ä. verbreitete Bericht über die Tagesereignisse und vorherrschend gewesenen Tendenzen an der Börse.

Börsengesetz (BörsG) – Es regelt den Tätigkeitsbereich und die Organisationsformen der deutschen Börsen und enthält allgemeine Bestimmungen über die deutschen Börsen und ihre Organe, über die Feststellung des Börsenkurses, des Maklerwesens, der Zulassung von Wertpapieren zum Handel usw.

Börsenhändler – Die im Namen und auf Rechnung von Banken an der Börse mit Wertpapieren, Devisen o. ä. handelnden Personen.

Börsenindex – Kennzahl, die die Kursentwicklung eines Wertpapiermarktes oder bestimmter Teilmärkte (Branchen u. ä.) repräsentativ widerspiegeln soll. Vgl. Aktienindex, DAX®-, REX-, FAZ-Index.

Börsenindex-Fonds – Fonds, der nach einem bestimmten Aktien-, Spezial- oder übrigen Marktindex ausgerichtet ist, um dadurch dem Anleger die Möglichkeit zu bieten, die dem Index zugrundeliegenden Werte insgesamt zu kaufen und die Performance dieses Index zu erreichen.

Börsenkommissar – Der von der jeweiligen Landesregierung als oberster Aufsichtsbehörde bestellte Staatskommissar, der die ordnungsgemäße Einhaltung der Rechtsvorschriften an der Börse überwacht und bei allen Sitzungen zugegen sein muß.

Börsenkrach – Dramatischer Verfall der Börsenkurse innerhalb kurzer Zeit als Vorbote oder Ausdruck einer sich abzeichnenden Angst um eine weltweite Wirtschaftskrise, meistens in Zusammenhang mit entsprechenden Entwicklungen am Anleihemarkt (Zinsanstieg). Der erste B. dieser Art fand 1929 an der New Yorker Börse statt, er riß alle übrigen Finanzplätze mit sich und läutete die Depression der dreißiger Jahre ein. 1962 und am 19. Oktober 1987 kam es ebenfalls zu einem dramatischen Kurseinbruch an der New

Yorker, in der Folge auch an den übrigen Börsen, der einen Rückgang der Kurse in einzelnen Werten von bis zu 30 % an einem einzigen Tag bewirkte. Im Gegensatz zum B. 1929 erholten sich die Kurse in den beiden anderen Fällen aber relativ schnell, so daß einige Märkte kaum ein halbes Jahr nach dem Ereignis die erlittenen Verluste sogar wieder wettmachen konnten. Ähnliches gilt für den »Mini-Crash« vom 16. Oktober 1989.

Börsenmakler – Die an der Börse entweder als amtlich bestellten, vereidigten Kursmakler oder als freie Makler tätig werdenden Personen, die Börsengeschäfte vermitteln. Die Kursmakler sind ausschließlich für die amtliche Kursfeststellung der zum amtlichen Handel zugelassenen Wertpapiere zuständig und dürfen Eigengeschäfte nur in sehr begrenztem Umfang durchführen. Freie, nicht vereidigte Makler hingegen dürfen in allen Wertpapieren, gegebenenfalls sogar an mehreren Börsen gleichzeitig vermitteln.

Börsen-Order-Service-System (BOSS) – Bezeichnung für das in der Bundesrepublik geplante Börsen-Order-Service-System, das 1991 seinen Betrieb aufnehmen und den computermäßigen Börsenhandel erlauben soll.

Börsenordnung – Sie bildet als die von der jeweiligen Landesregierung genehmigte Satzung die Geschäftsgrundlage der einzelnen Börse.

Börsenprospekt, Börsenzulassungsprospekt – Vor Zulassung eines Wertpapiers zum (amtlichen) Handel an einer Börse hat das entsprechende Unternehmen bzw. das für sie tätig werdende Kreditinstitut die Öffentlichkeit in bestimmten überregionalen Zeitungen (Börsenpflichtblättern) über die beabsichtigte Einführung an der Börse zu informieren. Dieser B. muß bestimmte Kriterien erfüllen.

Börsenteilnehmer – Alle vom Börsenvorstand der Deutschen Terminbörse zugelassenen natürlichen oder juristischen Personen, die am Börsenterminhandel teilnehmen dürfen.

Börsentendenz – Die allgemeine Richtung, die ein Wertpapiermarkt zum gegebenen Zeitpunkt aufweist und die in standardisierten Formeln ausgedrückt werden kann.

Börsenumsatz – Der in der entsprechenden Währungseinheit sich zu einem bestimmten Zeitpunkt oder innerhalb eines bestimmten Zeitraums ergebende Gesamtbetrag (Anzahl der Wertpapiere x jeweiligem Kurs) der abgeschlossenen Geschäfte in einem Wertpapier oder am Gesamtmarkt. Je nach Berechnungsverfahren werden dabei die Transaktionen einfach oder doppelt gerechnet.

Börsenumsatzsteuer – Die bis Ende 1990 auf den Kauf und Verkauf von Wertpapieren angefallene Kapitalverkehrssteuer.

Börsenusancen – Jene zum Teil aus Gewohnheitsrecht, aber gegebenenfalls auch ausdrücklich festgelegten Bedingungen, nach denen Börsengeschäfte abgewickelt werden.

Börsenvorstand – Das oberste, aus dem Vorsitzenden, seinem Stellvertreter und den übrigen Mitgliedern auf die Dauer von drei Jahren gebildete Gremium einer Börse.

Börsenzulassung – Die je nach Börsensegment notwendige Genehmigung zur Zulassung eines Unternehmens bzw. eines Wertpapiers zum Börsenhandel. Vgl. Börsenprospekt, Börsenzulassungsprospekt.

Börsenzwang – Die Verpflichtung der am Wertpapiergeschäft Beteiligten, alle Aufträge über die Börse zu leiten. Die deutschen Banken haben sich dazu verpflichtet, sämtliche Kundenaufträge in amtlich notierten Werten über die Börse zu leiten, falls der Kunde nichts anderes bestimmt. Auf diese Weise soll ein möglichst breiter Markt gesichert und eine angemessene Kursfindung ermöglicht werden.

Bogen – Das bei Aktien aus Gewinnanteilscheinen (Coupons), bei Anleihen aus Zinsscheinen und dem jeweiligen Erneuerungsschein (Talon) bestehende Wertpapier zur Geltendmachung der entsprechenden Rechte. Vgl. Aktie, Anleihe.

Bonds – Englischer Ausdruck für festverzinsliche Wertpapiere.

Bond warrants – Englische Bezeichnung für Optionsscheine, die zum Bezug bestimmter festverzinslicher Wertpapiere berechtigen. Vgl. Optionsscheine.

Bonität – Die Kreditwürdigkeit eines Schuldners.

Bonus – Eine neben der ausgeschütteten Dividende aus besonderem Anlaß (Jubiläum, besondere Geschäftsentwicklung o. ä.) den Aktionären gewährte Vergütung.

BOSS – Vgl. Börsen-Order-Service-System.

Branchenfonds – Ein Investmentfonds, der die Geldeinlagen seiner Kunden in Wertpapiere bestimmter, spezifizierter Branchen investiert.

Branchenindex – Aktienindex, der die Entwicklung eines Teilmarkts der Börse widerspiegeln soll, z. B. die Entwicklung der Aktien der Autoindustrie, der Chemie, der Banken usw.

Branchenrotation – Eine in bestimmten Börsenphasen beobachtbare Bewegung, bei der die Börsianer die Werte einer Branche gegen die Werte einer anderen Branche tauschen.

Brief – Als Kurszusatz: B, besagt, daß zum angegebenen Kurs nur Verkaufsangebote im entsprechenden Wertpapier vorlagen, ein Umsatz mangels Nachfrage aber nicht zustande kam. Gegenteil: Geld.

Broker – In den USA als Börsenhändler tätige Unternehmen.

Bruttodividende – Die Gewinnausschüttung, die sich ohne Abzug der (25%igen) Kapitalertragsteuer und zuzüglich etwaiger Körperschaftsteuerguthaben ergibt. Gegensatz: Nettodividende.

Bullenfalle – (engl. = *bull trap*). Eine Falle, in die der mit steigenden Kursen rechnende Anleger aufgrund seiner technischen (Chart-)Analysen bzw. der dabei ermittelten Kaufsignale hineintappt, insofern diese sich nachträglich als Fehleinschätzung erweisen. Gegensatz: Bärenfalle.

bull trap – Vgl. Bullenfalle.

Bundesanleihe – Anleihe, die von der Bundesrepublik Deutschland, der Bahn oder der Post ausgegeben werden. Vgl.: Anleihe.

Bundesbank – Vgl. Deutsche Bundesbank.

Bundesobligationen – Mittelfristige, mündelsichere Daueremissionen des Bundes mit einem festen Nominalzins, aber variablen Ausgabekursen, sowie einer festen Laufzeit von fünf Jahren.

Bundesschatzbrief – Nicht an der Börse gehandelte, zumeist mit jährlich steigendem Zinssatz angebotene Wertpapiere des Bundes. Der Typ A hat eine Laufzeit von sechs Jahren, die Zinszahlung erfolgt jährlich; der Typ B läuft ein Jahr länger, wobei die Zinsen erst am Ende der Laufzeit vergütet werden.

Bundesschatzwechsel – Kurzfristige Schuldverschreibungen der öffentlichen Hand, die nicht vom Privatanleger, sondern nur von Banken und institutionellen Anlegern erworben werden können.

Call – Kaufoption bzw. den dieser zugrunde liegender Vertrag, durch den der Käufer dieser Option gegen Zahlung eines Optionspreises (Prämie) das Recht, aber nicht die Verpflichtung erwirbt, eine bestimmte Menge eines bestimmten Basiswerts (z. B. eine Aktie, eine Unze Feingold) innerhalb eines festgelegten Zeitraums (Laufzeit bis zum Verfalltermin) zum vereinbarten Preis (Basispreis) zu kaufen.

Cash-flow – Der Cash-flow ist eine vor allem in den angelsächsischen Ländern gebräuchliche Kennziffer zur Aktien- bzw. Unternehmensanalyse. Er bedeutet den Zugang an flüssigen Mitteln (finanzwirtschaftlicher Überschuß) innerhalb einer bestimmten Abrechnungsperiode und ergibt sich im wesentlichen aus der Addition von Jahresüberschuß, Abschreibungen, Veränderungen der langfristigen Rückstellungen, Steuern vom Ertrag und Einkommen. Aus der Höhe des Cash-flows und seiner im Laufe der Jahre erkennbaren Entwicklung lassen sich Rückschlüsse ziehen auf das Finanzierungspotential eines Unternehmens.

Chart – Abbildung der Kursentwicklung eines Wertpapiers in grafischer Darstellung, gegebenenfalls mit den entsprechenden Entwicklungen von Umsatz, gleitenden Durchschnittslinien usw. Vgl. Chartanalyse.

Chartanalyse – Die Analyse von Kurvenverläufen und Verlaufsformationen – in der Regel unter Berücksichtigung der jeweils gegebenen Umsätze, jedoch ohne Beachtung fundamentaler Daten oder

Entwicklungen – zur Optimierung des eigenen Börsenerfolgs. Anhand von auszumachenden Trends (Primär-, Sekundär-, Tertiärtrend), angenommenen Widerstands- und Unterstützungszonen, Durchschnittslinien, typischen Kursformationen usw. versucht der Chartanalytiker, den günstigsten Zeitpunkt zum Kauf oder Verkauf eines Wertpapiers o. ä. ausfindig zu machen.

Chartist – Anhänger der Chartanalyse.

Charttechnik – Das bei der Chartanalyse speziell verwendete Verfahren, z. B. die sogenannte Point-&-Figure-Methode.

Churning – Die in den USA strafbare Praxis eines Brokers, durch häufige Transaktion die eigenen Provisionseinnahmen zu Lasten des Kundenkontos zu maximieren.

Clearing – Aufrechnung von Forderungen und Verpflichtungen der am Clearingverkehr Beteiligten (Banken o. ä.).

closed end fund – Besonders in den angelsächsischen Ländern vorkommender, hierzulande untersagter Fonds einer Investmentgesellschaft, dessen Mittel durch eine von vornherein begrenzte Anzahl von Anteilen aufgebracht wird. Der Kurswert eines Anteils richtet sich nicht nach dem tatsächlichen, anteiligen Wert am Fondsvermögen (Inventarwert), der sich aus dem Barvermögen und dem jeweiligen Kurswert der vom Fonds erworbenen Wertpapiere ergibt. Vielmehr unterliegt er der freien Preisbildung am Markt, so daß er, gemessen am Inventarwert, je nach Angebot und Nachfrage häufig mit einem nicht unerheblichen Aufgeld gehandelt wird. Einen Anspruch auf Rücknahme des Anteils hat der Anleger bei einem c. nicht. Gegensatz: *open end fund.*

Coupon – Der einem festverzinslichen Wertpapier bei Aushändigung der effektiven Stücke beigegebene Zinsschein, gegen dessen Vorlage die fälligen Zinsen ausgezahlt werden.

Courtage – Die Vermittlerprovision des Maklers bei Abschluß eines Börsengeschäfts. Sie wird in der Regel in Promille des Kurswerts (bei festverzinslichen Wertpapieren vom Nennwert) berechnet und liegt bei am amtlichen Markt gehandelten Aktien und Bezugsrechten zur Zeit bei 0,8 Promille. Vgl. Spesen.

Covered warrants – Optionsscheine, durch die der Käufer dieser Scheine das Recht erhält, bis zum Verfalltermin den zugrunde gelegten Basiswert (eine Aktie o. ä.) zu einem bestimmten, in den Optionsbedingungen festgelegten Preis zu erwerben. Der Emittent solcher Scheine ist im Unterschied zu den Optionsscheinen üblicher Art (vgl. Optionsscheine) nicht das Unternehmen selbst, auf den sich das Optionsrecht bezieht, sondern in der Regel eine Bank, die die entsprechenden Stücke des Basiswerts, also etwa die Aktien, in ihrem Depot hält.

Crash – Vgl. Börsenkrach.

Dax® – Vgl. Deutscher Aktienindex.

Depot – Im weiteren Sinne der Ort, an dem Wertgegenstände, z. B. Wertpapiere, aufbewahrt werden. Im Wertpapiergeschäft diese Wertpapiere selbst, die auf einem gesonderten Konto, dem D.-Konto, verbucht und für den Kunden einer Bank gegen eine entsprechende Gebühr verwaltet werden.

Depotstimmrecht – Das im Einzelfall nach genau spezifizierten Weisungen oder mittels einer Pauschalerklärung des Aktionärs der depotführenden Bank eingeräumte Recht zur Stimmabgabe im Rahmen der Hauptversammlung einer Aktiengesellschaft.

Depotverwaltung – Die Aufbewahrung und ordnungsgemäße Verwaltung von Wertgegenständen, im engeren Sinne von Wertpapieren, mit allen dazugehörigen, im Depotvertrag nach dem Depotgesetz festgelegten Verpflichtungen der Verwaltungsstelle.

Deutsche Bundesbank – Die 1957 errichtete Notenbank der Bundesrepublik Deutschland und Berlins mit Sitz in Frankfurt und ihren Hauptverwaltungen (Landeszentralbanken) in den einzelnen Bundesländern.

Deutscher Aktienindex (DAX®) – Der am 1. Juli 1988 eingeführte Deutsche Aktienindex (DAX®), der im Abstand von je einer Minute während der laufenden Sitzung an der Frankfurter Wertpapierbörse aufgrund der aktuell gehandelten Preise ermittelt wird.

Deutsche Terminbörse (DTB) – Die DTB ist die seit Anfang 1990 in Deutschland betriebene Börse für Options- und Termingeschäfte auf deutsche Aktien, Indizes usw. mit Sitz in Frankfurt am Main. Sie löst den bis dahin an den deutschen Börsen betriebenen Aktienoptionshandel ab, der den Anforderungen eines modernen Marktes nicht mehr entsprach. Gegenüber diesem Handel bietet sie durch eine Anlehnung an internationalen Standards den Marktteilnehmern erhebliche Vorteile: **1.** Verkäufer einer Kauf- oder Verkaufsoption (Stillhalter in Stücken oder in Geld) können ihre Position jederzeit bis zum letzten Handelstag durch Rückkauf glattstellen (Closing transaction). **2.** Market-Maker sorgen für eine hohe Marktliquidität, insofern sie verpflichtet sind, jederzeit verbindliche Geld- und Brief-Kurse zu stellen. **3.** Hohe Markttransparenz durch Angabe und Abfrage von Angebot und Nachfrage sowie des handelbaren Volumens auf dem Händlerbildschirm (Elektronisches Handelssystem). **4.** Fortwährende Abschöpfungsmöglichkeit (Arbitrage) von Preisdifferenzen während der Handelszeit führt zu marktgerechten Preisen im Verhältnis zum Kurs des Basiswerts. **5.** Möglichkeit der Eröffnung einer Optionskombination durch gleichzeitigen Kauf und/oder Verkauf von Optionsserien, um bestimmte Strategien auf individuelle Einschätzungen und Bedürfnisse abzustimmen. Zum Handel mit Optionen und Terminkontrakten vgl. Optionen, Call, Put usw.

Deutsche Vereinigung für Finanzanalyse und Anlageberatung (DVFA) – Die DVFA ist ein Zusammenschluß von Wirtschafts- und Bankfachleuten, die sich zum Ziel gesetzt haben, einheitliche Methoden zur Analyse und Bewertung von Aktiengesellschaften zu entwickeln. Vgl. DVFA-Ergebnis.

Devisen – Alle ausländischen Währungen, insofern sie als Guthaben oder Wertpapiere (z. B. auch Schecks und Wechsel) Forderungen gegenüber dem Ausland darstellen. Dazu zählt nicht ausländisches Bargeld, das als »Sorten« bezeichnet wird.

Devisenbörse – Der Ort, an dem fremde Währungen im amtlichen Markt gehandelt werden.

Devisenhandel – Der Kauf oder Verkauf von Devisen (hier im wesentlichen Bankanweisungen o. ä.) per Termin oder zur Kasse, der über die Devisenbörse, in weit größerem Umfang aber im außerbörslichen Verkehr unter den Banken abgewickelt wird.

Devisenkurs – Der im Devisenhandel ermittelte Preis für eine ausländische Währung, der in der Regel als Brief- und Geldkurs gestellt wird. Er bildet sich für die amtlich notierten Währungen im amtlichen Handel als Ergebnis von Angebot und Nachfrage und unter Mitwirkung der Bundesbank.

Devisentermingeschäft – Das Devisentermingeschäft ist ein Handelsgeschäft zwischen zwei Kontrahenten mit der Maßgabe, einen festgelegten Betrag in ausländischer Währung bis zu einem bestimmten Zeitpunkt und zu einem vorher festgelegten Kurs abzunehmen bzw. zu liefern.

Disagio – Abgeld, meistens in Prozent ausgedrückt, um das z. B. der Ausgabekurs eines Wertpapiers über einem bestimmten Normpreis, in der Regel dem Nennwert, liegt. Gegenteil: Agio.

Diskontpolitik – Die im Zusammenhang mit der Herauf- und Herabsetzung des Diskontsatzes verfolgte Politik der Bundesbank, im wesentlichen zur Steuerung des Zinsniveaus und des Kreditvolumens.

Diskontsatz – Der Zinssatz, zu dem die Deutsche Bundesbank bzw. Landeszentralbanken Wechsel ankaufen, die ihnen von den Banken angeboten werden. Die Banken können sich auf diese Weise kurzfristig Liquidität verschaffen, indem sie die von ihren Kunden entgegengenommenen und mit einem höheren Zinssatz diskontierten Wechsel mit einem niedrigeren Zinssatz an die Bundesbank abgeben.

Dividende – Der ausgezahlte Anteil am Gewinn einer Aktiengesellschaft, zumeist in DM pro Stück oder in Prozent vom Nominalwert angegeben. Je nach Gewinnentwicklung kann diese Dividende einmal höher, ein anderes Mal niedriger ausfallen oder gar bei besonders ungünstiger Geschäftsentwicklung ganz wegfallen.

Dividendenabschlag – Bei Börsenkursen der rein rechnerische Kursrückgang aufgrund der vorgenommenen Gewinnausschüttung am Tage der Auszahlung. Die Kurse werden an diesem Tage »ex Div(idende)« notiert.

Dividendengarantie – Die häufig bei Vorzugsaktien ohne Stimmrecht eingegangene Verpflichtung einer Aktiengesellschaft zur Zahlung einer bestimmten Dividende.

Dividendenrendite – Sie gibt an, wie sich ein angelegtes Kapital unter Zugrundelegung des jeweils gültigen Börsenkurses einer Aktie und einer bestimmten Dividende verzinst.

Dividendenschein – Der auf dem Bogen einer Aktie abgedruckte Berechtigungsschein zur Auszahlung der Dividende an den Überbringer.

Dollar-Anleihen – Festverzinsliche Wertpapiere in US-Dollar von amerikanischen oder international agierenden Emittenten (Staat, Banken, Wirtschaft).

Doppelplus-, Doppelminusankündigung (++,– –) – Kurszusätze im vorbörslichen oder börslichen Handel, die eine Veränderung des Wertpapierkurses nach oben (Plus) oder unten (Minus) um mindestens 10 % bei Aktien, Wandelanleihen, Optionsanleihen und Optionsscheinen signalisieren. Vgl. Kurszusätze.

Doppelwährungsanleihen – Anleihen, bei denen in der Regel Ausgabe- und Zinszahlungswährung einerseits, Tilgungswährung andererseits verschieden sind.

Dow-Jones-Index (DJI) – Bedeutendster Aktienindex der westlichen Welt, in dem die Kursentwicklung der 30 wichtigsten amerikanischen Börsenwerte zum Ausdruck kommt. Vgl. Aktienindex.

DTB – Vgl. Deutsche Terminbörse.

DVFA-Ergebnis – Ergebnisberechnung nach der Formel der Deutschen Vereinigung für Finanzanalyse und Anlageberatung, die einen exakten Vergleich zwischen verschiedenen Aktiengesellschaften ermöglichen soll und den Jahresgewinn eines Unternehmens, korrigiert um etwaige Sondereinflüsse, widerspiegelt.

ECU – Abkürzung für European Currency Unit, die 1979 geschaffene europäische Währungseinheit, die sich aufgrund eines sogenannten Währungskorbs berechnet, in dem alle europäischen Währungen je nach Wirtschaftskraft der jeweiligen Länder mit einem festen Betrag eingebracht werden.

Effekten – Ältere Sammelbezeichnung für Wertpapiere.
Effektenlombardkredit – Kredit, bei dem der Inhaber der Effekten seinen Wertpapierbestand als Sicherheit der Bank verpfändet.
Effektivverzinsung – Die tatsächliche Verzinsung, die ein Wertpapier unter Berücksichtigung aller Ankaufs- und Verkaufsgebühren, des Erwerbs- und Rückzahlungskurses, eventueller Ab- oder Aufschläge (Agio, Disagio), der Laufzeit und der Form der Tilgung usw. erbringt. Gegensatz: Nominalverzinsung. Vgl. dagegen: Rendite.
Eigenhandel – Der auf Rechnung und Konto der Kreditinstitute vorgenommene Handel mit Wertpapieren.
Eigenkapital – Gesamtbetrag investierter Mittel eines Unternehmens, die den Eigentümern gehören im Gegensatz zu in Anspruch genommenen und noch nicht getilgten Krediten, dem Fremdkapital.
Eigenmittel – Eigenkapital einer Aktiengesellschaft, bestehend aus dem gezeichneten Kapital (Aktienkapital), den Rücklagen und dem Gewinnvortrag. Vgl. Eigenkapital. Gegensatz: Fremdmittel.
eindecken – Hat ein Börsianer z. B. Aktien, die noch gar nicht in seinem Besitz sind, in der Hoffnung verkauft, sie bei einem erwarteten Kursabschwung billiger erwerben zu können (Leerverkauf), wird er diese Leerposition bei einem entgegen seinen Erwartungen laufenden Trend baldmöglichst wieder aufheben wollen, indem er die eigentlich bereits verkauften Aktien nun wirklich besorgt, um sie dem Inhaber der Option, der in diesem Fall im Gewinn ist, auch wirklich liefern zu können.
Einheitskurs – Kassakurs. Im Gegensatz zur fortlaufenden Notierung nur einmal während der Börsensitzung amtlich ermittelter Kurs. Bei Wertpapieren, die auch zum variablen Handel zugelassen sind, erfolgt die Kursfeststellung zeitlich etwa in der Mitte der Börsensitzung. Der Einheits- oder Kassakurs ist für alle Börsenaufträge maßgebend, die eine bestimmte Stückzahl (in der Regel 50 Stück oder ein Vielfaches davon) nicht erreichen, die auf Kundenwunsch ausdrücklich zum Kassakurs abgerechnet werden sollen oder Wertpapiere betreffen, die gar nicht zum variablen Handel zugelassen sind.
Emission – Ausgabe neuer Wertpapiere (Aktien, Anleihen usw.), die in der Bundesrepublik im wesentlichen unter Einschaltung der Kreditinstitute erfolgt, welche sich zu diesem Zweck mit anderen Instituten zu einem Konsortium zusammenschließen.
Emissionskurs – Der Kurs des neu an die Börse kommenden Wertpapiers, zu dem die Zeichner – soweit sie in der möglichen Zuteilung bedacht worden sind – das Papier vor Feststellung der ersten offiziellen Börsennotierung erwerben können.
Emittent – Unternehmen, öffentlich-rechtliche Körperschaft usw., die Wertpapiere ausgeben und für die darin verbrieften Rechte haften,

also im Falle der Einführung von Aktien einer Gesellschaft an der Börse diese Gesellschaft selbst.

emittieren – Wertpapiere ausgeben, an die Börse bringen.

enger Markt – Ein für den Käufer und Verkäufer von Wertpapieren mitunter besonders schwieriger Markt, insofern die durchschnittlichen Tagesumsätze in einem bestimmten Wert relativ niedrig sind, so daß größere Aufträge häufig nicht an einem einzigen Börsentag untergebracht werden können. Die Ursache dafür kann darin liegen, daß sich der überwiegende Anteil der überhaupt verfügbaren Wertpapiere in wenigen, festen Händen befindet; sie kann aber auch einfach damit zu tun haben, daß die ausgegebene Anzahl der Wertpapiere vergleichsweise gering ist.

Erneuerungsschein – Auch Talon: Berechtigungsschein zur Aushändigung neuer Zins- oder Dividendenscheinbogen, sobald die alten Coupons verbraucht sind.

Eröffnungskurs – Der bei Beginn der Börse im variablen Handel festgestellte erste Kurs.

Euro-Anleihen – Die am Euro-Markt gehandelten, nicht in einer einzigen, sondern in mehreren Währungen zugleich emittierten Anleihen internationaler Schuldner.

Euro-Markt – Der unter Banken und Großunternehmen im wesentlichen im europäischen Raum beheimatete, nicht ortsgebundene Markt für den Handel mit fest und variabel verzinslichen Anleihen (Euro-Kapitalmarkt), Krediten (Euro-Kreditmarkt) und ungesicherten Krediten mit Laufzeiten bis zu einem Jahr (Euro-Geldmarkt).

Europäische Option – Eine Option, die der Inhaber dieser Option nur am Ende der Laufzeit ausüben kann.

Europäisches Währungssystem (EWS) – Der am 13. 3. 1979 in Kraft getretene Verbund, in dem über die europäische Währungseinheit ECU als Bezugspunkt die Währungen der EG-Staaten aneinander gekoppelt sind.

Europäische Währungseinheit – Vgl. ECU.

Ewige Anleihen – Anleihen, für die eine Verzinsung des geliehenen Kapitals, nicht aber eine Tilgung vorgesehen ist.

EWS – Abkürzung für: Europäisches Währungssystem.

exB, ex BR – »ex Bezugsrecht« als Kurszusatz besagt, daß eine Aktie an diesem Tag erstmals ohne das aufgrund der vorgenommenen Kapitalerhöhung dem Altaktionär zustehende Bezugsrecht notiert wurde.

ex BA – »ex Berichtigungsaktien« als Kurszusatz besagt, daß eine Aktie an diesem Tag erstmals ohne das aufgrund der vorgenommenen Kapitalerhöhung aus eigenen Mitteln dem Altaktionär zustehende Recht auf Berichtigungsaktien notiert wurde.

exD, exDiv – »ex Dividende« als Kurszusatz besagt, daß eine Aktie an diesem Tag erstmals ohne die dem Altaktionär zustehende Dividende notiert wurde.

Exotenbörse – Kapitalmarkt, der keine verläßlichen Abwicklungsregeln kennt, aufgrund der niedrigen Marktkapitalisierung sehr »eng« ist und in unsicheren Börsenphasen oder bei weltweiten Unsicherheiten zum Zusammenbruch neigt.

Fälligkeitstermin – Zeitpunkt, an dem oder bis zu dem ein bestimmtes, z.B. aus Optionskontrakten gewonnenes Recht ausgeübt werden kann.

fairer Preis – Der mit Hilfe komplexer Analyseverfahren ermittelte Preis für eine Option, der sich je nach den gegebenen Einflußfaktoren für die Option (Kurs des Basiswerts, Basispreis, Verfalltermin, Zinsen, Volatilität des Basiswerts, Delta-Faktor usw.) ändern kann.

feste Wechselkurse – Wechselkurse, die aufgrund von Vereinbarungen in einem festgelegten, nur in relativ engen »Bandbreiten« schwankenden Verhältnis zueinander stehen und gegebenenfalls durch Eingriffe der Notenbanken der beteiligten Länder auf den Devisenmärkten innerhalb dieser Bandbreite gehalten werden sollen.

festverzinsliche Wertpapiere – Im Gegensatz zu Aktien Wertpapiere mit einem garantierten Ertrag. Vgl. Anleihe.

Financial futures – Angelsächsischer Ausdruck für Finanzterminkontrakte in Währungen, Zinsen, Indizes usw., wie sie an der London International Financial Futures Exchange (LIFFE) gehandelt werden. Ziel dieser Geschäfte ist ursprünglich eine Absicherung des finanziellen Risikos von Preis- und Zinsschwankungen zugrunde liegender Basiswerte, in letzter Zeit treten allerdings auch immer mehr rein spekulative Motive in den Vordergrund. Vgl. Termingeschäft.

Finanzierungsinstrumente – Sammelbezeichnung für alle auf den Kapitalmärkten angebotenen Anlageformen.

Fixing – Im Fixing an der Frankfurter Devisenbörse werden börsentägig gegen 13 Uhr die Kurse für die amtlich notierten Währungen unter Mitwirkung der Deutschen Bundesbank ermittelt.

flexible Wechselkurse – Wechselkurse, die gegeneinander nicht – wie etwa im Europäischen Währungssystem – in einem festen Verhältnis zueinander stehen, sondern sich frei am Devisenmarkt nach Angebot und Nachfrage bestimmen.

Floating – Das Treibenlassen der Wechselkurse ohne irgendwelche Eingriffe, um den tatsächlichen Marktpreis für die einzelnen Währungen ausfindig zu machen.

Floating rate notes (FRN) – Anleihen mit keinem festen, sondern einem variablen Zinssatz. Je nach gewählter Bezugsgröße wird der Zinssatz, zumeist in Abständen von einem halben Jahr, den neuen Gegebenheiten auf dem Kapitalmarkt angepaßt, so daß die Kurse solcher Anleihen vergleichsweise geringen Schwankungen unterworfen sind.

Fonds – Die von einer Kapitalanlagegesellschaft (Investmentgesellschaft) verwalteten Sondervermögen, die in Immobilien, Wertpapieren o. ä. angelegt sind. Man unterscheidet zwischen offenen Fs (*open end fund*) und geschlossenen Fs (*closed end fund*). Die letztere Form, bei der der Anleger keinen Anspruch auf Rücknahme seiner Anteile hat, ist in den angelsächsischen Ländern geläufig, in der Bundesrepublik aber verboten. Vgl. offene/geschlossene Fonds: *open end fund*.

fortlaufende Notierung – Die im variablen Wertpapierhandel stattfindende Form der Notierung, bei der es zu einer laufenden, sich je nach den eingehenden Aufträgen richtenden Kursbildung kommt. Soweit nichts anderes vom Kunden bestimmt, werden alle Aufträge mit einem vorgeschriebenen Mindestvolumen von 50 Stück und dem Vielfachen davon zum nächstmöglichen Zeitpunkt am variablen Markt abgewickelt. Vgl. Kassa-Notierung, Einheitskurs.

freie Wechselkurse – Andere Bezeichnung für flexible Wechselkurse.

Freimakler – Der für Geschäfte im geregelten Freiverkehr und geregelten Markt zuständige Makler, der aber gleichwohl auch Geschäfte in amtlich gehandelten Werten tätigen darf, ohne in diesem Falle aber selbst Kurse zu stellen. Er handelt nicht für Endkunden der Bank, sondern nur für die Banken selbst und darf – im Gegensatz zum amtlichen Makler – neben seiner Vermittlungstätigkeit auch umfängliche Geschäfte auf eigene Rechnung betreiben. Vgl. Aktienmarkt.

Freistellungsbescheinigung – Eine einem Arbeitnehmer vom Finanzamt zur Vorlage bei dessen Bank ausgestellte Bescheinigung, wonach dieser aufgrund seines eine bestimmte Grenze nicht übersteigenden Einkommens bei anfallenden Dividendenzahlungen von der ansonsten einbehaltenen Körperschaftsteuer befreit ist.

Freiverkehr – Der Handel in amtlich nicht notierten Werten, wobei der ungeregelte im Gegensatz zum geregelten F. im wesentlichen als Telefonverkehr außerhalb der Börse stattfindet.

Fremdwährungsanleihen – Anleihen, die in einer anderen als der Landeswährung des Emittenten aufgelegt werden; z. B. Emission einer US-Dollar-Anleihe am deutschen Kapitalmarkt.

Fundamentalanalyse – Methode der Aktienanalyse, bei der man den gegebenen fundamentalen Daten eines Unternehmens (Gewinn,

Cash-flow, Kostenstruktur, Ertragskraft, Zukunftsaussichten usw.) besondere Bedeutung beimißt und auf dieser Ebene die ermittelten Kennzahlen verschiedener Unternehmen derselben Branche miteinander vergleicht, um zwischen gegebenen Anlagealternativen entscheiden zu können.

Fundamentalist – Anhänger der Fundamentalanalyse.

Futures – Allgemeine Bezeichnung für spezifische Terminkontrakte, z.B. Aktienindexterminkontrakte, Zinsterminkontrakte, Devisenterminkontrakte (Financial futures), aber auch solche Kontrakte auf Waren (Edelmetalle, landwirtschaftliche Produkte, Rohstoffe usw.). Im Gegensatz zu den Optionen beinhalten Futures die verbindliche Vereinbarung, zu einem bestimmten Zeitpunkt den entsprechenden Basiswert tatsächlich abzunehmen bzw. zu liefern oder einen entsprechenden Barausgleich vorzunehmen. Vgl. Option, Financial futures.

G – »Geld« als Kurszusatz besagt, daß zum angegebenen Kurs nur Kaufaufträge im entsprechenden Wertpapier vorlagen, ein Umsatz mangels Angebot aber nicht zustande kam.

Galerie – Die Tribüne im Börsensaal oberhalb des Parketts, von der aus private Börsenbesucher den Wertpapierhandel mitverfolgen können. Vgl. Parkett.

GDL – Vgl. gleitende Durchschnittslinie.

Gearing factor – Kennzahl, die zur Bewertung von Optionsscheinen verwendet wird. Der Gearing factor gibt die prozentuale Veränderung des Optionsscheinkurses bei einprozentiger Veränderung des Aktienkurses wieder, wobei angenommen wird, daß sich das bestehende prozentuale Aufgeld des Optionsscheins nicht verändert. Vgl. Optionsscheine, Aufgeld.

Geld – Als Kurszusatz: G., besagt, daß zum angegebenen Kurs nur Kaufaufträge im entsprechenden Wertpapier vorlagen, ein Umsatz mangels Angebot aber nicht zustande kam.

Geldkurs – Der Preis/Kurs, zu dem Käufer bereit sind, die nachgefragte Ware, z. B. Wertpapiere, abzunehmen.

Geldmarkt – Im Gegensatz zum Kapitalmarkt der Markt für kurzfristige Kredite und Guthaben, im wesentlichen unter Banken.

Geldmarktfonds – In der Bundesrepublik diskutierte, in den USA gängige Form von Investmentfonds (*money market funds*), die ihr Sondervermögen in Geldmarktpapieren anlegen.

Geldmarktpapiere – Die am Geldmarkt gehandelten kurzfristigen Schuldtitel, insbesondere die der öffentlichen Hand (Schatzwechsel, Schatzanweisungen usw.).

Geldmenge – Von der Bundesbank nach unterschiedlichen Gesichtspunkten definiertes und im Zuge ihrer Geld(mengen)politik angestrebtes Geldvolumen.

Geldmengenpolitik – Die Bundesbank ist in ihrer Geld(mengen)politik daran interessiert, die Liquidität der Wirtschaft zu sichern, ohne die Geldwertstabilität aus dem Auge zu verlieren. Um diese Ziele zu erreichen, definiert sie in periodischen Abständen bestimmte Zielkorridore, innerhalb deren sich das Wachstum der verschiedenen Geldmengen bewegen soll.

Geldmengenziel – Das von der Deutschen Bundesbank angestrebte, jährlich im voraus festgelegte Zielvolumen der Geldmenge.

Geldumlauf – Die tatsächlich im Markt befindliche Geldmenge.

genehmigtes Kapital – Der Betrag, für den die Hauptversammlung dem Vorstand einer Aktiengesellschaft die Ermächtigung erteilt hat, zur Aufstockung des Grundkapitals junge Aktien auszugeben. Die Wahl des Zeitpunkts für eine solche Kapitalerhöhung bestimmt der Vorstand selbst je nach Marktlage, wobei der Beschluß der Hauptversammlung nur innerhalb von fünf Jahren eingelöst werden kann.

Genußscheine – Sie stehen als Anlageform zwischen Aktie und festverzinslichen Wertpapieren. Sie verbriefen Rechte verschiedener Art, z.B. das Recht, am Reingewinn oder am Liquiditätserlös einer Gesellschaft teilzuhaben. Nur das Stimmrecht wird dem Genußscheininhaber vorenthalten; dafür übersteigt die Erfolgsbeteiligung in der Regel die Rendite festverzinslicher Wertpapiere.

geregelter Freiverkehr – Marktsegment an der Wertpapierbörse, in dem Geschäfte in amtlich nicht notierten Werten von Freimaklern abgewickelt werden. Vgl. Freiverkehr, Aktienmarkt.

geregelter Markt – Seit 1987 an den deutschen Börsen eingerichtetes Marktsegment, das hinsichtlich der Anforderungen für die Zulassung, der nachzukommenden Publizitätspflicht usw. dem amtlichen Markt nachgeordnet, dem geregelten Freiverkehr vorgeordnet werden kann.

Geschäftsbericht – Der neuerdings auch durch einen Lagebericht und einen entsprechenden Anhang zum Jahresabschluß ersetzbare Bericht zur Bilanz und zur Gewinn-und-Verlust-Rechnung einer Abrechnungsperiode.

Geschäftsklima – Die in regelmäßigen Abständen vom Institut für Wirtschaftsforschung IFO nach Umfragen unter bundesdeutschen Unternehmern ermittelte Einschätzung der wirtschaftlichen Gesamtsituation, die, auf einem entsprechenden Graphen abgetragen, zwischen Unterkühlungszone und Überhitzungszone schwanken kann.

geschlossene Fonds – Vgl. Fonds.

gestrichen – Als Kurszusatz (-), kann besagen, daß weder Kauf- noch

Verkaufsaufträge oder nur solche mit nicht vertretbarer Limitierung vorgelegen haben; daß eine Streichung auf Veranlassung der Zulassungsstelle erfolgt ist, weil der Emittent die vorgeschriebenen Publikationspflichten nicht erfüllt hat; daß ein anderer wichtiger Grund für die Streichung vorlag. Wenn der Kurs wegen überwiegender Nachfrage gestrichen worden ist, erfolgt die Notierung als »-G«, bei überwiegendem Angebot heißt sie »-B«.

Gewinnanteilschein – Der auf dem Bogen einer Aktie abgedruckte Berechtigungsschein zur Auszahlung der Dividende an den Überbringer.

Gewinnmitnahmen – Börsentendenz, die aufgrund vorangegangener Kurssteigerungen die Anleger veranlaßt, die aufgelaufenen Gewinne durch Verkauf ihrer Wertpapiere sicherzustellen.

Gewinnschuldverschreibung – Schuldverschreibung einer Aktiengesellschaft, deren Verzinsung je nach festgestelltem Unternehmensgewinn zusätzlich aufgestockt werden kann.

gezeichnetes Kapital – Bei Aktiengesellschaften das Grundkapital, bis zu dessen Höhe die Haftung der Gesellschaft gegenüber ihren Gläubigern beschränkt ist.

Glattstellung – Die Lösung eines eingegangenen Börsengeschäfts durch Verkauf der Position.

Girosammelverwahrung – Im Gegensatz zur individuellen Form der Verwahrung von Wertpapieren in Streifbanddepots, die eine eindeutige Zuordnung bestimmter Wertpapiere für bestimmte Eigentümer zuläßt, bleibt diese Zuordnung in der Girosammelverwahrung rein formal.

gleitende Durchschnittslinie (GDL) – Trend- und Einzelwertindikator. Chartlinie, die sich ergibt unter Zugrundelegung des Index- oder Einzelwertstands des Durchschnitts einer bestimmten Anzahl vorausgegangener Tage (z. B. 200, 100, 50 Tage). Dadurch erfolgt eine mehr oder weniger starke Glättung einer Kurszeitreihe: Je länger der gewählte Zeitraum, desto träger reagiert die GDL.

Goldstandard – Andere Bezeichnung für Goldwährung.

Gratisaktien – Irreführende Bezeichnung für Berichtigungsaktien, die dem Aktionär nicht »gratis« gegeben werden, sondern aus Gesellschaftsmitteln stammen, an denen er ohnehin schon beteiligt war.

Grundkapital – Vgl. Aktienkapital.

Handelsbilanz – Die den Warenverkehr zwischen dem In- und Ausland (Exporte, Importe) betreffende Teilbilanz der Zahlungsbilanz. Zusammen mit der Dienstleistungs- und Übertragungsbilanz bildet sie die Leistungsbilanz.

Hauptversammlung (HV) – Versammlung der Teilhaber einer Aktiengesellschaft und deren oberstes Beschlußorgan. Entsprechend seinem Aktienbesitz ist jeder Aktionär zur Stimmabgabe in der HV berechtigt; soweit er diese nicht selbst wahrnehmen kann, kann er seine depotführende Bank beauftragen, ihn zu vertreten. Zu den wichtigsten Befugnissen der HV gehört die Bestellung des Aufsichtsrats, der seinerseits den Vorstand des Unternehmens bestimmt. Darüber hinaus entscheidet die HV über die Verwendung des Gewinns, die Entlastung von Aufsichtsrat und Vorstand sowie über Kapitalmaßnahmen. Im allgemeinen werden Beschlüsse mit einfacher Mehrheit der abgegebenen Stimmen gefaßt, soweit es nicht um Entscheidungen von besonderer Tragweite geht; diese schreiben eine Zustimmung von 75 % des bei der Beschlußfassung anwesenden Kapitals vor.

Hausse – Nachhaltiger Anstieg der Wertpapierkurse einzelner Marktbereiche oder des Gesamtmarktes über einen mittleren bis längeren Zeitraum. Gegensatz: Baisse.

Hebel – Vor allem im Zusammenhang mit der Bewertung von Optionsscheinen und Optionen gebräuchliche Kenngröße. So würde ein dreifacher Hebel bei einem Optionsschein besagen, daß für diesen nur ein Drittel dessen investiert werden muß, was der entsprechende Bezugswert (also etwa eine bestimmte Aktie) kostet. Je größer dieser Hebel, desto größer auch der damit verbundene Hebeleffekt.

Hedge-Geschäft – Sicherungsgeschäft mit dem Ziel, Kursverluste aus Preisschwankungen des zugrundeliegenden Basiswerts zu vermeiden.

historische Volatilität – Die sich aus den zurückliegenden Kursen eines Wertpapiers ergebende tatsächliche Schwankungsbreite der Kurse innerhalb eines bestimmten Zeitraums, berechnet in Prozent des Durchschnittskurses des Basiswerts innerhalb eines bestimmten Zeitraums. Vgl. implizite Volatilität.

Holding – Gesellschaft ohne eigenen Produktionsbetrieb, die an zahlreichen Unternehmen finanziell beteiligt und etwa für die effiziente Führung eines Konzerns zuständig ist.

HV – Vgl. Hauptversammlung.

IBIS – Inter-Banken-Informations-System, das deutsche, von den Banken betriebene Kursinformationssystem, im Gegensatz zu dem von den Wertpapiermaklern betriebenen System MATIS.

im Geld – oder *in-the-money* befindet sich der Inhaber einer Option, wenn er die Option mit Gewinn weiterveräußern oder ausüben kann.

Immobilienfonds – heißen die von einer Kapitalanlagegesellschaft (Investmentgesellschaft) verwalteten Vermögen, die ausschließlich in Immobilien (Grundstücke, Gebäude usw.) angelegt werden.

implizite Volatilität – Das Maß für die erwartete Schwankungsbreite eines Wertpapiers, das anhand der auf dem Markt bezahlten Optionspreise berechnet wird, im Gegensatz zur vergangenen, historischen Volatilität. Vgl. historische Volatilität.

Index – Vgl. Aktienindex, Börsenindex, Index-Optionen.

Indexanleihen – Anleihen, deren Tilgung oder Zinssatz nicht von vornherein festliegt, sondern sich am jeweiligen Fälligkeitstermin an anderen, in den Anleihebedingungen genau benannten Daten orientiert (z. B. Preissteigerungsrate, Ölpreis, Aktienindex o. ä.). In der Bundesrepublik sind solche I. bislang verboten.

Index-Optionen – Optionen, denen nicht ein bestimmter Basiswert, sondern ein Index zugrunde liegt, z. B. der DAX® o. ä. Vgl. Option.

Industrieanleihen – Sammelbezeichnung für alle Anleihen, die von Wirtschaftsunternehmen ausgegeben werden.

Industrieobligationen – Sammelbezeichnung für alle Obligationen (Schuldverschreibungen), die von Wirtschaftsunternehmen ausgegeben werden.

Inflation – Die Entwertung/Abwertung des Geldes aufgrund von Ungleichgewichten zwischen den zur Verfügung stehenden Gütern und Dienstleistungen einerseits und der Geldmenge, mit der diese bezahlt werden können, andererseits.

Inhaberaktien – Aktien, bei denen die verbrieften Rechte vom jeweiligen Inhaber (Überbringer) geltend gemacht werden können, ohne daß dieser in der Regel den Nachweis erbringen muß, tatsächlich der rechtmäßige Inhaber zu sein. Gegensatz: Namensaktien.

innerer Wert – Kenngröße zur Bewertung von Optionsscheinen, die den tatsächlichen rechnerischen Wert des Optionsscheins angibt. So besitzt ein Optionsschein, mit dem für 150 DM eine Aktie bezogen werden kann (Bezugspreis), die selbst 200 DM notiert, einen inneren Wert von 50 DM (Berechnungsformel innerer Wert in Währung – Aktienkurs – Bezugspreis). Kostet dabei der Optionsschein 100 DM, so besäße dieser Schein einen inneren Wert von 50 %.

Insider, Insidergeschäfte, Insiderinformationen, Insiderregeln – Als Insider wird jener verstanden, der aufgrund seiner Tätigkeit oder besonderen Stellung vertrauliche, nicht allgemein zugängliche Informationen über Daten, Zusammenhänge, Vorhaben eines Unternehmens besitzt und diese zum eigenen Vorteil durch entsprechende Börsengeschäfte fast ohne Risiko ausnutzen kann.

institutionelle Anleger – Bezeichnung für Kapitalsammelstellen mit hohem Anlagebedarf wie Versicherungen, Pensions- und Investmentfonds, Bausparkassen usw.

interessewahrend – Der bei größeren Börsenaufträgen zum Limit beigegebene Zusatz »interessewahrend« verpflichtet den Wertpapierhändler, die aufgegebene Order gegebenenfalls der jeweiligen Marktlage anzupassen.

Internationaler Währungsfonds (IWF) – Die zentrale Institution der westlichen Welt zur Koordination und Zusammenarbeit auf währungspolitischem Gebiet, in der über 100 Mitgliedsländer vertreten sind.

intervenieren – Vgl. Interventionen.

Interventionen – Eingriffe der Notenbank vor allem auf den Devisen- und Kapitalmärkten, um bestimmte, für wichtig erachtete Relationen oder Zielgrößen (bestimmter Devisenkurs, bestimmte Umlaufrenditen bzw. Zinsen o. ä.) zu verteidigen.

Interventionspunkte – In einem System fester Wechselkurse jene oberen und unteren Preisgrenzen um einen vereinbarten Kurs herum, von wo ab die Notenbanken durch Käufe oder Verkäufe auf dem Devisenmarkt eingreifen.

inverse Zinsstruktur – Umkehrung der in Normalphasen gültigen Zinsverhältnisse zwischen kürzeren und längeren Laufzeiten. Dabei liegt der Zinssatz für kurzfristig ausgeliehene oder aufgenommene Gelder über dem Zinssatz für langfristige Gelder.

Investmentfonds – sind das Sondervermögen einer Gesellschaft, das je nach angestrebtem Schwerpunkt in Wertpapieren angelegt und über die Ausgabe von Anteilscheinen an diesen Fonds finanziert wird.

Investmentgesellschaft – Investmentgesellschaften sind Kapitalanlagegesellschaften, die über die Ausgabe von Investmentzertifikaten Kapital sammeln, um es nach den für den aufgelegten Investmentfonds gültigen Grundsätzen in Wertpapieren, Immobilien o. ä. anzulegen.

Investmentzertifikate – sind die von einer Investmentgesellschaft ausgegebenen Anteilscheine am Sondervermögen bzw. einem bestimmten Fonds dieser Gesellschaft. Vgl. Investmentgesellschaft.

Jahresabschluß – Die innerhalb von drei Monaten nach Beginn des neuen Geschäftsjahres vom Vorstand einer Aktiengesellschaft vorzunehmende Rechnungslegung, bestehend aus der Bilanz, der Gewinn-und-Verlust-Rechnung und dem notwendigen ergänzenden und erläuternden Anhang.

junge Aktien – Die im Zuge einer vorgenommenen Kapitalerhöhung einer Aktiengesellschaft (zunächst den alten Aktionären) angebotenen Aktien, die nach Aufnahme des Börsenhandels so lange als junge Aktien notieren, wie sie noch nicht voll dividendenberechtigt sind. Gegensatz: alte Aktien.

Kapazitätsauslastung – Wichtige Kennziffer zur Feststellung des Auslastungsgrads eines Unternehmens, einer Branche oder der Gesamtwirtschaft in einer bestimmten wirtschaftlichen Periode, gemessen in Prozent der maximal zur Verfügung stehenden Produktionsmöglichkeiten.

Kapitalanlagegesellschaft – Vgl. Investmentgesellschaft.

Kapitalbeteiligungsgesellschaft – Gesellschaft, die sich an anderen, häufig mittleren und kleineren Unternehmen überwiegend in Form eines stillen Gesellschafters beteiligt, ohne nach außen hin in Erscheinung zu treten.

Kapitalbilanz – Vgl. Zahlungsbilanz.

Kapitalerhöhung – Erhöhung des Grundkapitals eines Unternehmens, bei Aktiengesellschaften im wesentlichen durch Ausgabe junger Aktien, für die den Altaktionären ein Bezugsrecht eingeräumt werden muß. Wird eine solche Aufstockung nur formell vorgenommen und durch Umwandlung von Rücklagen in Grundkapital »bezahlt«, ohne daß der Aktiengesellschaft neue Mittel zufließen, stehen den Altaktionären Berichtigungsaktien zu. Vgl. junge Aktien, Berichtigungsaktien, Bezugsrecht.

Kapitalertragsteuer – Form der Einkommensteuer auf Erträge aus Aktien, Genußscheinen, GmbH-Anteilen usw. Bei der Auszahlung von Dividenden wird sie in einer Höhe von 25 % auf den Ertrag sogleich von der Gutschrift abgezogen, wobei dieser Betrag auf die zu zahlende Einkommensteuer des Anlegers verrechnet wird. In bestimmten Fällen kann sich der Anleger vom Finanzamt eine Nichtveranlagungsbescheinigung besorgen, die er bei seinem Kreditinstitut einreichen muß, wenn er den Steuerabzug verhindern will.

Kapitalgesellschaft – Gesellschaft, deren Kapital in der Regel durch mehrere Personen aufgebracht wird (Aktiengesellschaft, Gesellschaft mit beschränkter Haftung o. ä.).

Kapitalmarkt – nennt man den Markt für langfristige Kredite und Beteiligungskapital, über den sich die Unternehmen den größten Teil ihrer Gelder für anstehende Investitionen usw. besorgen. Wichtigste Teilmärkte sind der Rentenmarkt, auf dem Anleihen gehandelt werden, sowie der Aktienmarkt.

Kapitalmarktzinsen – Die am Markt für langfristige Kredite geltenden Zinsen.

Kapitalschnitt – Herabsetzung des Kapitals einer Aktiengesellschaft, wenn dieses infolge von gravierenden Verlusten o. ä. aufgezehrt worden ist.

Kassageschäfte – Im Gegensatz zum Terminhandel alle Geschäfte, die unverzüglich nach Geschäftsabschluß, spätestens aber zwei Börsentage danach, zu erfüllen sind.

Kassahandel – Der Börsenhandel, in dem nicht auf Termin, sondern zur sofortigen Lieferung innerhalb von zwei Tagen nach dem Abschluß Geschäfte getätigt werden.

Kassakurs – Vgl. Einheitskurs.

Kassenobligationen – Von Banken oder der öffentlichen Hand ausgegebene festverzinsliche Wertpapiere mit einer Laufzeit bis zu vier Jahren.

Kaufoption – Vgl. Call.

KCV – Abkürzung für Kurs-Cash-flow-Verhältnis. Vgl. Cash-flow.

KEV – Abkürzung für Kurs-Ertrags-Verhältnis, auch *price earnings ratio* (PER) genannt. Vgl. KGV.

KG – Abkürzung für Kommanditgesellschaft.

KGV – Kurs-Gewinn-Verhältnis, auch *price earnings ratio* (PER). Wichtige Kennzahl zur Beurteilung der Ertragskraft und -entwicklung eines Unternehmens im Vergleich zu einem oder mehreren anderen. Es stellt das Verhältnis zwischen dem Gesamtgewinn, bezogen auf eine einzige Aktie, und dem Kurs dieser Aktie her.

KISS – Abkürzung für das Kurs-Informations-System an der Frankfurter Aktienbörse.

Kleinaktionär – Aktionär mit relativ kleinem Aktienbesitz bzw. Anteil an einer Aktiengesellschaft.

Körperschaftsteuer/-guthaben – Die Körperschaftsteuer ist die Einkommensteuer juristischer Personen, also auch die von Aktiengesellschaften. Sie wird beim Unternehmen auf den Ausschüttungsbetrag erhoben und beläuft sich auf 56 %. Um eine doppelte Besteuerung bei der Aktiengesellschaft und beim Aktionär zu vermeiden, erhält der Anleger daher zusätzlich zu seiner Bardividende eine Steuergutschrift von 9/16 des Dividendenbetrags. Vgl. Kapitalertragsteuer.

Kommanditgesellschaft (KG) – Kapitalgesellschaft mit wenigstens einem persönlich (mit seinem gesamten Vermögen) haftenden und einem nur mit seiner Kapitalbeteiligung haftenden Gesellschafter (Komplementär bzw. Kommanditist).

Kommunalanleihen – Anleihen der Kommunen (Städte, Gemeinden, kommunale Körperschaften o. ä.). Vgl. Anleihe.

Kommunalobligationen – Die im Auftrage der Kommunen von Realkreditinstituten ausgegebenen Schuldverschreibungen.

Konjunkturpolitik – Die von staatlicher Seite betriebene Politik, die auf einen Ausgleich übertriebener zyklischer Bewegungen gerichtet ist.

Konjunkturverlauf – Die konkrete, an der Entwicklung des Bruttosozialprodukts gemessene wirtschaftliche Entwicklung einer Volkswirtschaft.

Konjunkturzyklus – Die nach klassischer Vorstellung in regelmäßigen Abschnitten sich wiederholende wirtschaftliche Gesamtbewegung, die idealtypisch gekennzeichnet ist durch vier Phasen: Aufschwungphase mit einhergehender Expansion aller wirtschaftlichen Kräfte; Hochkonjunktur mit wirtschaftlichem Boom; Rückschlag mit rezessiven Erscheinungen; Tiefstand aller wirtschaftlichen Potentiale, unter Umständen sogar in Form einer nachhaltigen Depression.

Konkurs – Die wegen Überschuldung, Zahlungsunfähigkeit o. ä. notwendig werdende, gerichtlich überwachte Auflösung eines Unternehmens, bei der sichergestellt wird, daß alle Gläubiger gleiche Chancen haben, aus der noch vorhandenen Substanz befriedigt zu werden.

Konsolidierung – Im Börsenjargon jene Börsenphase, in der aufgrund einer vorangegangenen, möglicherweise schnellen Entwicklung (nach oben oder unten) die Kurse über einen gewissen Zeitraum eine Gegenbewegung vollziehen oder um ein neu gefundenes Niveau herum schwanken, um sich an dieses Niveau »zu gewöhnen«.

Konsortialführer – Führendes Kreditinstitut innerhalb eines Konsortiums.

Konsortium – Eine zu einem zeitlich und sachlich begrenzten Zweck gegründete Gesellschaft, die im Wertpapiergeschäft z. B. die Einführung neuer Aktien oder die Unterbringung (Plazierung) einer Anleihe betreibt.

Konsumklima – Die im Rahmen von Meinungsbefragungen der Konsumenten gewonnene Einschätzung des zukünftigen Verbrauchsverhaltens, die als Indikator für den Stand und die Aussicht der aktuellen Gesamtkonjunktur angesehen wird.

Kontrakt – **1.** Vertrag, z. B. im Rahmen des Handels mit Optionen, mit bestimmten, häufig standardisierten Merkmalen, der beiden Vertragsparteien bestimmte Rechte und Pflichten einräumt. **2.** Kleinste handelbare Einheit im Rahmen des Handels mit Optionen.

Konvertibilität – Konvertible Währungen sind solche, die unbeschränkt zum gängigen Preis an den Devisenbörsen gehandelt werden können.

Kotierung – Zulassung eines Wertpapiers zum amtlichen Handel bzw. Aufnahme der Kursnotierung.

Kreditlimit – Grenze, bis zu der ein eingeräumter Kredit in Anspruch genommen werden darf.

Kreditpolitik – Die im Rahmen der Zuständigkeit der Deutschen Bundesbank betriebene Politik zur Ausweitung oder Restriktion der gesamtwirtschaftlichen Kreditaufnahmemöglichkeiten. Vgl. Deutsche Bundesbank.

Kündigung einer Anleihe – Soweit dies nach den Anleihebedingungen zulässig, die vorzeitige Rückzahlung (Tilgung) des aufgenommenen Kapitals auf einmal.

Kündigungsgelder – Einlagen bei Kreditinstituten, die im Gegensatz zu den Festgeldern nicht über einen vorher bestimmten Zeitraum festliegen, sondern nach Ablauf einer fest vereinbarten Kündigungsfrist wieder ausgezahlt werden können.

Kulisse – Bezeichnung für jene Börsenteilnehmer, die sich berufsmäßig auf eigene Rechnung am Börsenhandel beteiligen.

Kupon – Vgl. Coupon.

Kupontermin – Tag, an dem bei festverzinslichen Wertpapieren die Zinsen zur Zahlung fällig sind.

Kurs – Preis für das entsprechende Wertpapier, festgestellt in Währungseinheiten pro Stück oder Prozentsätzen vom Nominalwert.

Kursblatt – Amtliches Verzeichnis der Kursnotierungen an der jeweiligen Börse, das börsentägig herausgebracht wird.

Kurs-Cash-flow-Verhältnis – Vgl. Cash-flow.

Kursfeststellung/-findung – Der Kurs eines Wertpapiers ist der Preis, den die Marktteilnehmer in einer gegebenen Situation für die mit diesem Papier verbundenen Rechte zu zahlen bereit sind. Er richtet sich an der Börse nach Angebot und Nachfrage.

Kurs-Gewinn-Verhältnis – Vgl. KGV.

Kursindex – Der die Kursentwicklung auf einem Teil- oder Gesamtmarkt je nach Berechnungsmethode widerspiegelnde Index, an der deutschen Börse z. B. der DAX® für den Aktienmarkt, der REX für den Rentenmarkt. Vgl. Aktienindex, DAX®.

Kurspflege – Stützung eines Kurses, um das entsprechende Wertpapier auf einem bestimmten Niveau zu halten.

Kurssicherung – Absicherung eines erreichten Kursniveaus durch entsprechende Gegengeschäfte am Options- oder Terminmarkt. Vgl. Hedge-Geschäfte, Optionsgeschäfte.

Kursstützung – Vgl. Kurspflege.

Kurstaxe – Vom Kursmakler, Händler oder anderen Marktteilnehmern aufgrund der vorliegenden Marktsituation abgegebene Schätzung über die wahrscheinliche Höhe des noch nicht ermittelten Kurses, im Kursblatt vermerkt als t oder T oder -t/T.

Kurswert – Wert des jeweiligen Wertpapiers auf der Basis des ermittelten Kurses; bei Stücknotierung dieser Kurs selbst, bei Prozentnotierung in Prozent vom jeweiligen Nenn- bzw. Nominalbetrag.

Kurszettel – Vgl. Kursblatt.

Kurszusätze – Um eine möglichst hohe Transparenz am Wertpapiermarkt zu gewährleisten, werden die an der Börse ermittelten Kurse je nach gegebener Marktlage unter Umständen mit besonderen Zusätzen versehen, die einen Aufschluß über die Handelssituation im entsprechenden Wert ermöglichen sollen.

Kurzläufer – Anleihen mit kurzer Gesamt- oder Restlaufzeit.

Landeszentralbanken – Die regionalen Hauptverwaltungen der Deutschen Bundesbank in den einzelnen Bundesländern.

Langläufer – Anleihen mit langer Gesamt- oder Restlaufzeit bis zur Tilgung. Im Gegensatz zu »Kurzläufern« stärker kursanfällig und deshalb in Phasen mit unsicherer oder nach oben gerichteter Zinsentwicklung von den Anlegern vernachlässigt; in Phasen mit fallenden Zinsen dagegen wegen der möglichen Kurschancen besonders gesucht.

Laufzeit – Zeitraum zwischen der Ausgabe einer Anleihe o. ä. bis zu deren Tilgung; bei Optionsscheinen und Optionen bis zum letzten möglichen Ausübungstag.

Leerverkäufe – Verkäufe von Wertpapieren, Waren, Devisen o. ä. im Kassa- oder im Termingeschäft, die sich noch gar nicht im Besitz des Verkäufers befinden, zumeist mit der Absicht, sie später billiger erwerben zu können und an der Differenz zwischen Verkaufs- und Kaufpreis zu verdienen (Differenzgeschäft).

leichter – Tendenzbezeichnung für nachgebende Börsenkurse. Vgl. Börsentendenzen.

Leitbörse – Börse, an deren Entwicklung sich andere Börsen stark orientieren; so gelten die Börsen von New York und Tokio für die meisten übrigen Finanzmärkte als Leitbörsen.

Leitkurs – Bei festen Wechselkursen der vereinbarte Preis, um den herum sich innerhalb einer gewissen Bandbreite die Währungsparitäten bewegen dürfen, ehe die Notenbanken auf den Devisenmärkten eingreifen. Vgl. Interventionen.

Letzter Handelstag – Letzter Tag, an dem eine bestimmte Option oder ein Future gehandelt werden kann.

Leverage – Hebel(wirkung), durch den (die) ein eingesetztes Kapital von der eintretenden Entwicklung überproportional betroffen wird.

LIFFE – Die London International Financial Futures Exchange ist die internationale Londoner Börse für den Terminhandel mit Financial futures. Vgl. Financial futures.

Limit – Der angegebene Kurs in einem Börsenauftrag, bis zu dem gekauft bzw. ab dem verkauft werden darf.

Limitierung – Feste Kursangabe in einem Börsenauftrag, bis zu deren Höhe im Kauf, von deren Höhe ab im Verkauf ein Auftrag ausgeführt werden soll.

Lombardgeschäft – Geschäftsbereich bei Kreditinstituten, in denen

Kredite gegen die Verpfändung von Wertpapieren eingeräumt werden.

Lombardkredit – Vgl. Effektenlombardkredit.

Lombardpolitik – Festlegung der Höhe des Lombardsatzes im Rahmen der Kreditpolitik der Deutschen Bundesbank, durch die die Notenbank die Geld- und Kreditversorgung der Wirtschaft steuert und einen Einfluß auf die Preissteigerungsraten nehmen kann.

Lombardsatz – Zinssatz, zu dem die Bundesbank den Banken Kredite gegen Verpfändung von Wertpapierbeständen zur Verfügung stellt. Neben dem Diskontsatz gilt der Lombardsatz als einer der wichtigsten Orientierungspunkte über die Geld- und Kreditpolitik der Notenbank.

Long – Besitz von Optionskontrakten, die noch nicht durch einen Verkauf aufgehoben bzw. geschlossen wurden. Gegensatz: Short.

Long Position – Kaufposition im Kassa- oder Terminmarkt, die ein Optionsgeschäft eröffnet.

Makler – Vgl. amtlicher Makler, Freimakler.

Maklergebühren – Vgl. Courtage.

Makler-Tele-Informations-System – Abkürzung: MATIS. Das von den Börsenmaklern betriebene elektronische Informations- und Handelssystem in der Bundesrepublik.

Mantel – Bei Aktien und Anleihen die Urkunde, in der die mit dem Besitz am Wertpapier verbundenen Rechte verbrieft sind.

Marché Terme International de France – Abkürzung MATIF, das französische Gegenstück zur Deutschen Terminbörse.

Margin – Die vom Verkäufer einer ungedeckten Option beizubringende Sicherheitsleistung, die an der Terminbörse börsentäglich auf der Grundlage der Schlußposition jedes Clearing-Mitglieds und des Settlement-Preises festgestellt wird.

Market maker – Auf eigene Rechnung und Risiko handelndes Börsenmitglied. Er stellt dem Markt verbindliche Kurse, zu denen er zu kaufen oder zu verkaufen bereit ist (Geld- bzw. Brief-Kurs). An der Deutschen Terminbörse sichern diese Market maker die jederzeitige Handelbarkeit der ihnen zugewiesenen Optionsklassen.

Marktenge – Vgl. enger Markt.

Marktkapitalisierung – Gegenwärtiger Wert des Stamm- bzw. Vorzugskapitals.

MATIF – Vgl. Marché Terme International de France.

MATIS-System – Vgl. Makler-Tele-Informations-System.

Mengentender – Bei der Zuteilung eines Mengentenders im Rahmen des Ausschreibungsverfahrens für Wertpapierpensionsgeschäfte der Deutschen Bundesbank nennt die Bundesbank einen Zinssatz, zu dem die Kreditinstitute Wertpapiere an die Bundesbank verkaufen können.

Mindestreserven – Unverzinsliche Kontoguthaben der Banken bei der Deutschen Bundesbank, die jene je nach Höhe des von der Bundesbank festgesetzten M.-Satzes in einem bestimmten Verhältnis zu ihren Einlagen (Sichteinlagen, befristete Einlagen, Spareinlagen usw.) unterhalten müssen.

Mindestreservepolitik – Die über die Erhöhung oder Erniedrigung der Mindestreservesätze betriebene Politik der Notenbank, die unmittelbaren Einfluß ausübt auf die Kreditvergabemöglichkeiten der Banken.

Mindestreservesätze – Die Quote der den Kreditinstituten je nach Marktsituation zugeteilten Mindestreserven.

Mindestschluß – Mindestbetrag in Stück oder Nennwert pro Geschäft, ab dem eine Kursnotierung erfolgt; im variablen Aktien- und im Optionshandel z. B. 50 Stück.

Minusankündigung (-) – Kurszusatz im vorbörslichen, börslichen oder nachbörslichen Handel, der eine Veränderung des Wertpapierkurses nach unten um mindestens 5 % bei Aktien, Wandelanleihen, Optionsanleihen und Optionsscheinen signalisiert; bei Doppelminusankündigung (- -) um mindestens 10 %. Gegensatz: Plusankündigung.

Momentum-Index – Trend- und Einzelwertindikator. Er ergibt sich aus der Abweichung des aktuellen Index-Stands vom Durchschnitt aller Index-Schlußstände einer bestimmten Anzahl zurückliegender Tage, angegeben in Indexpunkten. Eine große Abweichung signalisiert eine Übertreibung nach oben oder unten.

MSCI-Indizes – Die von Morgan-Stanley täglich veröffentlichten Weltindizes, die – nach Ländergruppen und Branchen geordnet – die kurs- und prozentmäßigen Veränderungen an den wichtigsten internationalen Aktienmärkten wiedergeben.

Nachbörse – Der außerhalb der Verantwortung der Börse nach Börsenschluß stattfindende Handel, der im wesentlichen über den Berufshandel per Telefon und Telex abgewickelt wird.

Nachschußpflicht – Die etwa im Rahmen von Effektenkrediten infolge eines erfolgten Kursrückgangs entstandene Verpflichtung eines Kreditnehmers, die eingetretene Unterdeckung durch Einzahlung von Guthabenbeträgen zurückzuführen.

Namensaktien – Aktien, die auf den Namen einer bestimmten Person ausgestellt, im Aktienbuch des Unternehmens eingetragen und deren Weitergabe gegebenenfalls durch die Satzung des Unternehmens an besondere Bedingungen geknüpft werden kann (vgl. vinkulierte N.). Gegensatz: Inhaberaktien.

Namensschuldverschreibungen – Schuldverschreibungen, die auf den Namen des Gläubigers ausgestellt sind.

Nennbetrag – Andere Bezeichnung für Nennwert.

Nennkapital – Vgl. Stammkapital.

Nennwert – Der auf dem Mantel eines Wertpapiers genanntes Festbetrag (zumeist als runder Betrag zu 100, 500, 1000, 5000 DM) im Unterschied zum Kurswert als dem Preis, der an der Börse für dieses Wertpapier bezahlt wird. Bezogen auf das jeweilige Grundkapital eines Unternehmens, ergibt sich daraus bei Aktien die Anzahl der aus- gegebenen Papiere (Grundkapital : Nennwert pro Aktie = Anzahl der ausgegebenen Aktien). Stimmen bei Anleihen o. ä. dieser N. und der Kurswert überein, spricht man von einem Pari-Kurs.

nennwertlose Aktien – Auch Quotenaktien genannt, die nicht auf einen bestimmten, in Währung ausgedrückten Nennwert lauten, sondern auf einen Bruchteil am Grundkapital der Gesellschaft.

Nettodividende – Der tatsächlich dem Anleger pro Anteil gutgeschriebene Dividendenbetrag, also abzüglich der einbehaltenen 25%igen Körperschaftsteuer bei Einkommensteuerpflichtigen, ohne Abzug bei jenen, die eine Nichtveranlagungsbescheinigung des Finanzamtes vorlegen können. Gegensatz: Bruttodividende.

Nettoverzinsung – Die nach Abzug von Steuern auf die erzielten Einnahmen verbleibende Verzinsung in Prozent des eingesetzten Kapitals.

Neuemission – Die neu zum Börsenhandel zugelassenen Wertpapiere.

Neuzulassung – Zulassung neu emittierter Wertpapiere zum Börsenhandel.

New York Stock Exchange (NYSE) – Bedeutendste Börse der Welt, wegen ihrer Lage an der New Yorker Wall Street auch einfach »Wall Street« genannt.

nichtamtlicher Handel – Handel mit Wertpapieren, die nicht zum amtlichen Handel zugelassen sind. Vgl. amtlicher Handel.

Nichtveranlagungsbescheinigung – Vom Finanzamt dem Anleger bei Vorliegen bestimmter Einkommensgrenzen ausgestellte Urkunde, wonach dieser nicht zur Einkommensteuer veranlagt wird und ihm deshalb der Gesamtertrag aus dem Besitz an Wertpapieren (Dividende, Zinsen, Erträge aus Investmentanteilen usw.) zusteht.

Nominalkapital – Vgl. Aktienkapital.

Nominalwert – Andere Bezeichnung für Nennwert.

Nominalzins – Der Zins, der sich ergibt bei Zugrundelegung des jeweiligen Nennwerts eines Wertpapiers (bei Anleihen der garantierte Zins) ohne Berücksichtigung irgendwelcher Inflations- oder Deflationsraten. Gegensatz: Realzins, vgl. auch Rendite.

Nostroeffekten – Die einem Kreditinstitut selbst gehörenden Wertpapiere. Gegensatz: Loroeffekten.

Nostrogeschäfte – Auf eigene Rechnung betriebene Wertpapiergeschäfte einer Bank.

Nostroguthaben – Guthaben einer Bank bei einer anderen. Gegenteil: Nostroverbindlichkeiten.

Nostrokonten – Die von einer Bank bei einer anderen geführten Konten.

Nostroverbindlichkeiten – Verbindlichkeiten einer Bank bei einer anderen. Gegenteil: Nostroguthaben.

Notenbank – Die mit der Ausgabe von Geldnoten betraute Bank, in der Bundesrepublik die Deutsche Bundesbank.

Notenumlauf – Der tatsächliche Umlauf an ausgegebenen Banknoten eines Staates.

Notierung/Notiz – Der ermittelte und im Börsenblatt wiedergegebene Kurs eines Wertpapiers. Vgl. Kursermittlung, Kurszusätze.

Null-Kupon-Anleihen – Vgl. Zerobonds.

Nummernkonten – Anonyme Konten bei Kreditinstituten.

NYSE – Abkürzung für New York Stock Exchange.

Obligation – Festverzinsliches Wertpapier, in dem sich der Aussteller (Emittent/Schuldner) gegenüber dem Inhaber der Urkunde zur Zahlung eines bestimmten Betrages zuzüglich einer entsprechenden Vergütung (Zinsen) für das zur Verfügung gestellte Kapital verpflichtet.

offene Fonds – Vgl. *open end funds.*

offener Immobilienfonds – Immobilienfonds, dessen Mittel durch in ihrer Anzahl unbegrenzt ausgegebene, jederzeit zurückgenommene Anteile am Sondervermögen aufgebracht werden. Gegensatz: geschlossener Immobilienfonds.

offener Investmentfonds – Investmentfonds, dessen Mittel durch in ihrer Anzahl unbegrenzt ausgegebene, jederzeit zurückgenommene Anteile am Sondervermögen aufgebracht werden. Gegensatz: geschlossener Investmentfonds.

Offenmarktpolitik – Politik der Deutschen Bundesbank im Rahmen ihrer Gesamtverantwortung für Währung und Wirtschaft, bei der sie über den offenen Kauf oder Verkauf von Wertpapieren am Geld- und Kapitalmarkt einen Einfluß auf die Zinsentwicklung und die Liquidität nehmen kann.

öffentliche Anleihen – Die von Bund, Ländern, Bahn, Post usw. herausgegebenen Anleihen.

open end fund – Hierzulande übliche und allein zulässige Form eines offenen Investmentfonds, der im Gegensatz zum geschlossenen Fonds (*closed end fund*) keine begrenzte Anzahl von Anteilen (Zertifikate) ausgibt, sondern laufend neue Zertifikate an Anleger verkauft oder von diesen zurücknimmt. Der Kurswert eines Anteils richtet sich nach dem tatsächlichen, anteiligen Wert am Fondsvermögen (Inventarwert), der sich aus dem Barvermögen und dem jeweiligen Kurswert der vom Fonds erworbenen Wertpapiere ergibt. Er wird börsentägig ermittelt und veröffentlicht. Dem Anleger gegenüber übernimmt die Investmentgesellschaft eine Verpflichtung zur Rücknahme der Anteile.

Optionszertifikat – Die eigentliche, die Optionsrechte verbriefende und an der Börse handelbare Urkunde.

Option – Geltend zu machendes Recht, ein bestimmtes, vertragsmäßig vereinbartes Angebot (innerhalb einer bestimmten Frist) anzunehmen oder abzulehnen. Vgl. Optionsgeschäfte.

Optionsanleihe – Anleihe, der eine bestimmte Anzahl von Optionsscheinen beigegeben sind, die durch eine Trennung von der Anleihe für sich an der Börse gehandelt werden können und zum Bezug von Aktien, Devisen o. ä. berechtigen. Auf diese Weise können Unternehmen benötigtes Kapital niedrig verzinslich beschaffen, da sie dem Anleger über die zusätzliche Einräumung des Optionsrechts Gewinnchancen gewähren, die mindestens den Zinsnachteil gegenüber normal verzinslichen Anleihen am Kapitalmarkt ausgleichen sollen. Vgl. Optionsscheine.

Optionsgeschäfte – In seinem Urteil vom 22. Oktober 1984 hat der Bundesgerichtshof den Begriff des Optionsgeschäfts ausführlich definiert, wobei die auf den speziellen Fall des Aktienoptionsgeschäfts zugeschnittenen Bemerkungen sinngemäß auch auf andere Optionsgegenstände (Devisen, Edelmetalle, Waren usw.) übertragen werden können: Inhalt des Optionsgeschäfts ist der Erwerb oder die Veräußerung des Rechts, eine bestimmte Anzahl (Mindestschluß) von Wertpapieren einer bestimmten, zum Aktienhandel zugelassenen Aktienart (Optionspapiere) jederzeit während der Laufzeit der Option zu einem im voraus vereinbarten Preis (Basispreis) entweder vom Kontrahenten (Stillhalter) zu kaufen oder an ihn zu verkaufen. Für dieses Recht hat der Käufer bei Abschluß des Optionsgeschäfts den Optionspreis (Prämie) zu zahlen. Gehandelt werden Kauf- und Verkaufsoptionen. Der Käufer einer Kaufoption erwirbt das Recht, jederzeit während der Laufzeit der Option vom Stillhalter die den Gegenstand des Geschäfts bildenden Aktien zu dem vereinbarten Basispreis zu kaufen. Er wird in der Regel von diesem Recht Gebrauch machen, wenn der Kurs der Aktien innerhalb der Laufzeit der Option steigt. Bleibt er gleich oder fällt er, wird die Option nicht ausgeübt; allerdings ist dann der Optionspreis verloren. Der Verkäufer einer Kaufoption (Stillhalter in Stücken) muß während der Optionszeit auf Verlangen des Käufers die Aktien zu dem vereinbarten Basispreis liefern. Da er deshalb die Aktien im Prinzip vorzuhalten hat, erhält er für diese Leistung den Optionspreis. Der Käufer einer Verkaufsoption erwirbt das Recht, bis zur Fälligkeit der Option jederzeit die Aktien an den Stillhalter zu dem vereinbarten Basispreis zu verkaufen. Er rechnet mit fallendem Kurs und wird die Option dann nicht ausüben, wenn der Kurs der Aktien gegenüber dem Basispreis gleichgeblieben oder gestiegen ist. Der Verkäufer einer Verkaufsoption (Stillhalter in Geld) muß bis zum Ende der Optionszeit auf Verlangen des Käufers die Aktien abnehmen; er erhält für die Eingehung seiner Abnahmeverpflichtung den Optionspreis. Das Optionsgeschäft wird also in zwei Phasen abgewickelt. Der erste Teilakt besteht aus dem Abschluß des Optionsvertrages und der Zahlung des Optionspreises. Macht der Optionskäufer von seinem Gestaltungsrecht Gebrauch, kommt es zu dem eigentlichen Wertpapiergeschäft. Bei der Kaufoption muß der Stillhalter die Aktien liefern und der Käufer den vollen (Basis-)Preis bezahlen. Wenn er – was die Regel sein dürfte – über diesen Betrag nicht verfügt, stellt er seine Verbindlichkeiten durch Abschluß eines Gegengeschäfts glatt. Er veräußert die gekauften Aktien zum (gegenüber dem Basispreis) höheren Tageskurs und begleicht mit dem Erlös seine Zahlungsverpflichtungen aus dem Kaufgeschäft. Die Differenz zwischen dem höheren Verkaufserlös und dem (niedrigeren) Einkaufspreis verbleibt ihm. Einen Gewinn erzielt er allerdings nur, wenn der Differenzbetrag den Optionspreis und die bei der Durchführung des Geschäfts entstehenden Kosten übersteigt. Vgl. Call, Put.

Optionsinhaber – Käufer eines Calls oder eines Puts.

Optionsklasse – Alle Optionen desselben Typs mit demselben Basiswert.

Optionsprämie – Andere Bezeichnung für Optionspreis.

Optionspreis – Die Prämie, die der Käufer eines Optionsrechts bezahlen muß und der Verkäufer dieses Rechts aufgrund seiner Leistung erhält, auf Verlangen des Käufers bis zum Verfalltermin jederzeit den Bezugswert zum vereinbarten Preis zu liefern bzw. abzunehmen.

Optionspreismodell – Idealtypisches Berechnungsschema (z. B. nach Black & Scholes) zur Bestimmung des fairen Preises einer Option.

Optionsrecht – Das durch eine Kauf- oder Verkaufsoption erworbene

Recht. Dieses Recht kann innerhalb des Zeitraums, für den es gültig ist, ausgeübt, aber auch durch Verkauf auf andere übertragen werden. Nach dem letzten möglichen Ausübungstag verfällt das O.

Optionsscheine (Warrants) – Die Spekulation mit Optionsscheinen gehört zu den in jüngster Zeit erheblich an Bedeutung gewinnenden risikoreicheren Varianten des Börsengeschäfts. Optionsscheine werden ursprünglich zusammen mit einer entsprechenden Anleihe, der Optionsanleihe (Anleihe-cum) herausgegeben, wobei die Anleihe aber auch ohne Optionsscheine (Anleihe-ex) sowie die Optionsscheine für sich genommen an der Börse gehandelt werden können. Je nach Ausstattung berechtigen solche Optionsscheine innerhalb einer bestimmten Zeitspanne zum Bezug von Aktien, Devisen, Edelmetallen o. ä. in einem bestimmten Bezugsverhältnis zu einem bestimmten, vorher festgelegten Preis. Vgl. Agio, Hebel, Laufzeit.

Optionsserie – Alle Optionen desselben Typs, Basiswerts, Basispreises und Verfalltermins.

Optionstyp – Call oder Put.

Optionswert – Vgl. fairer Preis.

OTC-Markt – Abkürzung für Over-the-counter-market.

Out-of-the-money – oder »aus dem Geld« ist ein Call, wenn der Basispreis über dem aktuellen Marktpreis des Basiswerts liegt; ein Put, wenn der Basispreis des Puts unter dem aktuellen Marktpreis des Basiswerts liegt. Vgl. innerer Wert.

Over-the-counter-market (OTC-Markt) – Freiverkehrsmarkt der USA für Aktien und Anleihen.

Pari-Kurs – Kurs, der genau mit dem Nennwert des Wertpapiers übereinstimmt. Eine Anleihe, die zu pari herausgegeben wird, hat dann einen Kurs von 100 %. Wird sie unter pari ausgegeben, ergibt sich daraus eine höhere Realverzinsung als durch den vereinbarten Nominalzinssatz ausgedrückt; denn der Erwerber investiert weniger als 100 % vom Nominalwert der Anleihe, erhält aber auf diesen Nominalwert die angegebenen Zinsen.

Parität – Austauschverhältnis zweier Währungen zueinander.

Parkett – Ort, an dem der Börsenhandel stattfindet und den nur die zugelassenen Börsenbesucher (Makler, Händler usw.) betreten dürfen.

Partizipationsscheine – In der Schweiz sehr verbreitete Form von Wertpapieren nach Art von Genußscheinen, die keine Mitgliedschafts-, sondern nur Vermögensrechte (Gewinnbeteiligung, Bezugsrechtseinräumung usw.) garantieren.

Passiva – Die auf der rechten, Passivseite der Bilanz ausgewiesenen Finanzierungsquellen eines Unternehmens, im wesentlichen unterteilt in Eigenkapital, Rückstellungen und Verbindlichkeiten.

Passivgeschäfte – Alle auf der Passivseite der Bilanz ausgewiesenen, der Beschaffung von Geldern dienenden Geschäfte einer Bank.

Penny shares/stocks – Amerikanische Bezeichnung für in der Regel hochspekulative Aktien mit ausgesprochen niedrigem Kurswert von zumeist weniger als einem Dollar. Sie sind zwar optisch »billig«, in Wirklichkeit aber in der Regel sehr kursanfällig.

Pensionsgeschäft – Verkauf von Werten, z. B. Wertpapieren, für einen bestimmten Zeitraum mit der gleichzeitig vereinbarten Rücknahmegarantie nach Ablauf dieser Zeit zu einem bestimmten Preis.

Pensionssatz – Der für Pensionsgeschäfte von seiten der Bundesbank erhobene aktuelle Zinssatz.

PER (Price-earnings-ratio) – Vgl. KGV (Kurs-Gewinn-Verhältnis).

Performance – Im weiteren Sinne die Wertentwicklung eines spekulativen Investments bzw. Wertpapierdepots. Im engeren Sinne der Wertzuwachs des Vermögens einer Investmentgesellschaft als Ausdruck der Leistung seiner Vermögensverwalter.

Personengesellschaften – Unternehmen, bei denen alle oder einzelne Gesellschafter mit ihrem gesamten Vermögen haften: offene Handelsgesellschaft (OHG), Kommanditgesellschaft (KG) sowie die Gesellschaft bürgerlichen Rechts (GbR).

Pfandbriefe – Von Hypothekenbanken ausgegebene, langfristige Schuldverschreibungen, die der Finanzierung von Baukrediten dienen und wegen der Beleihung von Grundvermögen besonders gut gesichert erscheinen.

Pfandbriefanstalten – Vgl. Realkreditinstitute.

Pfandbriefmarkt – Teilbereich des Marktes für festverzinsliche Wertpapiere.

Plazierung – Unterbringung von (zumeist neu herausgegebenen) Wertpapieren an der Börse oder direkt beim Anlagepublikum.

Plusankündigung (+) – Kurszusatz im vorbörslichen, börslichen oder nachbörslichen Handel, der eine Veränderung des Wertpapierkurses nach oben um mindestens 5 % bei Aktien, Wandelanleihen, Optionsanleihen und Optionsscheinen signalisiert; bei Doppelplusankündigung (++) um mindestens 10 %. Gegensatz: Minusankündigung.

Point-&-Figure-Analyse/-Methode – Instrument der technischen Aktienanalyse, die sich von der herkömmlichen Analyse anhand von Balken- und Linien-Charts vor allem durch das Fehlen von Zeit- und Umsatzfaktoren, die Vernachlässigung kleinerer Kursbewegungen und die andersartige formale Darstellungsform unterscheidet.

Portefeuille/Portfolio – Gesamtbestand von Wertpapieren.

Präsenzbörse – Börse, bei der die Kauf- und Verkaufsaufträge über anwesende Personen auf dem Parkett und nicht allein über Computer zusammengeführt werden.

Price-earnings-ratio (PER) – Vgl. KGV (Kurs-Gewinn-Verhältnis).

Prime Rate – In den USA den ersten Industriekunden eingeräumter Zinssatz für kurzfristige Kredite, dessen Entwicklung als Indikator für die Entwicklung der Zinsen überhaupt angesehen wird.

Privatbanken – Im Gegensatz zu den öffentlich-rechtlich betriebenen Banken wie Sparkassen, Landesbanken usw. Kreditinstitute, deren Teilhaber Privatleute sind; zumeist in Form von Aktiengesellschaften.

Privatplazierung – Unterbringung einer neu emittierten, nicht für den amtlichen Handel vorgesehenen Anleihe in festen Händen.

Prospekthaftung – Haftung von Emittent und Konsortialinstituten für Schäden, die dem Anleger wegen fahrlässiger, fehlerhafter oder absichtlich irreführender Angaben im Emissionsprospekt entstehen.

Prozentnotierung – Im Gegensatz zur Stücknotierung eine in Prozent vom Nominalwert des Wertpapiers ausgedrückte Kursangabe, wie sie z. B. für Anleihen üblich ist.

Publizitätspflicht – Unternehmen, die ihre Aktien an einer Börse handeln lassen wollen, unterwerfen sich damit einer besonderen Verpflichtung zur regelmäßigen Bekanntgabe von Informationen über die Entwicklung ihrer Geschäfte.

Put – Verkaufsoption bzw. der dieser zugrunde liegender Vertrag, durch den der Käufer der Option gegen Zahlung eines Optionspreises das Recht, nicht aber die Verpflichtung erwirbt, einen bestimmten Basiswert (z. B. eine Aktie, eine Unze Feingold) innerhalb eines festgelegten Zeitraums (Laufzeit bis zum Verfall) zum vereinbarten Preis (Basispreis) zu verkaufen.

Quartalsdividende – Die in den USA weit verbreitete, in vierteljährlichen Abständen ausgezahlte Dividende.

Quellensteuer – Steuer auf Einnahmen aus Kapitalvermögen, die gleich am Entstehungsort, der »Quelle«, von diesen Einnahmen abgezogen wird.

Quote – Im Rahmen der Terminbörse eine von einem Market maker in das Anzeigesystem eingegebene Offerte als Geld- und Briefkurs für eine bestimmte Option.

r – »Repartiert« als Kurszusatz (Abkürzung auch: rep) besagt, daß die vorgelegenen Aufträge nur in beschränktem Umfang ausgeführt werden konnten. Vgl. Kurszusätze.

rat – »Rationiert« als Kurszusatz: im Sinne von »r« wie »repartiert«. Vgl. Kurszusätze.

Ratenanleihe – Anleihe, deren Tilgung in gleichbleibenden Raten erfolgt. Vgl. dagegen: Annuitätsanleihe.

Rating – Klassifizierung der Bonität eines Schuldners nach bestimmten Kriterien in einem über mehrere Stufen gegliederten Einteilungsschema. In den USA werden Anleihen mit einem entsprechenden Zusatz als AAA-Anleihen (höchste Bonitätsstufe) bis D-Anleihen (niedrigste Bonitätsstufe) gekennzeichnet.

rationieren – Vgl. repartieren.

Realignment – Die Anpassung von Wechselkursen an veränderte Verhältnisse.

Realkreditinstitute – Die privaten Hypothekenbanken und öffentlichrechtlichen Grund- und Bodenkreditanstalten, die Wohnungsbau- und Kommunaldarlehen gegen Eintragung von Hypotheken und Grundschulden vergeben.

Real-time-Kurse – Kurse, die in dem Augenblick übermittelt werden, in dem sie tatsächlich entstehen.

Realzins – Zinsertrag, der sich unter Berücksichtigung der eingetretenen Inflations- oder Deflationsrate ergibt. Gegensatz: Nominalzins; vgl. auch Rendite.

Rechenschaftsbericht – Bericht in der Hauptversammlung einer Aktiengesellschaft über die abgelaufene Rechnungsperiode, verbunden mit der Vorlage des Jahresabschlusses.

Rediskontierung – Eine der wichtigsten Refinanzierungsmöglichkeiten der Banken, die von ihnen zum Diskont angenommenen Wechsel an die Deutsche Bundesbank weiterverkaufen zu können.

Rediskont-Kontingent – Umfang der den Kreditinstituten im Rahmen ihrer Refinanzierung von der Deutschen Bundesbank maximal und über den Ankauf der von ihnen diskontierten Wechsel zur Verfügung gestellten Gelder (vgl. Diskont, Diskontsatz).

Rendite – Ertrag eines Investments in Prozent des tatsächlich investierten Kapitals. Als direkte R. ergibt sie sich aus den im Laufe eines Jahres gutgeschriebenen Zins- oder Dividendenerträgen, bezogen auf den Einstiegskurs. Dagegen muß bei der Berechnung der Anlage-R. das beim Erwerb der entsprechenden Papiere möglicherweise vorhanden gewesene Auf- oder Abgeld auf die Restlaufzeit des Investments umgerechnet werden.

Rentabilität – Maßstab zur Messung der Ertragskraft eines Unternehmens, häufig als Prozentzahl Gewinn/Eigenkapital (Eigenkapitalrentabilität) oder Gewinn/Umsatz (Umsatzrentabilität).

Renten – Kurzbezeichnung für festverzinsliche Wertpapiere.

Rentenfonds – Die von einer Kapitalanlagegesellschaft (Investmentgesellschaft) verwalteten Sondervermögen, die ausschließlich oder überwiegend in festverzinslichen Wertpapieren (Renten) angelegt werden.

Rentenmarkt – Teilmarkt der Börse für den Handel von festverzinslichen Wertpapieren.

Rentenwerte – Sammelbegriff für alle festverzinslichen Wertpapiere wie Anleihen, Kommunalobligationen, Pfandbriefe usw. im Gegensatz zu den Dividendenpapieren.

rep – »Repartiert« als Kurszusatz (auch: r) bedeutet, daß wegen großer Ungleichgewichte zwischen Angebot und Nachfrage nur bestimmte Teilbeträge der vorliegenden Aufträge zugewiesen werden konnten.

repartieren – Bei der Emission neuer Wertpapiere führt eine Überzeichnung der Emission aufgrund einer zu großen Nachfrage bei zu geringem vorhandenem Volumen dazu, die vorliegenden Aufträge nach einem bestimmten Schlüssel aufzuteilen, zu repartieren. Bei einer 10fachen Überzeichnung würde man etwa jedem Kunden nur ein Zehntel der georderten Menge zur Verfügung stellen.

Restlaufzeit – Die bis zur Fälligkeit einer Forderung oder bis zum Verfall eines Rechts verbleibende Zeitspanne.

Rezession – Vgl. Konjunkturzyklus.

Rohstoffbörsen – Warenbörsen, an denen die zur Herstellung von Gütern benötigten Rohstoffe gehandelt werden.

Rücknahmepreis – Der Preis, für den ein Investmentanteil von der Investmentgesellschaft zurückgenommen wird. Er ergibt sich aus dem Inventarwert einschließlich eventueller Kassenbestände pro Anteil abzüglich Verkaufsspesen und Rücknahmekosten.

Rückstellungen – Im Gegensatz zu Rücklagen als Verbindlichkeiten anzusehen, wobei die Höhe der möglicherweise einzugehenden Verpflichtungen häufig noch nicht genau festliegt.

Sammeldepot – Vgl. Girosammelverwahrung.

Sammelverwahrung – Vgl. Girosammelverwahrung.

Schachtelbeteiligung – Beteiligung einer Kapitalgesellschaft an einer anderen, die mindestens 25 % des entsprechenden Gesellschaftskapitals umfaßt.

Schatzanweisungen – Kurz- bis längerfristige Schuldverschreibungen der öffentlichen Hand, der Bundesbahn, Bundespost usw. mit einer Laufzeit zwischen sechs Monaten und zwei Jahren; wie die Schatzwechsel auch in Form unverzinslicher bzw. abgezinster (diskontierter) Papiere angeboten. Vgl. Schatzwechsel.

Schatzbrief – Vgl. Bundesschatzbrief.

Schatzwechsel – Kurzfristige Schuldverschreibungen der öffentlichen Hand mit einer Laufzeit bis zu sechs Monaten, deren Zinsen dem

Anleger beim Kauf sofort vergütet und also vorab vom Anlagekapital abgezogen werden (Diskontierung).

Schaukelbörse – Tendenzbezeichnung für die Kursentwicklung einer Börsensitzung, wenn diese durch ein mehrmaliges, »unentschiedenes« Auf und Ab der Kurse gekennzeichnet ist.

Schlußkurs – Der letzte Kurs, der im variablen Handel am Ende einer Börsensitzung ermittelt wird, je nach Zeitpunkt der Kursabfrage am Monitor als Lt (für Last) oder Cl (Close) angezeigt.

Schuldverschreibungen – Anderer Ausdruck für Obligationen. Sammelbezeichnung für festverzinsliche Wertpapiere. Vgl. Anleihe.

schwach – Tendenzbezeichnung für eine abwärts gerichtete Kursentwicklung. Vgl. Börsentendenz.

»Schwarzer Freitag/Montag« – »Schwarze« Tage in der Geschichte der Börse, an denen es zu dramatischen Kursverlusten kam. Am Freitag, dem 25. Oktober 1929, wurde auf diese Weise eine mehrjährige Hausse beendet und eine Wirtschaftskrise eingeläutet, die in der Folge auch alle übrigen Länder erfaßte. Am Montag, dem 19. Oktober 1987, unterbrach ein entsprechender Börsen-Crash die bis dahin längste Haussebewegung der Nachkriegsgeschichte, ohne allerdings in der Folgezeit auch entsprechende Auswirkungen auf die übrige Wirtschaft zu gewinnen.

schwere Aktien – Aufgrund ihres Kurswerts oder zu großer Stückelung (z. B. 5000 sfrs) optisch »teuer« erscheinende Aktien. Gegensatz: leichte Aktien/Penny stocks.

SEC – Vgl. Securities and Exchange Commission.

Securities and Exchange Commission (SEC) – Die Börsenaufsichtsbehörde der USA mit besonders weitreichenden Befugnissen zur Nachforschung und Verfolgung von Unregelmäßigkeiten an den Börsen, von verbotenen Insidergeschäften usw.

Sekundärmarkt – Im Gegensatz zum Primärmarkt, dem Markt für Neuemissionen, nennt man den Markt für umlaufende Wertpapiere Sekundärmarkt.

Settlement-Preis – Die auf der Basis der Börsenentwicklung täglich vorgenommene Bewertung einer Option, die auch als Grundlage für die Ermittlung der Sicherheitsleistung (Margin) dient, die die einzelnen Börsenteilnehmer für Short-Positionen bereitstellen müssen.

Shares – Engl. Bezeichnung für Aktien und Anteile, auch »Stocks« genannt.

Short – Besitz von Optionskontrakten, die noch nicht durch einen Kauf aufgehoben bzw. geschlossen wurden. Gegensatz: Long.

Short-Position – Position, die aus dem Opening-Verkauf eines Kontraktes entsteht.

Sicherungsgeschäft – Vgl. Hedge-Geschäft.

Skontro – Bei den Banken geführte Hilfsbücher zur Überwachung von Bestandsmengen und -veränderungen u. a. im Effektenverkehr.

SOFFEX – Vgl. Swiss Options and Financial Futures Exchange.

Sollzinsen – Die vom Kreditnehmer an seine Bank zu zahlenden Zinsen.

Sondervermögen – Das von einer Kapitalanlagegesellschaft (Investmentgesellschaft) verwaltete Vermögen eines bestimmten Fonds.

Sonderverwahrung – Im Wertpapiergeschäft die gesonderte Aufbewahrung der einem Kunden gehörigen Papiere im Streifbanddepot im Unterschied zur allgemein üblichen Sammelverwahrung.

Sorten – Ausländische Zahlungsmittel. Vgl. dagegen: Devisen.

Sozialprodukt – Kurzbezeichnung für »Bruttosozialprodukt«, d. h. die Summe aller Güter und Dienstleistungen, die innerhalb eines Jahres in einer Volkswirtschaft hergestellt werden.

Sparquote – Verhältnis des nichtkonsumierten Einkommens zum Gesamteinkommen, ausgedrückt in Prozent des Gesamteinkommens.

Spekulation – Im ausdrücklichen Sinne des Wortes ein in die Zukunft gerichtetes, vorausschauendes Verhalten mit dem Ziel, solche zukünftigen Entwicklungen in den eigenen Dispositionen vorwegzunehmen und daraus einen (wirtschaftlichen) Nutzen zu ziehen.

Spekulationsgeschäfte – Im Sinne der Einkommensteuerbestimmung sind S. alle der Spekulationssteuer unterliegenden Wertpapiergeschäfte. Vgl. Spekulationssteuer.

Spekulationssteuer – Die auf Gewinne aus Börsengeschäften anfallende Einkommensteuer, die bei Aktien und vergleichbaren Wertpapieren sowie bei Auslandsanleihen dann anfällt, wenn zwischen Kauf und Verkauf nicht mehr als sechs Monate (Spekulationsfrist) verstrichen sind.

Sperrminorität – Minderheitsbeteiligung an einem Unternehmen, durch die aber bereits wichtige Unternehmensbeschlüsse, z. B. die Änderung von Satzungsbestimmungen des Unternehmens, verhindert werden kann. Bei Aktiengesellschaften liegt diese S. bei 25 %.

Spesen – Die im Zusammenhang mit dem Abschluß eines Bank- bzw. Börsengeschäfts anfallenden Zahlungen für Auslagen, Gebühren, Bankprovisionen usw.

Spezialwerte – Im Gegensatz zu den Standardwerten Aktien von zumeist kleineren Unternehmen mit darüber hinaus gegebenenfalls nur regionaler Bedeutung.

Split – Andere Bezeichnung für Splitting.

Splitting – Im Gegensatz zur Kapitalerhöhung aus Gesellschaftsmitteln, wie sie der Ausgabe von Berichtigungs- bzw. »Gratisaktien« zugrunde liegt, kommt es beim Splitting nicht zu einer wirklichen Kapitalerhöhung, sondern lediglich zu einer Veränderung in der Anzahl der auf das Grundkapital einer Aktiengesellschaft ausgegebenen Aktien.

Spread – Kauf und Verkauf einer gleichen Anzahl von Optionen zur gleichen Zeit mit unterschiedlichem Basispreis und/oder Verfalldatum.

Staatsanleihen – Die vom Bund, den Ländern und Gebietskörperschaften ausgegebenen Schuldverschreibungen.

Staffelanleihen – Im Gegensatz zu festverzinslichen Anleihen solche mit im Laufe der Zeit steigender oder fallender garantierter Verzinsung.

Stammaktien – Im Gegensatz zu Vorzugsaktien Aktien eines Unternehmens mit vollem Stimmrecht in der Hauptversammlung.

Stammeinlage – Der Kapitalanteil am Gesamtkapital, der auf einen Gesellschafter bei einer GmbH entfällt.

Stammkapital – Das sich aus den einzelnen Stammeinlagen ergebende gesamte Nominalkapital bei einer GmbH.

Standard-&-Poors-100/500-Index – Einer der umfassendsten Aktienindizes des amerikanischen Wertpapiermarktes, in dem 100 bzw. 500 Aktienwerte (nach einem bestimmten, repräsentativen Querschnitt gewichtet) enthalten sind. Aus diesem Grunde halten ihn viele Analysten für aussagekräftiger als den bekannteren, aber auf weniger Werten basierenden Dow-Jones-Industrial-Index.

Standardwerte – Aktien von großen Publikumsgesellschaften aus dem Bereich der Chemie, der Autoindustrie, der Banken usw. mit entsprechenden hohen regelmäßigen Börsenumsätzen.

stille Reserven – Aus nichtverteiltem Gewinn gebildete Rücklagen, soweit sie in der Bilanz nicht ausgewiesen sind.

Stillhalter – Bei Kauf- oder Verkaufsoptionen die jeweiligen Kontrahenten des Optionsgeschäfts. Der Stillhalter verpflichtet sich, dem Käufer einer Kaufoption innerhalb der Optionsfrist jederzeit die entsprechenden Stücke zum vereinbarten Kurs (Basispreis) zu liefern. Das Risiko dieses Stillhaltergeschäfts ist daher sehr hoch.

Stillhaltergeschäfte – Die sich aus der Stillhalterposition an der Optionsbörse ergebenden Geschäfte, z. B. durch den Verkauf einer Kaufoption auf im eigenen Depot befindliche Basiswerte.

Stimmrecht – Das dem Inhaber von Stammaktien zustehende Recht zur Stimmabgabe auf der Hauptversammlung der Aktiengesellschaft. Vgl. Hauptversammlung.

Stop-Loss-Order – In den USA weit verbreitete Art eines Verkaufsauftrags, der automatisch an die Börse gegeben wird, wenn ein bestimmter Wertpapierkurs erreicht bzw. unterschritten wird.

Straddle – Kauf oder Verkauf einer identischen Anzahl Calls und Puts mit gleichem Basiswert, Basispreis und Verfalldatum.

Strangle – Kauf oder Verkauf einer identischen Anzahl Calls und Puts mit gleichem Basiswert und Verfalldatum, aber unterschiedlichen Basispreisen.

Streifbanddepot – Vgl. Sonderverwahrung.

Streifbandverwahrung – Vgl. Sonderverwahrung.

Streubesitz – Der Aktienanteil eines Unternehmens, der sich nicht in festen Händen befindet, also über den Markt handelbar ist. Je geringer der Streubesitz an einer Aktiengesellschaft, desto enger deshalb auch der Markt für die entsprechenden Papiere – und umgekehrt. Vgl. enger Markt.

Stückelung – Angabe, auf welchen Nennwert die einzelne Aktie oder ein Abschnitt einer Anleihe bezogen ist. Bei Aktien in Deutschland etwa auf 50 und 100 DM, bei Anleihen etwa auf 100, 500, 1000 DM.

Stücknotiz – Angabe eines Kurses in Währungseinheit je Anteil im Unterschied zur Angabe in Prozent vom jeweiligen Nominalwert. Vgl. Notierung/Notiz.

Stückzinsen – Bei Erwerb einer Anleihe die anteiligen Zinsen vom Tag des letzten Zinstermins bis zum Verkaufstag, die dem Verkäufer der Anleihe gutgeschrieben und dem Käufer belastet werden. Dafür erhält der Käufer den entsprechenden Zinsschein über die volle Abrechnungsperiode und am Tage des folgenden Zinstermins den vollen Zinsbetrag gutgeschrieben.

Stützungskäufe – Bezeichnung für die im Zuge von Interventionen am Devisenmarkt von den Notenbanken vorgenommene Eingriffe, um den Kurs einer Währung gegen den Markttrend zu halten.

Swap-Geschäfte – Kombinationsgeschäfte, bei denen Kassa- und Terminkurse zur Erzielung von Gewinnen ausgenutzt werden, weit verbreitet im Bereich des Devisenhandels.

Swiss Options and Financial Futures Exchange – SOFFEX, die Terminbörse in der Schweiz.

T – »Taxe/Taxkurs« als Kurszusatz besagt, daß es zu keinerlei Umsatz im entsprechenden Wertpapier kam, weil keine Börsenaufträge vorlagen oder die vorliegenden Aufträge nach der gegebenen Marktsituation dem Makler unvertretbar erschienen. Vgl. Kurszusätze.

Tafelgeschäfte – Wertpapiergeschäfte am Bankschalter, bei denen die effektiven Wertpapiere, also die physischen Stücke selbst, dem Kunden ausgehändigt werden.

Tagesgeld – Zwischen verschiedenen Banken für einen Tag ausgeliehenes Geld aus den Bankguthaben bei der Bundesbank.

Tagesorder – Der nur für einen Tag gültige Auftrag an eine Bank.

Talon – Vgl. Erneuerungsschein.
Tantieme – Beteiligung am Jahresgewinn eines Unternehmens in Form von zusätzlich zum Lohn ausgezahlten Erfolgsprämien o. ä., insbesondere für leitende Angestellte, Vorstandsmitglieder usw.
Taxkurs – »(T)« als Kurszusatz besagt, daß es zu keinerlei Umsatz im entsprechenden Wertpapier kam, weil keine Börsenaufträge vorlagen oder die vorliegenden Aufträge nach der gegebenen Marktsituation dem Makler unvertretbar erschienen.
Technische Analyse – Vgl Aktienanalyse, Chartanalyse.
Technische Reaktion – Eine innerhalb eines gleichbleibend aufwärts oder abwärts gerichteten Trends stattfindende Gegenreaktion zur vorangegangenen Kursentwicklung.
Telefonhandel – Andere Bezeichnung für Telefonverkehr.
Telefonverkehr – Der zwischen Banken, Freimaklern usw. stattfindende außerbörsliche Handel, u. a. in der Vorbörse oder Nachbörse.
Tendenz – Vorherrschende Kursentwicklung am Aktienmarkt, ausgedrückt mit entsprechenden Börsenzusätzen. Vgl. Börsentendenz.
Tenderverfahren – Auktionsähnliches Verfahren bei der Emission von Wertpapieren, bei der derjenige den Zuschlag erhält, der das höchste Gebot abgegeben hat.
Termineinlagen – Andere Bezeichnung für Termingelder.
Termingelder – Zeitweilige Einlagen bei einer Bank, die entweder als Festgelder nach Ablauf der zu Beginn vereinbarten Festlegungsfrist wieder ausgezahlt werden oder als Kündigungsgelder nach Ablauf einer vereinbarten Kündigungsfrist.
Termingeschäft – Im Gegensatz zum Kassageschäft ein Geschäft, das bis zu einem bestimmten, in der Zukunft liegenden Zeitpunkt erfüllt werden soll.
Terminkontrakt – Die an der Terminbörse gehandelten Options- bzw. Futures-Verträge mit standardisierten Kennzeichen hinsichtlich des Verfalltermins, des Basispreises usw.
Theoretischer Wert – Der sich unter Zugrundelegung eines bestimmten, idealtypischen Berechnungsmodells ergebende Wert einer Option.
Thesaurierte Fonds – Investmentfonds, die die erzielten Erträge (Zinsen, Dividenden usw.) nicht an den Anteilsinhaber ausschütten, sondern wieder in entsprechende Werte investieren.
Tigerländer – Jene Wachstumsmärkte des asiatischen Raums wie Taiwan, Südkorea, Malaysia usw., die in den letzten Jahren eine überdurchschnittliche Steigerungsrate ihres Bruttosozialprodukts verzeichnen konnten.
Tilgung – Rückzahlung oder Rückkauf einer Anleihe durch den Schuldner.

Tilgungsanleihe – Anleihe mit fester Rückzahlung. Gegensatz: ewige Anleihe.

Tilgungsdauer – Der Zeitraum, der zur vollständigen Rückzahlung eines Kredites benötigt wird.

Timing – Die zeitlich präzise Abstimmung des Börsenverhaltens auf gegebene Marktsituationen, um den optimalen Zeitpunkt für den Ein- oder Ausstieg zu finden.

Tochterunternehmen – Andere Bezeichnung für Tochtergesellschaften.

Trading – Ein Börsenverhalten, das kurzfristige Kursschwankungen extensiv ausnutzt und zu einem schnellen Wechsel von Wertpapierpositionen führt.

Trading-Periode – Die eigentliche Handelsperiode an der Deutschen Terminbörse, in der die Kontrakte der entsprechenden Optionsserien in fortlaufender Notierung gehandelt bzw. angezeigt werden.

Treuhandgesellschaft – Gesellschaft, die die Verwaltung von Vermögen, Forderungen o. ä. nach bestimmten, strengen Prinzipien treuhänderisch übernimmt.

Turn-around-Situation – Situation eines Aktienwertes bzw. des entsprechenden Unternehmens, die eine nachhaltige positive Veränderung im Gesamttrend erkennen läßt.

Überbewertung – In der Fundamentalanalyse gebräuchliche Bezeichnung für einen zu hohen Kurs der entsprechenden Aktie oder des gesamten Marktniveaus – verglichen jeweils mit dem üblicherweise eingeräumten Niveau des KGVs, Markt-KGVs usw.

Überkauft-Überverkauft-Index – Trend und Einzelwertindikator. Dieser Indikator dient der Früherkennung möglicher bevorstehender kurzfristiger Reaktionen auf zuvor innerhalb einer bestimmten, individuell wählbaren Periode eingetretene massive Kursbewegungen nach oben oder unten.

Überzeichnung – Im Zusammenhang mit neu ausgegebenen Wertpapieren häufig entstehende Situation, bei der die Nachfrage das Angebot übersteigt.

Ultimo-Auftrag – Auftrag, dessen Laufzeit bis zu dem Ende des jeweiligen Monats gültig sein soll im Unterschied zu der tagesgültigen Order.

Umlaufrendite – Aktuelle Durchschnittsrendite für Kapitalanlagen, bezogen jeweils auf eine bestimmte Restlaufzeit. Vgl. Kapitalmarkt.

Umlaufvermögen – Rasch umgeschlagene Vermögenswerte eines Unternehmens in Form z. B. des Kassenbestandes, der Lagervorräte oder Forderungen, die nicht zum Anlagevermögen gehören. Vgl. Anlagevermögen.

Umsatz – Die sich aus der Multiplikation der Menge mit dem jeweiligen Preis/Kurs ergebende Summe, die einen Hinweis gibt auf die Handelsaktivitäten, Größe usw. eines Unternehmens.

Ungedeckte Option – **1.** Option ohne Sicherstellung. **2.** Option, die nicht durch Hinterlegung der entsprechenden Basiswerte, sondern etwa durch Bardepots o. ä. sichergestellt ist.

Ungedeckte Short-Position – Position in einem Optionsgeschäft, die durch einen Verkauf von Basiswerten gekennzeichnet ist, über die der Stillhalter dieser Option nicht verfügt.

Ungeregelter Freiverkehr – Vgl. Aktienmarkt.

Unlimitierter Auftrag – Kauf- oder Verkaufsauftrag, bei dem der Käufer oder Verkäufer sich mit jedem ordnungsgemäß abgerechneten Kurs zufriedengibt. Vgl. bestens, billigst.

Unterbewertung – Bewertung einer Aktie oder eines Gesamtmarktes, gemessen am jeweils aktuellen Kursniveau, die im Vergleich zur Bewertung anderer Aktien oder Gesamtmärkte als zu niedrig erscheint.

Unterstützungslinie – Ein in der charttechnischen Analyse geläufiger Begriff für die Kurslinie, in der es einem Wertpapier, einem Gesamtmarkt o. ä. besonders schwer gelingen dürfte, weiter zu fallen. Gegensatz: Widerstandslinie.

Unze – Als sogenannte Troy-Unze für Edelmetalle eine Gewichtseinheit von 31,1035 Gramm, die im internationalen Gebrauch vor allem als kleinste Einheit für Gold, Silber usw. verwendet wird.

Usancen – Überkommene, aber nicht immer ausdrücklich festgelegte Regeln, Geschäftsgebaren o. ä., unter anderem die an einer Börse geltenden Regeln im Wertpapierhandel.

U-Schätze – Abkürzung für unverzinsliche Schatzanweisungen. Vgl. Schatzanweisungen.

Valuta – **1.** Wertstellung für eine Gutschrift oder Belastung auf einem Konto, von der ab die Gutschrift oder Belastung zinsmäßig berechnet wird. **2.** Sammelbegriff für Fremdwährungen.

variabel verzinsliche Anleihen – Anleihen, deren Verzinsung nicht fest, sondern zum jeweiligen Zinstermin neu bestimmt wird und sich nach den in den Anleihebedingungen benannten Kriterien richtet, z. B. der Durchschnittsverzinsung am übrigen Kapitalmarkt.

variable Notierung – Vgl. fortlaufende Notierung.

variabler Handel – Vgl. fortlaufende Notierung.

variable Kurse – Vgl. fortlaufende Notierung.

Verfallmonate an der DTB – Jene Monate, bis zu denen eine eingegangene Option an der Deutschen Terminbörse ausgeübt oder ein entsprechendes Stillhaltergeschäft geschlossen werden kann.

Verkaufsoption – Vgl. Put.
Verlosung – Im Zuge der ratenweisen Tilgung von Anleihen nach dem Zufallsprinzip bestimmte Auswahl jener Stücke, die zum gegebenen Zeitpunkt zurückgezahlt werden sollen.
Versorgungswerte – Aktien von Unternehmen, die die Wirtschaft mit Grundenergie (Strom, Gas, Wasser) versorgen.
vinkulierte Namensaktien – Besondere Form von Namensaktien, deren Eigentumsübertragung von der satzungsgemäßen Zustimmung der jeweiligen Aktiengesellschaft abhängig ist.
Volatilität – Das Maß für die vergangene (historische) oder erwartete (implizite) Schwankungsbreite des Preises/Kurses eines bestimmten Basiswerts. Vgl. historische Volatilität, implizite Volatilität.
Vorbörse – Der im wesentlichen unter den Banken telefonische und fernschriftliche Wertpapierhandel vor Beginn der eigentlichen Börsensitzung und außerhalb der Verantwortung der Börse.
Vorschußzinsen – Die bei vorzeitiger Wiederinanspruchnahme von Einlagen bei einer Bank zu zahlenden Zinsen, etwa die nach dem Kreditwesengesetz verbindliche Zinsberechnung bei vorzeitiger Auszahlung von Spareinlagen vor Ablauf der Kündigungsfrist.
Vorstand – Das eigentliche, in der Regel aus mehreren Personen bestehende Organ zur Geschäftsführung und Vertretung einer Gesellschaft, bei Aktiengesellschaft auf höchstens fünf Jahre vom Aufsichtsrat bestellt.
Vorzüge – Andere Bezeichnung für Vorzugsaktien.
Vorzugsaktien – Gegenüber den Stammaktien mit besonderen hinsichtlich der Dividende o. ä. versehenen Vorzügen, die in der Regel allerdings durch den Nachteil erkauft werden, daß der Inhaber dieser Papiere daraus keinerlei Stimmrechte auf der Hauptversammlung herleiten kann.
Vorzugsdividende – Die besondere, dem Inhaber von Vorzugsaktien gewährte Dividende, die in einer Dividendengarantie, aber auch aus einer gegenüber den Stammaktien mit einem zusätzlichen Bonus versehenen Ausschüttung o. ä. bestehen kann.

Währungsanleihe – Anleihe, die in einer anderen als der Landeswährung des Emittenten herausgegeben wird.
Währungsparität – Festgelegtes bestimmtes oder variables Verhältnis zwischen den Währungen zweier Länder, z. B. der DM und dem US-Dollar.
Währungsreserven – Die bei der Bundesbank gehaltenen Reserven an Gold, Devisen, Guthaben beim Internationalen Währungsfonds, die zusammengenommen die internationale Zahlungsfähigkeit des Landes gewährleisten sollen.

Wall Street – Straße in New York, an der sich die bedeutendste Börse der westlichen Welt, die New York Stock Exchange (NYSE), befindet.
Wandelanleihen (Convertible bonds) – Sie räumen dem Eigentümer das Recht ein, die Anleihe innerhalb einer bestimmten Frist unter gegebenenfalls bestimmten Bedingungen und in einem festen Umwandlungsverhältnis in Aktien des Unternehmens zu tauschen.
Wandelobligationen – Andere Bezeichnung für Wandelanleihen.
Warenbörsen – Börsen, an denen Rohstoffe, landwirtschaftliche Produkte oder auch Nahrungsmittel o. ä. gehandelt werden.
Warenterminhandel – Handel mit Waren, die nicht sofort, sondern erst später – auf Termin – geliefert bzw. abgenommen werden sollen.
Warrants – Engl. Bezeichnung für Optionsscheine. Vgl. Optionsscheine.
Wechselkurs – Vgl. Währungsparität.
Wertpapier – Urkunde, die bestimmte Rechte, etwa die Miteigentümerschaft an einem Unternehmen, verbrieft.
Wertpapierbörse – Vgl. Aktienmarkt.
Wertpapierkredit – Vgl. Effektenlombardkredit.
Wertpapierpensionsgeschäfte – Vgl. Pensionsgeschäft.
Widerstandslinie – Ein in der charttechnischen Analyse geläufiger Begriff für die Kurslinie, in der es einem Wertpapier, einem Gesamtmarkt o. ä. besonders schwer gelingen dürfte, sich weiter nach oben zu bewegen. Gegensatz: Unterstützungslinie.

Yankee bonds – Von ausländischen Schuldnern emittierte US-Dollar-Anleihen, die in den USA nicht dem Verrechnungssteuerabzug unterliegen.

Zahlungsbilanz – Aufstellung der gesamten Waren-, Dienstleistungs-, Kapital-, Devisen- und Goldtransaktionen zwischen einem Land und dem übrigen Ausland über eine bestimmte Abrechnungsperiode. Sie gliedert sich in die Leistungsbilanz (Ströme der Waren, Dienstleistungen und sonstigen Übertragungen), die Kapitalbilanz (Ströme der Kapitalanlagen) und die Gold- und Devisenbilanz. Zahlungsbilanzungleichgewichte machen sich nur innerhalb der Betrachtung einer dieser Positionen bemerkbar, da die Z. als Gesamtbilanz immer ausgeglichen ist. Vgl. dagegen Handelsbilanz.
zeichnen – Die feste Übernahme von neu ausgegebenen Wertpapieren zu den im Zeichnungsangebot aufgeführten Bedingungen.
Zeitwert – Der Wert einer Option, der sich allein aus der Restlaufzeit dieser Option ergibt.
Zentralbank – Vgl. Deutsche Bundesbank.

Zentralbankrat – Oberstes, aus dem Präsidenten, dem Vizepräsidenten, den übrigen Direktoriumsmitgliedern der Bundesbank sowie den Präsidenten der einzelnen Landeszentralbanken gebildetes Organ der Deutschen Bundesbank, das für die Festlegung der währungs- und kreditpolitischen Grundsatzentscheidungen zuständig ist.

Zerobonds – Sogenannte Null-Kupon-Anleihen, bei denen sich die Verzinsung bis zum festgelegten Rückzahlungstermin aus dem jeweiligen Unterschiedsbetrag zwischen dem Kaufkurs und der Tilgung zum Nominalwert errechnet.

Zertifikat – Anteilschein eines Investmentfonds.

Zins – Preis für die befristete Überlassung von Geld.

zinsempfindliche Branchen – Jene Teilbereiche der Wirtschaft wie Konsumgüterindustrie einschließlich Kaufhäuser, Bauwirtschaft, Kreditinstitute u. ä., deren Geschäfte bei steigenden Zinssätzen eher schwieriger, bei fallenden Zinssätzen eher leichter werden.

Zinsniveau – Die Höhe der Zinsen am Geld- und Kapitalmarkt, gemessen am durchschnittlichen Zinsniveau einer vorangegangenen Periode, wobei in der Regel nicht die nominalen, sondern die realen Zinsen ausschlaggebend sind.

Zinssatz – Der Satz in Prozent vom Hundert, zu dem eine Kapitalanlage verzinst oder ein Kredit gewährt wird.

Zinsschein – Der den effektiven Anleihestücken beigegebene Schein zur Einlösung der Zinsen am jeweiligen Fälligkeitstag.

Zinsspanne – Spanne zwischen den Erträgen aus Zinsen und den Aufwendungen für Zinsen eines Kreditinstituts.

Zinstender – Die von der Bundesbank durchgeführten Ausschreibungsverfahren im Zuge ihrer Wertpapierpensionsgeschäfte, bei denen die Kreditinstitute den Zinssatz nennen müssen, zu dem sie bereit sind, entsprechende Wertpapiere an die Bundesbank zu verkaufen, um sich liquide Mittel zu besorgen. Vgl. Tenderverfahren, Mengentender.

Zinstermin – Termin, an dem die vereinbarten Zinsen aus einer Anleihe fällig sind, zumeist im Abstand von einem halben oder einem Jahr.

Zinsterminkontrakt – Termingeschäft über den Kauf von verzinslichen Wertpapieren.

Zitterbörse – Börsensituation, die durch ein ständiges Hin und Her der Marktbewegungen gekennzeichnet ist. Vgl. Schaukelbörse.

Zulassungsstelle – Die gemäß Börsengesetz eingerichtete Kommission, die über die Zulassung von Wertpapieren zum (amtlichen) Handel, gegebenenfalls auch über den späteren Entzug dieser Zulassung entscheidet.

Zusatzaktien – Vgl. Berichtigungsaktien.

Zuteilung – Die im Zuge der Ausgabe neuer Wertpapiere infolge Überzeichnung der Emission vorgenommene Aufteilung der Wertpapiere auf die verschiedensten Kaufinteressenten.

Zwangsregulierung – Im Börsenhandel zwangsweise vorgenommene Transaktion gegen einen Händler, z. B. der neuerliche Kauf zu seinen Lasten, wenn dieser nicht oder nicht fristgerecht liefert.

zyklische Aktien – Aktien, die sich entsprechend der vorherrschenden Marktbewegung verhalten. Entsprechend haben sie einen Beta-Faktor von 1.

zyklisches Anlageverhalten – Anlageverhalten, das darauf ausgerichtet ist, die Bewegungen des Gesamtmarktes in etwa mitzumachen: bei anziehenden Kursen eher zu kaufen, bei fallenden Kursen eher zu verkaufen.

Sachregister